高等学校"十二五"规划教材·计算机系列

C 语言程序设计教程

(第 3 版)

主　编　吴雅娟
副主编　韩　煦　刘靖宇　顾洪博
主　审　衣治安

哈尔滨工业大学出版社

内 容 简 介

本书是学习 C 语言程序设计的基础教程,按照第一语言编写。本书注重基本知识的讲解和基本程序设计方法的训练,内容安排循序渐进,基本知识的讲解通俗、简练,精心设计的大量例题渗透程序设计方法,使读者更容易掌握 C 语言的基本内容和程序设计方法。

本书可作为大专院校计算机专业和非计算机专业的教材,也可作为各级计算机等级考试的参考教材。

图书在版编目(CIP)数据

C 语言程序设计教程/吴雅娟主编.—3 版.—哈尔滨:哈尔滨工业大学出版社,2013.1
ISBN 978-7-5603-2773-0

Ⅰ.①C… Ⅱ.①吴… Ⅲ.①C 语言-程序设计-教材 Ⅳ.①TP312

中国版本图书馆 CIP 数据核字(2013)第 000918 号

责任编辑	贾学斌 王桂芝
出版发行	哈尔滨工业大学出版社
社　　址	哈尔滨市南岗区复华四道街 10 号　邮编 150006
传　　真	0451-86414749
网　　址	http://hitpress.hit.edu.cn
印　　刷	肇东市一兴印刷有限公司
开　　本	787mm×1092mm　1/16　印张 16　字数 400 千字
版　　次	2008 年 9 月第 1 版　2013 年 1 月第 3 版 2013 年 1 月第 1 次印刷
书　　号	ISBN 978-7-5603-2773-0
定　　价	30.00 元

(如因印装质量问题影响阅读,我社负责调换)

高等学校"十二五"规划教材·计算机系列
编委会

主　任　王义和

编　委　（按姓氏笔画排序）

　　　　王建华　　王国娟　　孙惠杰　　衣治安

　　　　许善祥　　宋广军　　李长荣　　周　波

　　　　尚福华　　胡　文　　姜成志　　郝维来

　　　　秦湘林　　戚长林　　梁颖红

序

当今社会已进入前所未有的信息时代,以计算机为基础的信息技术对科学的发展、社会的进步,乃至一个国家的现代化建设起着巨大的推进作用。可以说,计算机科学与技术已不以人的意志为转移地对其他学科的发展产生了深刻影响。需要指出的是,学科专业的发展都离不开人才的培养,而高校正是培养既有专业知识、又掌握高层次计算机科学与技术的研究型人才和应用型人才最直接、最重要的阵地。

随着计算机新技术的普及和高等教育质量工程的实施,如何提高教学质量,尤其是培养学生的计算机实际动手操作能力和应用创新能力是一个需要值得深入研究的课题。

虽然提高教学质量是一个系统工程,需要进行学科建设、专业建设、课程建设、师资队伍建设、教材建设和教学方法研究,但其中教材建设是基础,因为教材是教学的重要依据。在计算机科学与技术的教材建设方面,国内许多高校都做了卓有成效的工作,但由于我国高等教育多模式和多层次的特点,计算机科学与技术日新月异的发展,以及社会需求的多变性,教材建设已不再是一蹴而就的事情,而是一个长期的任务。正是基于这样的认识和考虑,哈尔滨工业大学出版社组织哈尔滨工业大学、东北林业大学、大庆石油学院、哈尔滨师范大学、哈尔滨商业大学等多所高校编写了这套"高等学校计算机类系列教材"。此系列教材依据教育部计算机教学指导委员会对相关课程教学的基本要求,在基本体现系统性和完整性的前提下,以必须和够用为度,避免贪大求全、包罗万象,重在**突出特色**,体现**实用性和可操作性**。

(1)在体现科学性、系统性的同时,突出实用性,以适应当前IT技术的发展,满足IT业的需求。

(2)教材内容简明扼要、通俗易懂,融入大量具有启发性的综合性应用实例,加强了实践部分。

包括 C 语言的基本概念、C 语言中各种数据类型的使用方法、C 语言各种用于流程控制的语句、C 语言模块化程序设计的方法、文件的基本操作等。实验部分共安排了 15 个实验。书后提供了附录可以方便读者查阅相关的内容。

本书的叙述以 87 ANSI C 为基础，同时兼顾 C 99 的标准，由于目前各厂商提供的编译器都没有完全实现 C99 所建议的功能，为了读者能实际运行书中的程序，本书所介绍的程序都符合 ANSI C 标准，在 Turbo C 2.0 环境下运行通过，并保证大多数程序都能在 VC 环境下运行通过。

本次再版由东北石油大学吴雅娟担任主编，哈尔滨师范大学韩煦、刘靖宇和东北石油大学顾洪博担任副主编，衣治安主审。具体编写分工如下：第 1~4 章由吴雅娟编写；第 5、10 章由韩煦编写，第 6、9 章及实验部分由顾洪博编写，第 7~8 章由刘靖宇编写。全书由吴雅娟统稿。本教材的授课时间为 70 学时，建议理论课 40 学时，实验课 30 学时。可以根据授课对象和教学需要选讲部分内容，不讲的内容可由学生自学完成。

由于编者水平有限，难免有疏漏及不妥之处，恳请各位读者批评指正。

编　者
2012 年 12 月

三版前言

C语言以它丰富的功能、灵活的使用、执行的高效率和可直接对硬件进行操作等特点，在国内外得到了广泛的应用。

目前，很多大专院校都将C语言作为学生学习计算机程序设计的入门语言，而目前广泛流行的教材大多是把C语言作为第二语言来编写的，即假定学生已经学过一门高级语言。这已经不能适合当前的学生情况，因此，我们组织具有多年一线教学经验的教师专门针对初次学习C语言的大学生编写了此书。

本书第1版出版后，得到了广大读者的支持和好评，我们倍受鼓舞，同时对关心和支持本书并对本书提出宝贵意见和建议的广大读者表示衷心感谢！

修订版仍保留了第1版的"注重应用，培养能力"的特点，对第1版的例题做了适当的调整，以加强程序设计能力的培养，为后续课程的进一步学习和应用打下坚实的基础。

本书是编者总结多年的一线教学经验，精心为初学者编写的C语言程序设计的入门教材，着重介绍C语言最基本的部分，注重程序设计方法的训练，重视综合应用能力培养，加强实践操作和技能训练，以实用为目的，以培养学生的综合能力为目标，改革传统基础课教材的编写方法，在掌握必需的知识理论的基础上，详细讲解了常用的经典算法，选择以案例驱动的方式，把基本知识和常用算法作为应用实例来组织教材的案例，希望培养读者的程序设计能力。教材编写中力求简洁易懂、深入浅出，注重内容的自然过渡和衔接，引导读者的思路，激发读者继续探求问题的兴趣。

为此，本书选定"学生成绩管理系统"作为课程设计案例，从C语言的基本知识和语法规则出发，用该案例的功能扩展带动整个课程的教学过程，以应用系统的程序设计所需要的知识为主线，把项目中所需要的知识或难点分散到各章节的实例中去。这样既体现了循序渐进的教学方法，又能实践"项目综合"的教学模式。为了实现上述目标，本书将"学生成绩管理系统"的开发分为多个版本，在相关知识点之后，作为该部分内容的综合应用，采用功能扩充和程序优化逐步升级版本。另外，对部分案例，注重程序设计方法的融入，使算法贯穿于案例，从而训练学生的程序设计能力。

本书作为C语言的基础教材只注重基本知识和基本方法的讲解，没有将C语言所涉及的所有细节的知识都包括进来，如果读者需要更全面地了解C语言的细节知识可以查阅相关的手册。本书分教学和实验两部分，教学部分共10章，内容包括 C 语言的基本概念、C 语言中各种数据类型的使用方法、C 语言各种用于流程控制的语句、C 语言模块化程序设计的方法、文件的基本操作等。实验部分共安排了 15 个实验。书后提供了附录可以方便读者查阅相关的内容。

本书的叙述以 87 ANSI C 为基础,同时兼顾 C 99 的标准,由于目前各厂商提供的编译器都没有完全实现 C99 所建议的功能,为了读者能实际运行书中的程序,本书所介绍的程序都符合 ANSI C 标准,在 Turbo C 2.0 环境下运行通过,并保证大多数程序都能在 VC 环境下运行通过。

本书由吴雅娟担任主编,卢爱平和解红涛担任副主编,衣治安主审。参加编写的还有王跃萍、杨永和桑海涛。其中第 1、2、3 章由解红涛编写,第 4、5 章由吴雅娟编写,第 6 章由吴雅娟和桑海涛编写,第 7、8 章由杨永编写,第 9 章由杨永和桑海涛编写,第 10 章和附录部分由卢爱平编写,实验部分由桑海涛编写。全书由吴雅娟统稿。本教材的授课时间为 70 学时,建议理论课 40 学时,实验课 30 学时。可以根据授课对象和教学需要选讲部分内容,不讲的内容可由学生自学完成。

本书在编写和使用过程中受到大庆石油学院计算机与信息技术学院和黑龙江科技学院计算机学院的领导和老师的关心、指导和帮助,在此致以诚挚的谢意。

由于编者水平有限,难免有疏漏及不妥之处,恳请各位读者批评指正。

编　者
2010 年 1 月

目 录

第一部分 教学篇

第1章 C语言概述 ··· 3
- 1.1 C语言简介 ··· 3
  - 1.1.1 C语言的产生和发展 ························· 3
  - 1.1.2 C语言程序的构成 ··························· 4
  - 1.1.3 C语言的主要特点 ··························· 6
- 1.2 C语言程序的上机步骤 ································ 6
- 小 结 ··· 8
- 习 题 ··· 8

第2章 C语言的数据类型 ··································· 9
- 2.1 数据类型概述 ······································· 9
- 2.2 常量 ·· 10
  - 2.2.1 整型常量 ·································· 10
  - 2.2.2 浮点型常量 ································ 10
  - 2.2.3 字符常量 ·································· 10
  - 2.2.4 字符串常量 ································ 11
  - 2.2.5 符号常量 ·································· 11
- 2.3 变量 ·· 11
  - 2.3.1 标识符 ···································· 12
  - 2.3.2 整型变量 ·································· 12
  - 2.3.3 浮点型变量 ································ 13
  - 2.3.4 字符型变量 ································ 14
  - 2.3.5 字符串的存储方式 ·························· 14
- 2.4 数据的输入/输出 ··································· 15
  - 2.4.1 引例 ······································ 15
  - 2.4.2 格式输入/输出函数 ························· 15
  - 2.4.3 字符输入/输出函数 ························· 20
  - 2.4.4 应用举例 ·································· 21
- 小 结 ·· 22
- 习 题 ·· 22

第3章 运算符与表达式 … 24

3.1 运算符与表达式概述 … 24
3.2 基本算术运算符与算术表达式 … 25
3.3 赋值运算符与赋值表达式 … 26
3.4 不同数据类型的转换 … 27
3.4.1 自动转换 … 27
3.4.2 强制转换 … 29
3.5 自增、自减运算符 … 30
3.6 逗号运算符与逗号表达式 … 30
小 结 … 31
习 题 … 31

第4章 程序的流程控制 … 33

4.1 程序的基本结构 … 33
4.2 选择结构 … 34
4.2.1 关系运算符和关系表达式 … 34
4.2.2 逻辑运算符和逻辑表达式 … 35
4.2.3 if 语句 … 36
4.2.4 switch 语句 … 39
4.2.5 条件表达式 … 41
4.2.6 选择结构程序举例 … 41
4.3 循环结构 … 42
4.3.1 while 语句 … 43
4.3.2 do-while 语句 … 45
4.3.3 for 语句 … 48
4.3.4 break 语句和 continue 语句 … 51
4.4 常用算法举例 … 52
小 结 … 58
习 题 … 58

第5章 数组 … 61

5.1 数组的概念 … 61
5.1.1 引例 … 61
5.1.2 数组的概念 … 62
5.2 一维数组 … 63
5.2.1 一维数组的定义和引用 … 63
5.2.2 一维数组元素的赋值 … 63
5.2.3 一维数组常用算法举例 … 64

5.3 二维数组 … 70
5.3.1 二维数组的定义 … 70
5.3.2 二维数组的初始化 … 71
5.3.3 二维数组常用算法举例 … 71
5.4 字符数组 … 74
5.4.1 字符数组与字符串 … 74
5.4.2 字符串的输入输出 … 75
5.4.3 字符串处理函数 … 76
5.4.4 字符串应用举例 … 79
小 结 … 84
习 题 … 85

第6章 函数 … 88
6.1 C程序的模块化 … 88
6.2 函数的定义 … 90
6.2.1 无参函数的定义 … 90
6.2.2 有参函数的定义 … 92
6.3 函数的调用 … 93
6.3.1 实参和形参 … 93
6.3.2 return 语句 … 95
6.3.3 对被调函数的类型声明 … 97
6.4 递归函数 … 97
6.5 数组作为函数参数 … 99
6.5.1 数组元素作实参 … 99
6.5.2 数组名作函数的参数 … 100
6.6 变量的存储类别 … 108
6.6.1 变量的作用域与生存期 … 108
6.6.2 变量的存储类别 … 109
小 结 … 112
习 题 … 113

第7章 编译预处理 … 116
7.1 宏定义 … 116
7.1.1 无参宏定义 … 116
7.1.2 带参宏定义 … 117
7.2 文件包含 … 118
小 结 … 119
习 题 … 119

第8章 指针 ······ 121

8.1 变量、地址与指针概述 ······ 121
8.2 指针变量 ······ 123
    8.2.1 指针变量的声明 ······ 123
    8.2.2 指针变量的使用 ······ 123
    8.2.3 指针运算 ······ 125
    8.2.4 二级指针与多级指针 ······ 127
8.3 指针与函数 ······ 128
    8.3.1 函数参数的传值与传地址 ······ 128
    8.3.2 指针作为函数参数 ······ 129
    8.3.3 指针作为函数返回值 ······ 131
    8.3.4 指向函数的指针 ······ 132
8.4 指针与数组 ······ 134
    8.4.1 一维数组与指针 ······ 134
    8.4.2 二维数组与指针 ······ 139
    8.4.3 指针与字符串 ······ 143
    8.4.4 指针数组 ······ 147
8.5 main 函数的参数 ······ 150
小 结 ······ 151
习 题 ······ 152

第9章 结构体、共用体与枚举型数据 ······ 156

9.1 结构体概述 ······ 156
    9.1.1 结构体类型概述 ······ 156
    9.1.2 结构体类型定义 ······ 157
9.2 结构体变量 ······ 158
    9.2.1 结构体变量的声明 ······ 158
    9.2.2 结构体的使用 ······ 160
9.3 结构体与函数 ······ 161
9.4 结构体与数组 ······ 162
    9.4.1 结构体数组的声明 ······ 162
    9.4.2 结构体数组的初始化 ······ 162
    9.4.3 结构体数组的使用 ······ 163
9.5 结构体与指针 ······ 164
    9.5.1 指向结构体的指针 ······ 164
    9.5.2 结构体数组与指针 ······ 166
    9.5.3 结构体指针变量作函数参数 ······ 167
9.6 结构体与链表 ······ 171

- 9.6.1 链表的概念 ... 171
- 9.6.2 动态分配内存 ... 172
- 9.6.3 用结构体实现链表 ... 174
- 9.6.4 链表的操作 ... 174

9.7 共用体 ... 180
- 9.7.1 共用体概述 ... 180
- 9.7.2 共用体类型的定义 ... 181
- 9.7.3 共用体变量的声明 ... 181
- 9.7.4 共用体的使用 ... 182

9.8 枚举类型数据 ... 183
- 9.8.1 枚举类型的定义 ... 183
- 9.8.2 枚举类型变量的声明 ... 183
- 9.8.3 枚举类型变量的使用 ... 183

9.9 类型定义符 typedef ... 184

9.10 位运算 ... 185
- 9.10.1 位运算符 ... 185
- 9.10.2 位段 ... 188
- 9.10.3 举例 ... 188

小 结 ... 189
习 题 ... 190

第 10 章 文件 ... 192

10.1 文件概述 ... 192
- 10.1.1 文件类型 ... 192
- 10.1.2 缓冲和非缓冲文件系统 ... 193
- 10.1.3 文件指针 ... 193

10.2 打开/关闭文件 ... 194
- 10.2.1 打开文件函数 fopen() ... 194
- 10.2.2 关闭文件函数 fclose() ... 195

10.3 顺序读写文件 ... 196
- 10.3.1 输入/输出字符 ... 196
- 10.3.2 输入/输出字符串 ... 198
- 10.3.3 格式化输入/输出 ... 200
- 10.3.4 输入/输出数据块 ... 202

10.4 定位读写文件 ... 203
- 10.4.1 fseek 函数 ... 203
- 10.4.2 rewind 函数 ... 204
- 10.4.3 ftell 函数 ... 204

10.5 文件应用举例 ... 205

| 小 结 | 209 |
| 习 题 | 209 |

第二部分 实验篇

实验部分 ········ 213
    C语言上机实验说明 ········ 213
    实验一 C程序的集成开发环境 ········ 215
    实验二 顺序结构程序设计 ········ 216
    实验三 选择结构程序设计(一) ········ 217
    实验四 选择结构程序设计(二) ········ 218
    实验五 循环结构程序设计(一) ········ 219
    实验六 循环结构程序设计(二) ········ 220
    实验七 三种基本结构的综合应用 ········ 221
    实验八 一维数组 ········ 221
    实验九 二维数组 ········ 222
    实验十 字符数组 ········ 223
    实验十一 函数(一) ········ 224
    实验十二 函数(二) ········ 225
    实验十三 函数(三) ········ 226
    实验十四 指针 ········ 226
    实验十五 结构体、链表和文件 ········ 228

附录 ········ 230
    附录A 标准ASCII码表 ········ 230
    附录B C语言常用关键字 ········ 231
    附录C 运算符优先级与结合性 ········ 232
    附录D C语言库函数 ········ 234
        D.1 数学函数 ········ 234
        D.2 字符函数和字符串函数 ········ 235
        D.3 输入输出函数 ········ 236
        D.4 动态存储分配函数 ········ 238
        D.5 转换函数 ········ 238
        D.6 图形图像函数 ········ 239

参考文献 ········ 241

第一部分

教 学 篇

第1章 C语言概述

本章重点
(1) C语言程序的基本构成。
(2) C语言程序的上机步骤。

1.1 C语言简介

C语言是国内外广泛使用的一种计算机高级语言,它既可以作为系统软件的描述语言,也可以用来开发应用软件。

1.1.1 C语言的产生和发展

1. C语言的产生

C语言的出现是与UNIX操作系统紧密联系在一起的。20世纪60年代,贝尔实验室的Ken Thompson着手开发UNIX操作系统,为了描述UNIX,Thompson将当时的一种专门描述系统程序的语言BCPL语言改进为B语言,但B语言过于简单,数据没有类型,功能也有限。1972年,贝尔实验室的Dennis Ritchie在B语言的基础上设计出了C语言(取BCPL的第二个字母),并用C语言编写了第一个在PDP-11计算机上实现的UNIX操作系统。Ritchie于1974年发表了不依赖于具体机器系统的C语言编译文本"可移植的C语言编译器"。C语言因UNIX而诞生,UNIX操作系统也因C语言而得以快速推广,二者相辅相成,共同发展。

1978年,Brain W. Kernighan和Dennis M. Ritchie合著了著名的 *The C Programming Language*,从而使C语言成为目前广泛流行的高级程序设计语言。此后,又有多种语言在C语言的基础上产生,如C++、Visual C++、Java和C#等。

2. C语言的标准

1983年,美国国家标准协会(ANSI)开始对C语言进行标准化,并且在当年公布了第一个C语言标准草案(83 ANSI C)。后来于1987年又颁布了另一个C语言标准草案(87 ANSI C)。1989年,ANSI发布了完整的C语言标准——ANSIX3.159—1989,通常称为"ANSI C",简称"C89"。1990年,国际标准化组织(ISO)采纳了C89,以国际标准ISO/IEC 9899:1990发布,称其为"C90"。1999年,ISO对C语言标准做了全面修订,形成了正式的C语言标准ISO/IEC 9899:1999,简称"C99"。

目前,各主流厂家提供的C编译器都未实现C99所建议的全部功能,因此,本书所采用的是ANSI C标准,同时书中程序的书写形式兼顾C99标准。

1.1.2 C语言程序的构成

下面通过几个简单的 C 语言程序,初步了解 C 语言程序的基本构成。

【例 1.1】 在屏幕上输出一行信息。

程序如下:

```
#include "stdio.h"
    void main( )
    {
     printf("hello,world! \n");
    }
```

运行结果:

　　hello,world!

【说明】

(1)程序中

```
    void main( )
    {
      ⋮
    }
```

是一个函数,这个函数的名字为"main",一般称为"主函数",这个名字是专用的,每一个 C 程序必须且只能有一个主函数。主函数就是执行程序的时候由操作系统直接调用的函数。

(2)void main( )是函数的首部,void 表示函数的返回值为空类型,即函数没有返回值。如果函数需要返回一个整型值,函数首部可以写成

　　int main( )

函数名后面的圆括号用于表示参数,参数部分写成空或 void 表示没有参数,C 语言标准建议函数没有参数时写出 void,例如,例 1.1 的函数首部可以写成

　　void main(void)

(3)函数首部下面一对花括号{}括起来的部分称为函数体。函数体主要由语句构成,C 语言规定语句必须以分号结束,在本例中函数体内只有一条语句,这条语句的作用是原样输出双撇号内的字符串,其中 printf 是 C 编译系统提供的标准函数库中的输出函数,其具体的用法在后面详细介绍。

(4)程序第一行的 #include "stdio.h"(也可写为 #include <stdio.h>)是编译预处理命令,它们都以 # 开头,并且后面没有分号,所以不是 C 语言的程序语句,这里的编译预处理命令称为文件包含命令,其作用是将 printf 函数所在的头文件 stdio.h 包含到当前程序中。

【例 1.2】 求两数之和。

程序如下:

```
#include "stdio.h"
    void main( )            /* 求两数的和 */
    { int x,y,sum;          /* 定义 x,y,sum 为整型变量 */
     x = 1; y = 2;
     sum = x + y;
```

```
        printf("sum is %d \n",sum);
    }
```

运行结果：
```
sum is 3
```

【说明】

(1)/* …… */部分表示注释，可以根据需要加在程序中的任何位置，这是因为注释是给阅读程序的人看的，计算机并不执行。

(2)程序的第3行为变量定义语句，由 int 定义了 x,y,sum 为整型变量。

(3)第4行和第5行为3个赋值语句，把1赋给 x,把2赋给 y,把 x+y 的值赋给 sum；这里的"="称为赋值运算符，和数学上的等号意义不同。

(4)第6行的 printf 函数用来输出变量 sum 中的值。本例中的 printf 函数除了原样输出双撇号内的普通字符"sum is"外，还要将双撇号内的%d 的位置换成 sum 的具体数值输出（详见第2章）。因此程序运行结果为：sum is 3。

【例1.3】 利用函数求两数之和。

程序如下：

```
# include "stdio.h"
void main( )              /*主函数的首部*/
{  int a,b,c;
   a=12; b=13;
   c=s(a,b);
   printf("s=%d \n",c);
}
int s( int x, int y)      /*被调函数的首部*/
{   int sum;
    sum=x+y;
    return(sum);
}
```

运行结果：
```
s=25
```

【说明】本程序的作用是通过调用 s 函数来求两数之和。本程序由一个主函数和一个 s 函数构成。当运行此程序时，首先从 main 函数开始执行，当执行到第5行时遇到函数名 s,马上调用 s 函数并执行；执行完 s 函数后返回到 main 函数，并且带回两数的和赋给变量 c,然后继续执行主函数输出 c 的值。

从前面几个例子可以看出以下几点：

(1)函数是 C 程序的基本单位。一个完整的 C 程序，是由一个 main 函数和若干个其他函数构成，或仅由一个 main 函数构成。例如例1.1和例1.2的程序只包含一个 main 函数，而例1.3的程序则包含一个 main 函数和一个 s 函数。

(2)一个函数由两部分构成，即函数首部和函数体。一个函数的第一行即为函数首部，由函数类型、函数名和函数参数表(可空)三部分组成;函数体是函数首部下面用一对花括号{ }括起来的那部分,包括声明部分和执行部分(详见第6章)。

(3)在一个C程序中,无论主函数书写在什么位置,总是从主函数开始执行,并且当主函数执行完毕时,亦即程序执行完毕。

(4)C程序书写格式自由,一行内可以写多条语句,一条语句也可以连续写在多行上。

(5)每条语句必须以分号结束,分号是C语句的必要组成部分。

(6)C语言本身无输入输出语句,其功能由函数实现,例如,printf为输出函数,scanf为输入函数(具体使用详见第2章)。

1.1.3 C语言的主要特点

C语言诞生不久即风靡全球,成为深受欢迎的高级语言之一,这是和它的主要特点分不开的。C语言的主要特点有:

(1)简洁紧凑、灵活方便。C语言共有32个关键字,9种控制语句,程序书写自由,主要用小写字母表示。

(2)C语言运算符和数据类型丰富。运算符共有34种,C语言把括号、赋值、强制类型转换等都作为运算符处理,从而使C的运算类型极其丰富,表达式类型多样化。C语言的数据类型包括整型、实型、字符型、数组类型、指针类型、结构体类型和共用体类型等。

(3)C语言是结构式语言。C语言以函数形式提供给用户,这些函数可方便地调用,并具有多种循环、条件语句控制程序流向,从而使程序完全结构化。

(4)C语言语法限制不太严格,程序设计自由度大。虽然C语言也是强类型语言,但它的语法比较灵活,允许程序编写者有较大的自由度。

(5)C语言允许直接访问物理地址,即可直接对硬件进行操作,它兼具高级语言和低级语言的特点,所以,C语言可以用来编写系统软件。

此外,C语言还具有生成代码质量高,程序执行效率高,程序通用性、可移植性好等特点,是一种深受欢迎、应用广泛的程序设计语言。

1.2 C语言程序的上机步骤

用C语言编写的程序必须经过编译和连接后才能形成可执行的程序,如图1.1所示。C的编译系统有很多不同的版本,常用的编译系统有:Turbo C 2.0、Turbo C++、Visual C++等。这里以Turbo C 2.0为例介绍一下上机运行一个C程序的过程。

C源程序 → 编译 → 目标程序 → 连接 → 可执行程序 → 执行 → 运行结果
(Fl.C)　　　　　　　(Fl.OBJ)　　　　　(Fl.EXE)

图1.1 C语言程序的执行过程

Turbo C 2.0是美国Borland公司1989年推出的产品,是集程序编辑、编译、连接、调试为一体的C语言程序开发软件,具有速度快、效率高、功能强等优点,使用非常方便。

Turbo C有两种形式:窗口环境和全屏幕编辑环境,它们之间的切换组合键为Alt+Enter。可在Turbo C环境下进行全屏幕编辑,利用窗口功能进行编辑、连接、调试、运行、环境设置等工作,启动 TC 有两种方式:在资源管理器中运行 TC.EXE 和在 DOS 环境中执行 TC.EXE。

1. 进入 TC 编辑环境

首先在"资源管理器"中找到 Turbo C 所在的文件夹(此处假设在 D 盘的 TC 文件夹中),然后双击其中的 TC.EXE 图标,就可以打开 Turbo C 窗口(以后简称 TC 窗口),如图 1.2 所示,图中的颜色经过处理。

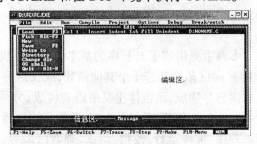

图 1.2 TC 编辑环境

2. 编辑一个 C 程序

刚打开的 TC 窗口中,默认 File 菜单是选中的状态,如果在编辑状态时,可用 F10 键选中 File 菜单,此时,按回车键就可以打开 File 菜单;也可用 Alt + F(菜单名中的第 1 个红色字母)打开 File 菜单,通过上下光标键选择菜单命令 New,即为"新建"一个文件,新建文件的默认名字为 NONAME.C,以后可通过存盘改名。

按 F3 键执行 Load 命令,可选择打开已经保存过的文件,也可以输入新的文件名建立一个新文件。

3. 文件存盘

输入程序的过程中可以随时保存程序,直接按 F2 键或选择 File 菜单下的 Save 命令或 Write to 命令保存程序,第一次存盘需要输入盘符、路径和文件名,以后可用 F2 随时按原文件名存盘,把最新修改过的内容保存到磁盘上。如果文件已经保存过,可通过 File 菜单中的 Write to 命令换名存盘,TC 中的文件名不可超过 8 个字符,源程序的扩展名为 .C。

4. 编译、连接和运行源程序

假设文件名为 F1.C,使用快捷键 Ctrl + F9 运行程序,或按 F10 键后移动光标键选中 Run 菜单,回车后选择 Run 命令,即可编译并运行程序,如图 1.3 所示。执行此命令时,先进行编译(也可按 F9 执行编译),如果程序有语法错误就在信息区显示错误信息,此时按回车(Enter)键,回到编辑状态修改错误后,按 F2 存盘之后

图 1.3 Run 菜单

再运行,编译通过后产生一个目标文件 F1.OBJ,再执行与库函数等的连接形成可执行文件 F1.EXE,才会执行程序,输出结果。要想保留这个程序,只保留源文件 F1.C 即可,运行之后自动产生 F1.OBJ 和 F1.EXE。

5. 查看结果

运行程序后,可以使用快捷键 Alt + F5 或 Run 菜单的 User screen 命令查看结果,查看结束后按任意键(通常按回车键)即可回到编辑状态,如图 1.4 所示,其中第一行(1 2)是输入的,第二行(a = 1,b = 2)是输出的,最下面是闪动的光标。

图 1.4 查看结果

6. 退出 TC

程序保存后若要编写新程序,则选择 File 菜单下的 New 命令,重新执行上面几个步骤。若想退出 TC 环境,则选择 File 菜单下的 Quit 命令或使用快捷键 Alt + X 即可。

小 结

本章重点讲解了C程序的基本组成和上机步骤。一个完整的C程序是由函数构成的,包括一个main函数和若干个其他函数,或仅由一个main函数构成,而一个函数由函数首部和函数体两部分构成,函数体主要由语句构成,分号是语句必要的组成部分。C程序中,无论主函数书写在什么位置,总是从main函数开始执行,在main函数结束。C程序的上机过程包括编辑源程序、编译运行、改错、调试、查看结果等;用F2存盘,Ctrl+F9运行程序,Alt+F5查看结果。

习 题

1. 如何上机编辑并运行一个C程序,都有哪些步骤?
2. 一个C语言程序是由哪些部分组成的?
3. 选择题

(1) 以下叙述正确的是_____。

　　A. 在C程序中,main函数必须位于程序的最前面

　　B. C程序的每行中只能写一个语句

　　C. 一个C语言程序至少且仅包含一个main函数

　　D. 在对一个C程序进行编译的过程中,可发现注释中的拼写错误

(2) C程序可以由若干函数构成,那么程序的执行是_____。

　　A. 从第一个函数开始,到最后一个函数结束

　　B. 从第一个语句开始,到最后一个语句结束

　　C. 从主函数(main)开始,到最后一个函数结束

　　D. 从主函数开始,在主函数结束

4. 编程输出以下信息:

```
******************************
         How are you!
******************************
```

C语言的数据类型

本章重点
(1)基本数据类型的常量和字符串常量。
(2)基本数据类型的变量。
(3)数据的输入输出。

2.1 数据类型概述

数据是程序处理的基本对象,每个数据在计算机中都是以特定的形式存储的。C语言中提供了丰富的数据类型,各种数据类型具有不同的取值范围及允许的操作,图2.1给出了C语言数据类型的基本框架,更详细的内容请查阅有关标准。

导出数据类型是指在基本类型基础上所产生的类型;构造类型是指由一个或多个基本数据类型按照一定规律构造而成的类型;用户自定义类型是允许用户根据需要自行定制的类型,有些教材也将函数作为一种导出数据类型处理,本章只介绍基本数据类型。

图2.1 C语言的数据类型

在程序中对用到的所有数据都必须指定其数据类型,并且根据在程序运行中其值是否可以改变又分为常量和变量。

2.2 常　　量

在程序运行过程中,其值不能被改变的量称为常量。根据类型的不同,常量可分为直接常量和符号常量,直接常量又分为整型常量、实型常量、字符常量和字符串常量等。

2.2.1 整型常量

整型常量就是整数,在 C 语言中有 3 种表示形式:

(1)十进制整数:例如 78,-324;

(2)八进制整数:以数字 0 开头,后面跟若干个八进制数字,例如 0123 表示八进制数 123,相当于十进制数 83;

(3)十六进制整数:以 0x 或 0X 开头,后面跟若干个十六进制的数字,例如 0x12F 表示十六进制数 12F,相当于十进制的 303。

2.2.2 浮点型常量

浮点型常量又称为实型常量,就是实数,通常有以下两种表示形式:

(1)十进制小数形式:由数字和小数点组成(必须有小数点)。例如 0.12,12.,.12;

(2)指数形式:实数(或整数) e(或 E)整数。例如,123e3 表示 123×10^3,1.2e-5 表示 1.2×10^{-5}。

【注意】字母 e(或 E)之前必须有数字,e 后面的指数必须是整数。例如:e3、2.1e3.5、e 等都不是合法的指数形式。

2.2.3 字符常量

字符常量是用单撇号括起来的一个字符。例如,'a'、'A'、'?'和'2'等都是字符常量。另外,还有一些特殊形式的字符常量,即转义字符,也就是以"\"开头的字符序列。例如:'\n'表示换行符,'\\'表示反斜杠字符"\";常用的以"\"开头的转义字符见表 2.1。

表 2.1 常用的转义字符及其含义

转义字符	含　　义	ASCII 代码
\n	换行,将光标移到下一行开头	10
\t	横向跳到下一制表位置	9
\f	走纸换页	12
\b	退格	8
\r	回车,将光标移到本行开头	13
\\	反斜杠字符"\"	92
\'	单撇号字符	39
\"	双撇号字符	34
\ddd	1~3 位八进制数所代表的字符	
\xhh	1~2 位十六进制数所代表的字符	

转义字符意思就是将反斜杠"\"后面的字符转换成另外的意义。如"\n"中的"n"不代表字符 n 而是换行符,'\101'表示 ASCII 码为八进制数 101(十进制数 65)的字符'A',同样,'\x41'

表示 ASCII 码为十六进制数 41(十进制数 65)的字符'A'。

2.2.4 字符串常量

字符串常量是用一对双撇号括起来的若干字符序列,例如,"HIA","a1"," #"。字符串中有效字符的个数称为字符串长度,长度为 0 的字符串(即一个字符都没有的字符串)称为空串,表示为""。例如,"How are you!"是字符串常量,其长度为 12(空格也是一个字符),字符串常量在内存中存储时,系统自动为其加一个字符串的结束标志' \0'。

如果"反斜杠"和"双撇号"作为字符串中的有效字符,则必须使用转义字符。例如,d:\ xht \ tc 写成字符串常量时应写成"d: \\ xht \\ tc"。

知道了字符串的表示方法后,思考一下'a'和"a"有什么区别?

2.2.5 符号常量

符号常量是指在程序中所指定的以符号代表的常量,从字面上不能直接看出其值和类型,程序中多处使用一个变量或常量时,可以将其定义为符号常量,便于修改,减少出错的可能性,同时提高程序的可读性。定义符号常量需要使用编译预处理命令,一般形式为:

　　# define 符号常量名 常量

【例 2.1】 求圆的面积和周长。

程序如下:

```
/* e2-1.c */
# include "stdio.h"
# define PI 3.1415926
# define R 3
main( )
{   printf("area = %f \n",PI * R * R);
    printf("circum = %f \n",2 * PI * R);
}
```

运行结果:

　　area = 28.274333
　　circum = 18.849556

【说明】# define 是"预编译命令",称为宏定义,在编译程序之前,系统先处理预编译命令,上面程序中,在编译时将所有出现 PI 的地方以 3.1415926 代替,将 R 以 3 代替。当半径 R 发生变化时,只要修改宏定义一处即可,不必到函数中去改,这样不容易出错。

2.3 变　　量

在程序运行过程中,其值可以改变的量称为变量。变量具有数据类型、变量名和变量值等多个属性。在程序编译期间会在内存中给每一个声明的变量分配相应的存储单元,用来存放变量的值,而分配的存储单元的地址直接和变量名建立联系。C语言中,变量必须先定义,后使用,定义变量时必须指明变量的类型,这是因为不同的类型所占的存储单元的长度是不一样的,不同类型的数据所允许参加的运算也是不一样的。

2.3.1 标识符

在 C 语言中,给变量命名时必须符合一定的规则,也就是标识符的命名规则。标识符是用来标识变量、符号常量、函数、数组、类型等数据对象的有效字符序列。命名标识符的规则是:必须以英文字母或下划线开头,其后可以跟字母、数字和下划线,如 sun、day、_total、a_1 都是合法的标识符,而 m.d.a、2as、#1a 都是不合法的标识符。

不同系统规定标识符的有效位数不同,TC 中标识符的长度一般不超过 32 个字符。在定义标识符时应注意字母的大小写,在 C 语言中大写字母和小写字母被认为是两个不同的字符,如 sum 和 SUM 是两个不同的标识符。标识符分为关键字、预定义标识符和用户标识符 3 类。在 C 语言中有 32 个关键字(详见附录 B),关键字具有特定的含义不能作为用户标识符使用,例如关键字 int、float 等,不能用作用户标识符。预定义标识符(包括预处理命令和库函数名),如 printf 在 C 语言中被系统所定义,C 语言的语法允许把这类标识符另作它用,但为了避免误解,建议不要把这些预定义标识符作为用户标识符使用。

2.3.2 整型变量

1. 整型变量的分类

整型变量用来存放整数。按数据类型的分类,整型数据可分为三种类型:
(1)基本整型,以 int 表示。
(2)短整型,以 short int 或 short 表示。
(3)长整型,以 long int 或 long 表示。

另外,根据数据是否带有正负符号,可将整型变量分为无符号整型变量和有符号整型变量。无符号整型变量定义时要在类型符前面加上关键字 unsigned,此类型的变量只能存放无符号数。以上三种类型为有符号整型变量的分法,无符号整型变量具体分为无符号整型(unsigned)、无符号短整型(unsigned short)和无符号长整型(unsigned long)。

不同类型的整型变量,计算机为其分配存储单元的长度(即字节数)不同。C 标准没有规定整型变量在计算机内存中所占的字节数,不同的编译系统规定稍有不同。表 2.2 列出了 Turbo C 2.0 中各类整型变量在内存中所占的字节数及数的表示范围。

表 2.2 整数类型的相关数据

类型标识符	数的范围		字节数
int	−32 768 ~ 32 767	即 $−2^{15} ~ (2^{15}−1)$	2
unsigned	0 ~ 65 535	即 $0 ~ (2^{16}−1)$	2
short	−32 768 ~ 32 767	即 $−2^{15} ~ (2^{15}−1)$	2
unsigned short	0 ~ 65 535	即 $0 ~ (2^{16}−1)$	2
long	−2 147 483 648 ~ 2 147 483 647	即 $−2^{31} ~ (2^{31}−1)$	4
unsigned long	0 ~ 4 294 967 295	即 $0 ~ (2^{32}−1)$	4

2. 整型变量的定义

C 语言规定使用变量之前必须先定义,变量定义的一般形式为:

类型标识符 变量名1,变量名2,……;

例如:
```
int a, b ;          /*定义a和b为整型变量*/
long m ;            /*定义m为长整型变量*/
unsigned a1,b1,c1;  /*定义a1、b1和c1为无符号整型变量*/
```
变量的定义属于声明语句,一般放在可执行语句之前,常见的是在函数体的开头部分。

【例2.2】 整型变量的定义。

程序如下:
```
/* e2-2.c */
# include "stdio.h"
void main( )
{ int a,b;       /*定义a和b为基本整型变量*/
  unsigned u;    /*定义u为无符号基本整型变量*/
  b = -2;u = 10;
  a = b + u;
  printf("b + u = %d \n",a);
}
```

运行结果:
b + u = 8

【说明】
可以在定义变量的同时给变量赋值,称为变量的初始化。例如:
int a = 1,b = 2;
相当于 int a,b; a = 1;b = 2;三条语句。

2.3.3 浮点型变量

1.浮点型变量的分类

浮点型变量又称为实型变量,是用来存放实数的。浮点型数据可分为以下三种类型:
(1)单精度实型,以 float 表示。
(2)双精度实型,以 double 表示。
(3)长双精度实型,以 long double 表示。

不同类型的实型变量,计算机为其在内存中分配的存储单元的长度不同,以 Turbo C 为例,表2.3列出了不同实型类型的相关数据。

表 2.3 浮点类型的相关数据

类型标识符	字节数	有效数字	数的范围
float	4	6~7	$\pm(3.4\times10^{-38} \sim 3.4\times10^{38})$
double	8	15~16	$\pm(1.7\times10^{-308} \sim 1.7\times10^{308})$
long double	16	18~19	$\pm(1.2\times10^{-4932} \sim 1.2\times10^{4932})$

【注意】 在 C 语言中实型常量不区分 float 型和 double 型,C 语言编译系统都按 double 型处理。

2. 实型变量的定义

实型变量定义的方法与整型相似。例如：

　　float a, b; /*定义 a 和 b 为单精度实型变量*/
　　double c; /*定义 c 为双精度实型变量*/

2.3.4 字符型变量

字符型变量用来存放字符常量。定义字符型变量的类型标识符为 char。例如：

　　char c1, c2; /*定义 c1 和 c2 为字符型变量*/

一个字符型变量在内存中占一个字节,一个字符常量在内存中存放时实际上存放的是这个字符的 ASCII 码值(各字符的 ASCII 值见附录 A),而且是以二进制形式存储的,与整数的存储形式相同。因此,字符型数据可以当作整型数据来处理。这样当给一个字符型变量赋值时,可以把一个字符常量赋给它,也可以把这个字符常量的 ASCII 码值赋给它。

【例 2.3】 给字符型变量赋予一个字符常量。

程序如下：

```
/* e2-3.c */
#include "stdio.h"
void main()
{   char c1;                    /*定义 c1 为字符型变量*/
    c1 = 'a';                   /*把字符常量'a'赋予字符型变量 c1*/
    printf("%d,%c \n",c1,c1);   /*输出 c1 中存储的字符的 ASCII 码值和这个字符*/
    c1 = 97;                    /*把整数 97 存储到变量 c1 中*/
    printf("%d,%c \n",c1,c1);
}
```

运行结果：

　　97,a
　　97,a

【说明】

标准 ASCII 码共有 128 个,其编码为 0~127(扩展的 ASCII 码字符共有 256 个,其编码为 0~255),字符型数据在内存中存储的是其对应的 ASCII 码值,所以在 0~127 范围内字符型数据和整型数据的存储形式是一样的。

根据运行结果也可以看出,无论是把字符常量赋予 c1 还是把对应的整型常量赋予 c1,内存中存储的数据都是一样的。所以,在一定范围内整型数据和字符型数据是通用的。

2.3.5 字符串的存储方式

在 C 语言中没有相应的字符串变量,需要用一个字符数组来存放一个字符串。字符串常量在内存中存储时每一个字符都占用一个字节,均以其 ASCII 码值存放,并且在字符串的最后添加一个字符串结束标志'\0','\0'表示 ASCII 码为 0 的字符。例如字符串常量"HOW"存放在内

存中的情况是:(占 4 个字节,而不是 3 个字节)

| H | O | W | \0 |

前面提出了一个思考,即字符常量'a'和字符串常量"a"的区别是什么?现在就可以从它们的意义和存储方式上加以回答:

(1)'a'是用单撇号括起来的字符常量,"a"是用双撇号括起来的字符串常量;
(2)字符'a'在内存中占 1 个字节,而字符串"a"在内存中占 2 个字节。

2.4 数据的输入/输出

2.4.1 引例

在用 C 语言编程解决问题时很多情况下都要用到数据。数据的来源有两种,一是直接把常量数据赋予相应的变量;二是通过键盘把用到的数据输入到计算机内并存放到变量中。若想通过键盘来获得数据就必须在程序中使用输入函数。如果想看到程序的执行结果,就要求在程序中必须使用输出函数将运行的结果输出到显示器。

例如,用 C 语言编程求某学生的数学、英语、政治三门课程的总成绩,要求学生成绩用键盘输入。若想实现这个功能,首先必须通过输入函数输入三门课的成绩,然后进行求和;最后把得到的结果通过输出函数输出到显示器上。

前面介绍过,在 C 语言中,所有数据的输入/输出都是由系统提供的库函数完成的。在使用系统的库函数时,要用预编译命令"#include"将有关"头文件"包含到源文件中。使用标准输入/输出库函数时要用到"stdio.h"头文件,因此在程序的开头应写上预处理命令:#include <stdio.h> 或 #include "stdio.h"。但是在 Turbo C 2.0 中如果只使用 printf 和 scanf 则可以省略文件包含命令。

2.4.2 格式输入/输出函数

1.格式输出函数 printf()

(1)功能:向终端(或系统隐含指定的输出设备)输出若干个任意类型的数据。
(2)一般形式:

  printf(格式控制字符串,输出表列)

例如,printf("i = %d,c = %d \n",i,c);

printf 后圆括号内为函数的参数,printf 函数的参数分为两部分:

① 格式控制字符串:用双撇号括起来的字符串。其中又包括以下两部分信息:

  ◆ 格式说明:由"%"和格式字符组成,例如"%d"的作用是将输出列表中的数据以十进制整数的格式输出。格式说明总是以"%"开始。

  ◆ 普通字符:需要原样输出的字符,即在格式控制中除了格式说明外的其他字符。例如上面 printf 函数中双撇号内的字符串除了"%d"外都是普通字符,输出时需要原样输出。

② 输出表列:由逗号分隔的待输出的表达式表,可以是变量、表达式或常量。格式控制中格式说明符的个数和输出表列的项数应该相等,并且在顺序上应该从左到右依次对应。

当程序执行 printf 函数时,如果格式控制部分中的字符是普通字符,则把该字符原样输出;如果该字符是格式说明符,则相应位置换成输出表列中对应项的值。例如当执行上面的 printf 函数时(假设 i 的值为 3,c 的值为 4),输出的结果是:i = 3,c = 4。

(3)格式控制字符:在 C 语言中,不同类型的数据输入/输出时应该使用不同的格式控制符。常用的格式控制字符有 d、c、f 和 s 等。

① d 格式符:将输出项按十进制整数(有符号数)格式输出,通常有以下几种用法:

◆ %d,按整型数据的实际长度输出。

◆ %md,m 为指定的输出数据占用的宽度。若数据的位数小于 m,则右端对齐,左端补空格;否则按实际长度输出,例如:

　　printf("a = %3d,b = %3d",a,b);

当执行这个 printf 函数时(假设 a 的值为 12,b 的值为 1234),输出结果为 a = 　12,b = 1234。

◆ %ld,用来输入/输出长整型(即 long 型)数据。

除了以上三种用法外,还有% - md 和%0md。其中% - md 表示输出时若数据位数小于 m,则左对齐,右补空格;%0md 则表示右对齐,左端不补空格而补 0;例如:

　　printf("a = % - 3d,b = %03d",a,b);

当执行此输出函数时(假设 a 的值为 12,b 的值为 1),输出结果是:a = 12 ,b = 001。

② o 格式符:以八进制形式输出整数,即将内存单元中各位的值(0 或 1)转换为八进制后输出。转换时将符号位看成八进制数的一部分,因此不会输出带负号的八进制数。例如,假设整型变量 a 的值为 - 1,在内存中以补码形式存放,存放形式如下:

| 1 | 1 | 1 | 1 | 1 | 1 | 1 | 1 | 1 | 1 | 1 | 1 | 1 | 1 | 1 | 1 |

　　printf("%d,%o",a,a);

输出的结果为: - 1,177777 。

③ x 格式符:以十六进制形式输出整数,同样不会出现负的十六进制数。

④ u 格式符:以无符号的形式输出整型数据,将存储单元中的最高位不再看成是符号位,而看成是有效的数值位,直接转化成十进制输出。

【例 2.4】 阅读程序。

程序如下:

```
/* e2-4.c */
#include "stdio.h"
void main( )
{   unsigned int x = 65535;
    printf("x = %d,%o,%x,%u",x,x,x,x);
}
```

运行结果:

　　x = - 1,177777,ffff,65535

⑤ c 格式符:将数据按字符形式输出。一个字符在内存中存储的是其 ASCII 码值,并且占用一个字节,ASCII 码与相应的整数存放形式相同。因此,对于一个整数,只要它的值在 0 ~

255之间,就可以用%c的格式使这个整数按字符形式输出,输出前系统会将该整数作为ASCII码转换为相应的字符;反之,一个字符也可以用整数形式输出。

⑥ s格式符:用来输出一个字符串。通常有以下几种用法:

◆ %s 按字符串原长输出。如:

```
printf("%s","CHINA");
```

输出结果为:CHINA

◆ %ms 输出的字符串占m列,若串长小于m则右端对齐,左补空格,否则突破m的限制输出全部字符。

◆ %-ms 输出的字符串占m列,若串长小于m则左端对齐,右补空格,否则突破m的限制输出全部字符。

◆ %m.ns 输出的字符串占m列,但只取左端n个字符,右对齐。

◆ %-m.ns 输出的字符串占m列,但只取左端n个字符,左对齐。

【例2.5】 按不同的格式输出字符串。

程序如下:

```
/* e2-5.c */
#include "stdio.h"
void main()
{ printf("%s,%-7s,%6.3s,%5s","world","world","world","world");
}
```

运行结果:

world,world , wor,world

⑦ f格式符:按小数形式输出实型数据,通常有以下几种用法:

◆ %f 整数部分全部输出,小数部分输出6位;单精度有效位为7位,双精度有效位为16位。

◆ %m.nf 输出数据共占m列,其中有n位小数,第n+1位自动四舍五入,右对齐,左端补空格。

◆ %-m.nf 输出数据共占m列,其中有n位小数,左对齐,右端补空格。

◆ %lf 输出double型数据,double型数据不超范围时输出可用%f,但输入时必须用%lf。

【例2.6】 按不同的格式输出实数。

程序如下:

```
/* e2-6.c */
#include "stdio.h"
void main()
{ float y;
  y=1.579;
  printf("y=%f,%6.2f,%-6.2f,%.2f",y,y,y,y);
}
```

运行结果:

y=1.579000, 1.58,1.58 ,1.58

⑧ e 格式符：以指数形式输出实数，通常有以下几种写法：
◆ %e 数值按规范化指数形式输出，即小数点前必须有而且只有 1 位非零数字。如：
　　printf("%e",123.456);
输出结果为：1.23456e+02（不同的编译系统，输出结果的形式略有不同）。
◆ %m.ne 和 %-m.ne m、n 和"-"的含义与前相同。此处的 n 指输出数据的小数部分的小数位数。
⑨ g 格式符：用来输出实数，它根据数值的大小自动选择 f 格式和 e 格式符中输出时占宽度较小的一种。

2. 格式输入函数 scanf( )
(1)功能：按用户指定的格式从键盘（或系统隐含指定的其他输入设备）输入数据。
(2)一般形式：
　　scanf(格式控制字符串,地址表列)
① 格式控制字符串：用来指出在输入设备上输入数据的格式，包括格式说明符和普通字符两种信息，格式说明符的基本含义与 printf 函数中的格式说明符相同。
② 地址表列：是由若干个地址组成的表列，可以是变量的地址，也可以是字符串的首地址。

格式控制字符串中格式说明符的个数应和地址表列中的项数相等，顺序为从左到右依次对应。当执行 scanf 函数时 TC 系统会进入输入界面，光标闪动等待从键盘输入数据。输入时按格式控制字符串中的字符顺序，若该字符是普通字符，则在键盘上必须原样输入该字符；若该字符为格式控制符，则按格式控制符指定的类型和格式输入一个数据。

【例 2.7】 用 scanf 函数输入数据。
程序如下：

```
/* e2-7.c */
# include "stdio.h"
void main( )
{   int a,b;
    scanf("%d%d",&a,&b);
    printf("%d,%d \n",a,b);
}
```

运行结果：
　　1 2↵
　　1,2

【说明】 在本例中，"&"是地址运算符，&a 是指 a 在内存中的地址。当执行 scanf 函数时，系统会把输入的数据存放到地址表列中各地址中去。"%d%d"表示按十进制整数形式输入 2 个数据，输入数据时，数据间以一个或多个空格隔开，也可以用回车键或跳格键（即 Tab 键）来分隔数据。如果遇到非法输入，则输入过程自动结束。例如，要求输入整数时，若输入了一个字母，则输入过程就结束了。

(3)使用说明：
①"格式控制字符串"后面的地址表列中应当是变量地址，而不是变量名。例如：

scanf("%d,%d",a,b);是不正确的,TC不提示语法错误,但变量a和b得不到输入的值。

② 在"格式控制字符串"中除格式说明以外若还有其他字符,例如","、";"以及空格等字符,则输入数据时必须原样输入这些字符,否则得不到正确的数据。例如:

  scanf("%d,%d",&a,&b);

输入时应按如下形式输入:

  1,2↵

由于格式控制中两个格式符之间有逗号,因此输入时数据间用逗号隔开,若用其他字符隔开则属于非法输入。又如:

  scanf("a=%d,b=%d",&a,&b);

输入时应按如下形式输入:

  a=1,b=2↵

③ 输入实型数据时不能规定精度,例如下面的输入语句是非法的:

  float a;
  scanf("%4.2f",&a);

④ 可以指定输入整型数据所占列数,系统自动根据指定宽度截取所需数据。

【例2.8】 按指定宽度输入数据。

程序如下:

```
/* e2-8.c */
#include "stdio.h"
void main()
{  int a,b;
   scanf("%3d%3d",&a,&b);
   printf("a=%d,b=%d",a,b);
}
```

运行结果:

  12345678↵
  a=123,b=456

⑤ %后可加"*"说明符,表示跳过指定的列数。

【例2.9】 输入数据举例。

程序如下:

```
/* e2-9.c */
#include "stdio.h"
void main()
{ int a,b;
  scanf("%2d%*2d%3d",&a,&b);
  printf("a=%d,b=%d\n",a,b);
}
```

运行结果:

  1234567↵
  a=12,b=567

【说明】当执行 scanf 函数时,系统会根据格式说明"%2d"首先截取 2 位数字 12 赋给变量 a,然后按"%*2d"跳过 2 位(34),最后再截取 3 位数字 567 赋给 b。

⑥ 在使用"%c"格式输入字符时,空格字符和转义字符都作为有效字符输入,例如:

scanf("%c%c%c", &c1, &c2, &c3);

输入时应按以下形式输入:

abc↵

由于%c要求只读入一个字符,因此字符间不需要空格隔开,系统会自动把字符'a'、'b'和'c'分别赋给变量 c1、c2 和 c3。若输入:

a b c↵

则系统会把字符'a'赋给 c1,空格字符赋给 c2,字符'b'赋给 c3,字符'c'没有赋给任何变量,从而不能得到希望的结果。

2.4.3 字符输入/输出函数

1. 字符输入函数 getchar( )

(1)功能:从终端(或系统隐含指定的输入设备)输入一个字符。

(2)一般形式:

getchar( )

(3)说明:

① 该函数没有参数。

② 该函数包含在头文件 stdio.h 中。

③ 该函数只能接收一个字符,函数的返回值就是输入的字符,通常把输入的字符赋予一个字符变量或整型变量,例如:

c = getchar( );

2. 字符输出函数 putchar( )

(1)功能:向终端(或系统隐含指定的输出设备)输出一个字符。

(2)一般形式:

putchar(c); /* c 可以是字符、整型变量、常量或表达式 */

(3)说明:

① 该函数包含在头文件 stdio.h 库中。

② 该函数也可以输出转义字符和字符常量及表达式。例如:

putchar('\n'); putchar('a')

【例 2.10】 从键盘上输入一个字符,然后再输出到显示器上。

程序如下:

```
/* e2-10.c */
#include "stdio.h"
void main( )
{char c;
 c = getchar( );
 putchar(c);
}
```

运行结果:
a↵
a

本例的程序可以写得很简洁,直接把输入的字符输出,不赋给变量。程序如下:
```
/* e2-10-1.c */
# include "stdio.h"
void main( )
{   putchar(getchar());
}
```

2.4.4 应用举例

【例2.11】 求某学生的数学、英语、政治三门课程的总成绩,要求成绩从键盘输入。
【分析】本例题实现的功能正是本节引例中提到的问题,其算法前面已经介绍过。
程序如下:
```
/* e2-11.c */
# include "stdio.h"
void main( )
{   float x,y,z,sum;
    scanf("%f%f%f",&x,&y,&z);
    sum = x + y + z;
    printf("sum = %.1f",sum);
}
```

运行结果:
98 90.5 100↵
sum = 288.5

【例2.12】 从键盘上输入一个小写字母,然后输出其对应的大写字母。
【分析】查看字符的 ASCII 表可以得知,一个大写字母和对应的小写字母在 ASCII 值上相差 32,例如,'a'的 ASCII 码为 97,'A'的 ASCII 码为 65。因此,要想实现题目要求的功能,首先输入一个小写字母,然后将其 ASCII 值减去 32,所得值即为对应大写字母的 ASCII 码值,最后以字符格式输出。
程序如下:
```
/* e2-12.c */
# include "stdio.h"
void main( )
{   char c1;
    c1 = getchar();
    c1 = c1 - 32;
    putchar(c1);
```

运行结果：
　　a↵
　　A

小　　结

本章内容是 C 程序设计的基础知识，主要介绍了常量的分类、变量的分类和数据的输入输出。通过本章的学习，应该掌握以下几个方面的内容：

(1)常用的常量有：整型常量、浮点型常量、字符常量和字符串常量。每类常量还有不同的表示方法。

(2)目前常用的变量有：整型变量、浮点型变量和字符型变量。使用变量时必须先定义再使用，每种变量有不同的表示范围，例如 int 型能表示的最大正整数为 32 767，程序中涉及的整数超过这个范围时，就不能再用 int 型，而可以选择 long 型，数据再超过 long 型的表示范围时，就该选择 float 型或 double 类型。

(3)标识符是用来标识变量、符号常量、函数、数组、类型等数据对象的有效字符序列。命名标识符的规则是：必须以英文字母或下划线开头，其后可以跟字母、数字和下划线。

(4) C 语言本身没有专门的数据输入/输出语句，所有数据的输入/输出都是由系统提供的库函数完成的。在使用系统的库函数时，要用预处理命令"# include"将有关"头文件"包含到源文件中。使用标准输入/输出库函数时要用到"stdio.h"头文件，因此在程序的开头应写上预编译命令：# include ＜ stdio.h＞ 或 # include "stdio.h"。

(5)格式输入函数为：scanf( )，格式输出函数为：printf( )。这两个函数的参数都包括两部分，输入函数的参数为"格式控制字符串"和"地址表列"，输出函数的参数为"格式控制字符串"和"输出表列"。

(6)常用的格式说明符有：%d(十进制整数格式)、%c(字符格式)和%f(浮点格式)，特别注意，TC 中输入/输出 long 型数据时用%ld，输入/输出 double 型数据时用%lf。

习　　题

1．选择题(可能有多个选项)

(1)下面标识符中，不合法的用户标识符为_____。
　A．Pad　　　B．a_10　　　C．CHAR　　　D．a#b

(2)下面标识符中，合法的用户标识符为_____。
　A．day　　　B．E2　　　C．3AB　　　D．enum

(3)以下_____是不正确的转义字符。
　A．'\\'　　　B．'\''　　　C．'\081'　　　D．'\0'

(4)若 x 是 int 型变量，y 是 float 型变量，所用的 scanf 调用语句格式为：
　　　scanf("x = %d, y = %f", &x, &y);

则为了将数据 10 和 66.6 分别赋给 x 和 y,正确的输入应是:_____。
  A. x = 10,y = 66.6 < 回车 >   B. 10 66.6 < 回车 >
  C. 10 < 回车 > 66.6 < 回车 >   D. x = 10 < 回车 > y = 66.6 < 回车 >

(5) 若 m 为 float 型变量,则执行以下语句后的输出为_____。
    m = 1234.123;
    printf("%-8.3f \n",m); printf("%10.3f \n",m);
  A. 1234.123   B.   1234.123   C. 1234.123   D. -1234.123
     1234.123   1234.123   1234.123   001234.123

6. 若 n 为 int 型变量,则执行以下语句后的输出结果为_____。
    n = 32767;
printf("%010d \n",n); printf("%10d \n",n);
  A. 00000 32767   B.   32767   C.   32767   D. 无结果
         32767   0000032767   32767   无结果

2. 读程序,写出运行结果
(1)
```
# include "stdio.h"
void main()
{  int x,y;
   scanf("%d%*d%d",&x,&y);
   printf("%d \n",x+y);
}
```
程序运行时输入:12 34 567
运行结果:_____。

(2)
```
# include "stdio.h"
void main()
{  char a,b,c;
   scanf("%c%c%c",&a,&b,&c);
   printf("%d %d %d",a,b,c);
   printf("%c%c%c \n",a,b,c);
}
```

程序运行时输入:123↵
运行结果:_____。

3. 由键盘输入一个实数,对它小数部分的第 2 位进行 4 舍 5 入后输出。
4. 从键盘输入一个大写字母,然后输出对应的小写字母。用 scanf 和 printf 函数实现字母的输入和输出。

第3章 运算符与表达式

本章重点
(1)算术运算符和算术表达式。
(2)赋值运算符和赋值表达式。
(3)各种运算符的优先级。

3.1 运算符与表达式概述

在 C 语言中,经常需要对数据进行运算或操作,最基本的运算形式常常由一些表示特定的数学或逻辑操作的符号描述,这些符号称为运算符或操作符,被运算的对象(数据)称为运算量或操作数。由运算符连接的运算对象组成的符合 C 语法规则的式子称为表达式。

C 语言提供了丰富的运算符,能构成多种表达式,它把基本操作都作为运算符处理,使得 C 语言表达式处理问题的功能强、范围广。

C 语言的运算符可以分为以下 13 类:
(1)算术运算符 (+ 、- 、* 、/、%、++ 、--)
(2)关系运算符 (> 、< 、> = 、<= 、== 、! =)
(3)逻辑运算符 (!、&&、‖)
(4)位运算符 (~ 、& 、| 、^、<< 、>>)
(5)赋值运算符 (= 及其扩展赋值运算符)
(6)条件运算符 (? :)
(7)强制类型转换运算符 (类型)
(8)逗号运算符 (,)
(9)指针运算符 (* 、&)
(10)求字节运算符 (sizeof)
(11)分量运算符 (.、->)
(12)下标运算符 ([ ])
(13)其他 (如圆括号、函数调用运算符())

本章主要介绍算术运算符、赋值运算符、逗号运算符和强制类型转换运算符等。其他运算符将在后面的章节中陆续介绍。

在学习运算符的时候要注意掌握运算符的几个属性,包括运算符的目数、优先级和结合性等,同时要注意运算符要求的运算量的类型及结果的类型。

3.2 基本算术运算符与算术表达式

1. 基本算术运算符

算术运算符中,加或正号 +、减或负号 -、乘 *、除 /、求余 % 为基本算术运算符,功能和数学中的类似,但用法有很大的不同,有几点需要特别注意的地方。

(1) +(加法)、-(减法)、*(乘法)、/(除法)、%(求余)为双目运算符,即参加运算时要求有两个运算量。参加运算过程中先乘除,后加减,即乘除(*,/,%)的优先级高于加减(+,-)。若优先级相同,则按"自左至右"的结合方向计算,这一点和数学上的计算规则一样。C语言中当一个运算对象两侧的运算符优先级相同时,则根据运算符的结合性进行运算。运算符的结合性分为两种,即左结合性(自左至右)和右结合性(自右至左),这5个算术运算符是左结合的,例如计算 2 - 3 * 4 表达式时,3 的两侧运算符为 - 和 *,按优先级先乘后加,而计算 1 + 2 - 3 时,2 的两侧运算符的优先级相同,则根据运算符的左结合性按从左到右的方向计算。

(2) +(正号)和 -(负号)为单目运算符,即只要求有一个运算对象,C语言中所有单目运算符的优先级高于双目运算符,所有单目运算符都是右结合的,即优先级相同时,按从右到左的方向计算。

(3) +,-,*,/的运算对象可以是整型或实型数据,结果的类型由运算对象的类型决定,而 % 要求两个运算量都必须为整型数据,结果也是整型,是两个整数相除后的余数,另外运算结果的正负符号与被除数的符号一致。例如,7%4 的值为 3,9%10 的值为 9,5/2%3 的值为 2,9%(-2)的值为 1。

(4) 两个整数相除结果为整数,舍弃小数部分,如 5/3 的值是 1。但是如果被除数或除数有一个负数,则舍入的方向是不固定的。例如 -5/3 的运算结果在有的系统中是 -1,而在有的系统中是 -2。但多数系统(如 Turbo C)采用"向零取整"的规则,即取整数时向零靠拢。例如 5/3 的结果是 1,-5/3 的结果是 -1。

2. 算术表达式

用算术运算符和圆括号将运算对象连接起来,符合 C 语法规则的式子称为 C 算术表达式。运算对象包括常量和变量等。将数学中的表达式写成 C 表达式时,必须满足 C 语言的语法规则。例如,$\frac{1}{2}$ab 写成 C 算术表达式应为:1.0/2 * a * b 或 1/2.0 * a * b。考虑一下,为什么不写成 1/2 * a * b。

3. C 算术表达式的常用规则

(1) 乘号不能省。如 ab 应写成 a * b,否则会认为 ab 为一个变量名。

(2) C 算术表达式中可以使用圆括号改变运算顺序,因为圆括号是 C 语言中优先级最高的运算符之一,在一个表达式中会最先执行圆括号这个运算符,圆括号可以嵌套使用,但左、右括号必须匹配。

(3) 应避免两个运算符并置。如 a * b/ - c 应该为 a * b/(- c)。

(4) 由于两个整数相除结果仍为整数,因此若想得到的结果为实数就必须把除数或被除数转换成实数。如 5/12 应该写成 5.0/12 或 5/12.0。

(5) 表达式中所有符号要写成一行。如 $\frac{1}{2}$ 应写成 1/2.0。

(6) 上下角标不能直接写，需要转换。例如 $x^2 \to x*x, x_1 \to x1$。

(7) 调用标准数学函数时自变量应写在一对括号内。如 |−216| 应写成 fabs(−216)，sin12 应写成 sin(12)，e^x 应写成 exp(x) 等。常用的标准数学库函数见附录 D。

(8) 三角函数的自变量应使用弧度。如 sin 50° 应写成 sin(50*3.1415926/180)。

【例 3.1】 把下面的数学表达式写成 C 算术表达式。

$$\frac{2a + \sin 45°}{|x-y|e^{2.3}}$$

【解】 (2*a+sin(45*3.1415926/180))/(fabs(x−y)*exp(2.3))

3.3 赋值运算符与赋值表达式

1. 赋值运算符

C 语言中，"="称为赋值运算符，它连接了两个操作数，使用它的一般形式为：

　　变量 = 表达式

作用是将"="右面的表达式的值赋给左面的变量，赋值运算符是有方向的，和数学中的等号不同，在 C 语言中用"=="表示相等。例如：

　　a=3; /*把整数 3 赋给变量 a，即存储到 a 中*/
　　b=4;
　　a=b; /*把 b 的值赋给 a 后，a 和 b 的值都是 4*/
　　b=a; /*假设赋值之前，还是 a=3,b=4，把 a 的值赋给 b 后，a 和 b 的值都是 3 */

赋值运算符是双目运算符，右结合的，赋值运算符的优先级比较低，仅高于逗号运算符，例如：

　　a=a+1; /*先计算 a+1 的值，然后再赋值给变量 a，变量 a 的存储单元中的原值被覆盖*/

2. 赋值表达式

由赋值运算符将一个变量和一个表达式连接起来的式子称为赋值表达式。既然是表达式，就应该有一个确定的值，这个值就是被赋值后左边变量的值，例如，表达式 a=3+2 的值就是 5，可以将一个赋值表达式再赋给一个变量，例如表达式：

　　b=a=3+2

在 a 的两侧有两个赋值运算符，先算哪一个就由运算符的结合性决定，赋值运算符是右结合的，所以计算顺序按从右至左，先计算右边的赋值表达式 a=3+2，前面的表达式相当于 b=(a=3+2)，先算 a=3+2，a 的值是 5，赋值表达式 a=3+2 的值也是 5，再将 5 赋给 b，变量 b 的值为 5，同时表达式 b=a=3+2 的值也是 5。

3. 复合的赋值运算符

赋值运算符分别与算术运算符和位运算符结合形成了 10 个复合赋值运算符，包括：

　　+=, −=, *=, /=, %=（与算术运算符结合）
　　<<=, >>=, &=, ^=, |=（与位运算符结合）

后五种复合赋值运算符与位运算有关，在第 9 章介绍，本章主要介绍前五种。例如：a+=3 等价于 a=a+3，x*=y+8 等价于 x=x*(y+8)。

a+=a-=a*=a/*若a的初值为3,则表达式的值为0*/

此表达式为复合的赋值表达式,它的求解过程如下:
① 按结合方向用加括号的方法确定计算顺序:a+=(a-=(a*=a));
② 改写成常规的写法:a=a+(a=a-(a=a*a));
③ 依次计算:a=a+(a=a-(a=9)); a=a+(a=a-9); a=a+(a=0); a=a+0; a=0+0; a=0。

在上面的复合赋值表达式求解过程中,当运算表达式a=9时,a中的数据3被替换成了9,因此在运算后面的表达式a-9时,参加运算的a的值是9,而不再是3。

赋值表达式可以包括在其他表达式中,如 printf("%d",a=b);执行此输出语句时,首先计算赋值表达式 a=b 的值,然后再把表达式的值输出。

3.4　不同数据类型的转换

当把一个常量赋值给一个变量或不同数据类型一起参加运算时,它们的类型通常要求是一致的,若它们的类型不一致,但都是数值型或字符型时,那么就要先把数据转化成相同类型后执行相应的运算。这个转换过程包括两种方式:自动转换和强制转换。

3.4.1　自动转换

自动转换是 C 语言的编译器自动执行的,赋值时的自动转换主要包括以下 6 个方面:
(1)将实型数据(包括单、双精度)赋给整型变量时,舍弃实数的小数部分。例如:

  int i;
  i = 3.54;

当执行完上述语句时,变量 i 中存储的值是右端数据的整数部分 3。
(2)将整型数据赋值给实型变量时,数值不变,但以实数形式存储到变量中。例如:

  float a = 12;

当上述语句执行结束后,变量 a 中存储的值为 12.0,按%f 格式输出时会得到 12.000000。
(3) double 型数据赋给 float 变量时,截取其前面 7 位有效数字,放到 float 变量的存储单元中;将一个 float 型数据赋给一个 double 型数据,数值不变,有效位扩展到 16 位。
(4)字符型数据赋给整型变量时,将字符型数据在内存中的存储内容(占一个字节)放到整型变量存储单元的低 8 位(一个字节)中,而高 8 位不同的系统有不同的处理,有的补 0,有的补 1。若将整型数据赋给一个 char 型变量时,只将其内存中的低 8 位原样赋给 char 型变量,高 8 位截去。例如:

  char c;
  int i = 321;
  c = i;

当把整型变量 i 中的 321 赋给字符型变量 c 时,只把低 8 位的数据赋给了变量 c,即 c 的值是 65,用%c 输出时,输出的结果是字符'A'。赋值情况如图 3.1 所示。
(5)带符号的 int 型数据赋给 long 型变量时,将 int 型数据送到 long 型变量的低 16 位中;高 16 位实行符号位扩展,即若 int 型数据为正数,则 long 型变量的高 16 位补 0,否则补 1。当 long

图 3.1　整型数据赋给字符型变量

型数据赋给 int 型变量时,只需将 long 型数据的低 16 位放入 int 型变量中,高 16 位截去,此时数据可能发生变化。例如:

```
long a = 65536;
int b;
b = a;
```

当把长整型变量 a 中的 65536 赋给整型变量 b 时,只把低 16 位赋给了 b,即 b 的值是 0,赋值情况如图 3.2 所示。

图 3.2　长整型数据赋给整型变量

(6)将 unsigned int 型数据赋给 long int 型变量时,把 unsigned 型数据送到 long 型数据的低 16 位,而高 16 位补 0 即可。当一个 unsigned 类型数据赋给一个占字节相同的整型变量时,数据将原样送到非 unsigned 型变量中,但可能会因超范围而出错,这是由于 unsigned 型数据的范围要比相应的非 unsigned 型数据范围大。将非 unsigned 型数据赋给长度相同的 unsigned 型变量,也是原样照赋(符号位的数字作为数值一起传送)。

从以上几个方面的赋值情况可以看出,不同类型的整型数据间的赋值实质上就是按存储单元中的存储形式直接传送。当占用字节数少的整型数据赋给占用字节数多的变量时,要对高位部分补 0 或补 1;相反,当占用字节数多的整型数据赋给占用字节数少的变量时只截取低位部分赋值,高位部分舍掉,因为内存单元中的数据是按补码存放的,这里涉及补码的知识,不再详述。

整型、实型和字符型数据可以进行混合运算,不同类型的数据在同一表达式中参加运算时也会发生自动转换,将不同类型的数据先转换成同一类型,然后再进行运算。87ANSI C 的转换规则如图 3.3 所示。

在图 3.3 中,横向向左的箭头表示必定的转换,例如,若表达式中出现了 short 型或 char 型,则必定转换为 int 型进行运算,若为 float 型,则必定转换为 double 型,以提高运算精度。

纵向向上的箭头表示当运算对象为不同类型时的转换方向。例如 int 型和 float 型数据进行运算时,首先 float 型必定转换为 double 型,int 型直接

图 3.3　不同类型的数据转换规则

转换为 double 型,然后两个 double 型进行运算,结果为 double 型。

从图中可以看出,表达式中只要有一个 float 型或 double 型数据,结果必定是 double 型。例如,若已知:int x; float y; double m; long n;则计算表达式 1 + 'b' + x/y − m * n 时,按各运算符的优先级和结合性,表达式的运算次序如下:

(1)进行 x/y 运算,将 x 和 y 都转换成 double 型,然后相除,结果为 double 型。
(2)将 n 转换成 double 型,然后进行 m * n 运算,结果为 double 型。
(3)进行 1 + 'b' 的运算,将'b'转换为 int 型 98,然后相加,结果为 int 型数据 99。
(4)将 1 + 'b' 的结果转换成 double 型后与 x/y 的运行结果相加,结果为 double 型。
(5)将 1 + 'b' + x/y 的结果与 m * n 的结果相减,最后表达式的结果类型为 double 型。

3.4.2 强制转换

强制类型转换通过强制类型转换运算符实现。一般形式:

  (类型标识符)表达式

例如:

  int a;
  float b,c;
  (int)b /* 将 b 中的值转换为 int 型 */
  (int)(b + c) /* 先计算 b + c,然后将 b + c 的值转换成 int 型 */

【说明】

(1)(类型标识符)称为强制类型转换运算符,作用是将其后面的表达式的值转换为括号中指定的类型。C 语言中的运算符非常丰富,优先级各不相同,类型转换运算符的优先级高于算术运算符,在执行表达式(int)b + c 时,是先把 b 的值转换成 int 型,然后再进行加法运算。

(2)在对变量进行强制类型转换时,得到的结果并没有存放到原来的变量当中,即不改变原来变量的类型,只是得到一个中间值。

【例 3.2】 强制类型转换。

程序如下:

```
/* e3 - 2.c */
# include "stdio.h"
void main( )
{   float a;
    int b;
    a = 3.56;
    b = (int)a;
    printf("a = %f,b = %d",a,b);
}
```

运行结果:

  a = 3.560000,b = 3

【说明】根据运行结果可以看出,被强制类型转换的变量 a 中的值并没有改变,因此可以说明转换时只是得到了一个中间结果。

3.5 自增、自减运算符

自增运算符和自减运算符是单目运算符,它们只能和一个单独的变量组成表达式。自增运算符和自减运算符的符号表示分别为 ++ 和 -- ,它们的作用分别是使变量的值增加 1 和减少 1。例如,设 i 为 int 型变量,若想使 i 的值增加 1,可以用表达式 ++i 或 i++,此时 ++i 和 i++ 的结果是相同的。

当 ++i 和 i++ 作为其他表达式的一部分时,结果是不同的。这是由于 ++i 是先使 i 的值加 1,然后 i 再参加表达式的运算;而 i++ 是 i 先参加表达式的运算,然后再使 i 的值加 1,这样就使得整个表达式的运算结果不同。自减运算与自增运算类似,只是把加 1 改成减 1。

【例 3.3】 自增运算符的应用。

程序如下:

```
/* e3-3.c */
# include "stdio.h"
void main( )
{   int i,j,m,n;
    i=8;j=8;
    m=i++;      /*相当于 m=i; i=i+1;的组合*/
    n=++j;      /*相当于 j=j+1; n=j;的组合*/
    printf("i=%d,m=%d \n",i,m);
    printf("j=%d,n=%d",j,n);
}
```

运行结果:

i=9,m=8
j=9,n=9

【说明】

(1)自增运算符和自减运算符只能用于变量,不能用于常量或表达式。

(2)++ 和 -- 是单目运算符,优先级高于所有的双目运算符,仅次于圆括号运算符,结合方向是右结合的。

3.6 逗号运算符与逗号表达式

在 C 语言中,逗号不仅可以作为分隔符,还可以作为一种运算符,用来把两个或多个表达式连接起来。逗号表达式的一般形式如下:

表达式 1,表达式 2,……,表达式 n

逗号运算符也称顺序求值运算符,逗号表达式的运算过程是按从左到右的顺序逐个运算每一个表达式,即先运算表达式 1,再运算表达式 2,依此类推,直到表达式 n 运算结束,整个逗号表达式的值和类型就是最右边的"表达式 n"的值和类型。

逗号运算符是双目运算符,优先级最低,其结合方向是从左到右。例如:

a=3*5,a*4/*先计算赋值表达式的值,结果是 a 的值为 15,逗号表达式的值为 60*/
(a=4*5,a*3),a+10/*先进行圆括号内的表达式运算,结果 a=20,括号内的逗号表达式的值为 60,整个逗号表达式的值为 30*/

小　　结

　　本章主要介绍了一些常用的运算符,包括赋值运算符、算术运算符、自增自减运算符、强制类型转换运算符和逗号运算符。其中赋值运算符的符号是"=",它的作用是将"="右面的数据赋给左面的一个变量,它是有方向的,它不是数学中的等号。算术运算符中注意/和%的特别之处,其中除法运算符"/"两边若都为整型,则结果为整型,若有一边为浮点型则结果为浮点型。而求余运算符要求运算符两边的运算对象必须为整型。自增和自减运算符"++"和"--"使用的时候有很多的细节问题,可能一些写法的运行结果会出乎你的预料,在不知道确切的结果时不要随意使用,例如,当 i=2 时,经过赋值运算 j=i+++i+++i++ 之后,j=6,i=5。所以在使用这两个运算符时,应该仅使用它的最简单的形式。

　　学习运算符必须要掌握各个运算符的相关属性,如运算符的目数、优先级和结合性。例如,自增自减运算符是单目运算符;逗号运算符的优先级最低,其次是赋值运算符。所有单目运算符都是右结合的,所有单目运算符的优先级都高于双目运算符等。

　　在 C 程序中涉及计算数学中的表达式的值时,要注意写成符合 C 语言语法规则的 C 表达式,要保证值不变,包括分数的处理,加一些必要的圆括号等。

习　　题

1.选择题
(1) 若有以下类型说明语句:
　　char w; int x; float y; double z;
则表达式 w*x+z-y 的结果为_____类型。
　A. float　　　　B. char　　　　C. int　　　　D. double
(2) 若 x 为 int 型变量,x=6;则执行以下语句后,x 的值为_____。
　　x+=x-=x*x;
　A. 36　　　　B. -60　　　　C. 60　　　　D. -24
(3) 若题中变量已正确定义并赋值,下面符合 C 语法的表达式是_____。
　A. a%=7.6　　　　　　　　B. a++,a=7+b+c
　C. int(12.3)%4　　　　　　D. a=c+b=a+7
(4) 已知 a、b 是 int 型变量,x、y 是 float 型变量,且各变量已经被有效赋值。以下正确的赋值语句是_____。
　A. a=1,b=2　B. y=(x%2)/10; C. x*=y+2; D. a+b=x;
2.读程序,写出运行结果
　　# include "stdio.h"
　　void main()
　　{　int m=1,n=10,a,b;

```
        a = m++;
        b = ++n;
        printf("a= %d,b= %d,m= %d,n= %d \n",a,b,m,n);
    }
```

运行结果_____。

3. 将华氏温度转化为摄氏温度和绝对温度(下式中 c 表示摄氏温度，f 表示华氏温度，k 表示绝对温度)。

$$c = \frac{5}{9}(f - 32)$$

$$k = 273.16 + c$$

在程序中使用 scanf 输入 f 的值，然后计算 c 和 k 的值。程序运行两次，为 f 输入的值分别是 34 和 100。(注意程序中数据类型和输入、输出语句的格式)

4. 已知整型变量 $a=6$，请编程计算并输出下面赋值表达式的值。

$$a += a -= a * = a$$

5. 输入三角形的三边长，求三角形的面积。求三角形面积的公式为 $\sqrt{s(s-a)(s-b)(s-c)}$，其中：a,b,c 为三边，$s = (a+b+c)/2$。

第 4 章 程序的流程控制

本章重点
(1) if 语句。
(2) for 语句、while 语句和 do – while 语句。
(3) break 语句。
(4) 求累加和、累乘积、最大最小值、判断素数、数字分离、图形打印和求最大公约数等常用算法。

4.1 程序的基本结构

为了描述操作的执行过程,程序设计语言必须提供一套流程描述机制,这种机制一般称为控制结构,其作用为控制操作的执行过程。按照结构化程序设计的基本思想,任何程序都可以由三种基本结构构成,这三种基本结构就是顺序结构、选择结构和循环结构。每种结构的流程图如图 4.1 所示。

图 4.1 程序的三种基本结构

最简单的是顺序结构,就是从前向后按顺序往下执行。下面以第 3 章的习题 5 为例,了解一下顺序结构的程序。

【例4.1】 已知三角形的三边,求此三角形的面积。

【分析】 已知三角形的三边分别用变量 a,b,c 表示,通过三边求面积可以使用海伦公式,程序按顺序执行定义变量、输入数据、处理数据、输出数据等几大部分。事实上,多数的程序都由这几大部分构成。

程序如下:

```
/* e4-1.c */
#include "math.h"
#include "stdio.h"
void main()
{   int a,b,c;                              /* 定义三角形的三边为整型 */
    float s,area;                           /* s 表示半周长,area 表示面积 */
    scanf("%d%d%d",&a,&b,&c);              /* 输入已知的三条边,整型的格式控制用%d */
    s=(a+b+c)/2.0;                          /* (a+b+c)/2 的结果是整型的 */
    area=sqrt(s*(s-a)*(s-b)*(s-c));        /* 求出面积 */
    printf("area=%.2f\n",area);            /* 输出结果,保留2位小数 */
}
```

运行结果:

3 4 5↵

area=6.00

【说明】

(1) 程序中使用了求平方根的数学函数 sqrt,所以在程序的开头要使用文件包含命令 #include,将头文件 math.h 包含进来。

(2) 如果已知的三边是实数,则本程序不能得到正确的计算结果,是因为变量类型为整型时,不能正确表示实数,改进的办法就是将 a,b,c 定义成浮点型,即 float a,b,c;相应的数据输入改为 scanf("%f%f%f",&a,&b,&c)。

(3) 如果输入的三边不能构成三角形程序将不能正确运行,改进的办法就是加上条件判断,如果能构成三角形才计算面积;否则输出相应的信息。这要用 4.2 节的知识解决。

4.2 选择结构

选择结构要根据某个条件的满足与否,决定执行不同的操作,C 语言中的条件判断通常由关系表达式和逻辑表达式完成,实现选择结构有 if 和 switch 两种语句。

4.2.1 关系运算符和关系表达式

1. 关系运算符

关系运算符用于对两个量进行大小的比较,C 语言提供 6 个关系运算符:

    <(小于)   <=(小于等于)   >(大于)

    >=(大于等于)   ==(等于)   !=(不等于)

关系运算符都是双目运算符,左结合,关系运算符的优先级高于赋值运算符,低于算术运

算符,关系运算符中 <、>、<= 和 >= 的优先级高于 == 和 !=。例如:

a+b<c==c>b

应理解为:

((a+b)<c)==(c>b)

2. 关系表达式

用关系运算符将两个运算对象连接起来的合法的式子称为关系表达式,关系表达式的值只有两个,关系表达式成立时,表示"真",其值为 1;关系表达式不成立时,表示"假",其值为 0。例如,3<5 的值为 1;3>5 的值为 0,3==5 的值为 0;3!=5 的值为 1。

【说明】关系表达式 5>3>2 的值为 0,即 C 语言中的关系表达式和数学中的不等式不是等价的,对 C 语言中的关系表达式 5>3>2 计算时按照优先级和左结合的规则,相当于(5>3)>2,先计算 5>3 的值为 1,再计算 1>2 的值为 0。所以,要表达数学意义上的 a>b>c 时,不可以直接写成 a>b>c,而要表达出 a>b 同时 b>c 的意义,这就要用到逻辑运算符,写成 a>b&&b>c。

4.2.2 逻辑运算符和逻辑表达式

1. 逻辑运算符

C 语言提供了 3 个逻辑运算符:

&&(逻辑与) ‖(逻辑或) !(逻辑非)

逻辑非(!)为单目运算符,右结合,优先级高于算术运算符;逻辑与(&&)和逻辑或(‖)为双目运算符,左结合,优先级低于关系运算符,高于赋值运算符,&& 的优先级高于 ‖。

2. 逻辑表达式

用逻辑运算符连接的合法的式子称为逻辑表达式,逻辑表达式的值应该是一个逻辑量"真"或"假"。C 给出逻辑运算结果时,以数值 1 代表"真",以 0 代表"假",但判断一个量是否为"真"时,主要判断其是否非 0,非 0 为真,0 为假。

【例 4.2】 已知 a=4,b=5,求下列表达式的值。

!a	值为 0
a&&b	值为 1
a‖b	值为 1
!a‖b	值为 1
4&&0‖2	值为 1
5>3&&2‖8<4-!0	值为 1

【说明】在进行逻辑表达式的求解中,并不是所有的逻辑运算符都可被执行到,只是在必须执行下一个逻辑运算符才能求出表达式的值时,才执行该运算符。例如:

计算表达式 a‖b‖c 的值

若 a 为真,则表达式的值一定为真,那么后面的 b 和 c 的值对整个表达式的值没有影响,那就不用计算后面的 b 和 c 的值了。

【例 4.3】 已知 a=1,b=2,c=3,d=4,m=1,n=1,计算(m=a>b) && (n=c>d)的值。

【解】

该逻辑表达式的值为 0；

该逻辑表达式执行结束后 m 的值为 0；

该逻辑表达式执行结束后 n 的值为 1。

【说明】由于 m =(a>b)的值为 0，因此整个逻辑表达式的值就已经确定为 0 了，于是 && 后边的表达式(n=c>d)就不被执行了，因此 n 的值仍然保持为 1。

4.2.3 if 语句

当程序中需要根据某个条件是否满足来选择执行不同的操作时，就可以用到 if 语句。if 语句有三种形式。

1. if 语句的三种形式

(1) 单分支的形式。if 语句的单分支的一般形式为：

  if(表达式) 语句

执行过程：如果 if 后括号内的表达式成立，即其值为 1，则执行后面的语句。

【例 4.4】 输入一个数，如果是正数就打印出来，否则什么也不做。

程序如下：

```
/* e4-4.c */
#include "stdio.h"
void main()
{   int x;
    scanf("%d",&x);
    if (x>0) printf("%d \n",x);
        /* 这里的 x>0 即一般形式中的表达式，printf("%d \n",x);对应一般形式中的"语句"，表
           示如果 x>0 这个条件成立，就执行后面的 printf 语句。*/
    printf("abc \n"); /* 这条语句不受 x 值的影响，无论 x 为何值都要执行。*/
}
```

【说明】一般形式中的语句是指一条语句，如果条件成立时，需要执行多条语句，那么必须使用{}将这多条语句括起来，构成一条复合语句。

(2) 双分支的形式。if 语句的双分支的一般形式为：

  if(表达式) 语句 1

  else 语句 2

执行过程：如果表达式成立，就执行 if 后面的分支，即语句 1，否则执行 else 分支，即语句 2。

【例 4.5】 输入一个学生的成绩，判断是否及格。

程序如下：

```
/* e4-5.c */
#include "stdio.h"
void main()
{   int cj;
    scanf("%d",&cj);
    if (cj>=60)
        printf("pass \n");    /* 条件成立时，输出 pass */
```

```
        else
            printf("fail \n");        /* 条件不成立时,输出 fail */
    }
```

运行结果:
```
88↵
pass
```

【例 4.6】 输入三条边,如果能构成三角形就计算其面积,否则输出不是三角形的信息。
程序如下:
```
/* e4-6 */
# include "math.h"
# include "stdio.h"
void main()
{   int a,b,c;
    float s,area;
    scanf("%d%d%d",&a,&b,&c);
    if(a+b>c&&b+c>a&&a+c>b)     /*任意两边之和大于第3边,则能构成一个三角形*/
        {s=(a+b+c)/2.0;
         area=sqrt(s*(s-a)*(s-b)*(s-c));
         printf("area = %.2f \n",area);
        }                        /*{}将里边的三条语句构成一条复合语句*/
    else                         /*否则,即不能构成三角形*/
        printf("it is not a triangle \n");   /*输出不是三角形的信息*/
}
```

【说明】用 if-else 语句完成选择结构,如果条件成立计算面积,否则输出相应的信息。

(3) 多分支的形式。if 语句的多分支的一般形式为:

if(表达式 1) 语句 1
else if(表达式 2) 语句 2
⋮
else if(表达式 m) 语句 m
else 语句 n

执行过程:首先判断表达式 1 的值是否非 0,如果非 0,就执行语句 1,整个 if 语句结束;否则再判断表达式 2 的值是否非 0,如果非 0 就执行语句 2,整个 if 结构也结束;否则判断表达式 3 是否成立……这样一直下去。如果 if 后面的所有表达式的值都为 0,就执行 else 后面的语句 n。在这样的多分支结构中只有一条语句会被执行到。若最后的 else 不存在,并且前面的所有条件都不成立,则该 if-else if 结构将不执行任何操作。

【例 4.7】 有如下的分段函数,根据输入的 x 的值,求出相应的 y 值。

$$y = \begin{cases} x-1 & x<0 \\ 2 & x=0 \\ \sqrt{2x} & x>0 \end{cases}$$

程序如下：
```c
/* e4-7.c */
#include "math.h"
#include "stdio.h"
void main()
{  float x,y;
   scanf("%f",&x);
   if(x<0) y=x-1;
   else if(x==0) y=2;
   else y=sqrt(2*x);
   printf("x=%.2f,y=%.2f \n",x,y);
}
```

运行结果：
8↵
x=8.00,y=4.00
-5↵
x=-5.00,y=-6.00
0↵
x=0.00,y=2.00

【说明】if语句的第3种形式属于if语句的规则嵌套，即所有的嵌套部分都放在else分支中，所谓if语句的嵌套是指在if分支或else分支中又包含一个if语句。下面是用到if语句的嵌套的例子。

【例4.8】 输入学生的成绩，输出其对应的等级，优、良、中、及格和不及格分别用A、B、C、D和E表示，如果输入的数据不是介于0～100之间，则输出数据错误的信息。

程序如下：
```c
/* e4-8.c */
#include "stdio.h"
void main()
{  int cj;
   scanf("%d",&cj);
   if(cj>=0&&cj<=100) /* 成绩介于0到100之间时，才输出其对应的等级 */
      if(cj>=90)         printf("A");
      else if(cj>=80)    printf("B");
      else if(cj>=70)    printf("C");
      else if(cj>=60)    printf("D");
      else printf("E");
   else
      printf("data error \n");
}
```

运行结果：

```
120↵
data error
88↵
B
```

【说明】在 if 语句的嵌套结构中,应注意 if 与 else 的配对关系,else 总是与它前面最近的未配对的 if 配对,若 if 与 else 的数目不一致,可以加{}来确定配对关系。

完成多分支的程序也可以选择使用 switch 结构。

4.2.4 switch 语句

1. switch 语句的一般形式

```
switch(表达式)
{
    case 常量表达式 1 :语句 1
    case 常量表达式 2 :语句 2
      ⋮
    case 常量表达式 n :语句 n
    default :语句 n + 1
}
```

2. switch 语句的执行过程

switch 结构也称标号分支结构,每个 case 子句都以一个常量表达式作为标号,执行时首先计算 switch 后面括号中的表达式的值,然后按照计算结果依次寻找与之相等的 case 标号值,找到之后就将流程转至标号处,并从此处往下执行;如果找不到与之匹配的 case 标号值,就从 default 标号后往下执行。当不存在 default 子句并且没有相符的 case 子句时,switch 结构将不被执行。

【例 4.9】 输入学生的成绩,输出其对应的等级,用 switch 语句完成。

程序 1 如下:

```
/* e4 - 9 - 1.c */
# include "stdio.h"
void main()
{ int cj;
    scanf("%d",&cj);
    if (cj > 100 || cj < 0)
      printf("data error \n");
    else
      switch(cj/10)    /* 求成绩的十位数,由十位数的值确定对应的等级 */
      { case 10:
        case 9: printf("A");
        case 8: printf("B");
        case 7: printf("C");
        case 6: printf("D");
        default: printf("E");
```

```
        }
    }
```

运行结果：
```
84↵
BCDE
```

【说明】

(1)当输入 84 时,输出结果为 BCDE,即程序 1 不能正确完成要求的功能。

(2)case 子句只起到语句标号的作用,它没有条件判断的功能,找到匹配的 case 标号只是找到一个入口,执行完 case 后面的语句后,流程控制转移到下一个 case 标号后的语句继续执行。如果想要每个 case 执行之后,流程就跳出 switch 结构,即终止 switch 语句的执行,则需要使用一条 break 语句来达到此目的。

程序 2 如下：

```
/* e4-9-2 */
#include "stdio.h"
void main()
{   int cj;
    scanf("%d",&cj);
    if (cj>100 || cj<0)
        printf("data error \n");
    else
        switch(cj/10)
        {   case 10:
            case 9: printf("A");break;
            case 8: printf("B");break;
            case 7: printf("C");break;
            case 6: printf("D");break;
            default: printf("E");
        }
}
```

运行结果：
```
85↵
B
```

【注意】

(1)case 标号只是起到入口的作用,如果想流程只执行 case 后面对应的语句,而不是顺序往下执行,需加 break 语句。

(2)case 后面的表达式应是整型常量表达式,不能包含变量或函数。

(3)每一个 case 的常量表达式的值必须互不相同,否则就会出现互相矛盾的现象。

(4)每个 case 后面都有 break 语句时,各个 case 的出现次序不影响执行结果。

(5)多个 case 可以共用一组执行语句。如：

```
case 10:
case 9: printf("A");break;
```

(6)匹配测试只能测试是否相等,不能测试关系表达式或逻辑表达式,即 case 没有条件判断的功能,所以不能写 case cj >= 90 等,而需要精心设计 switch 后面的表达式,使其只取有限的几个值。

4.2.5 条件表达式

1. 条件运算符

条件运算符由"?"和":"两个符号组成,是 C 语言中唯一的一个三目运算符。它是右结合的,优先级高于赋值运算符,低于逻辑运算符。

2. 条件表达式的一般形式

　　　　表达式 1? 表达式 2 : 表达式 3

执行过程:如果表达式 1 为真,则条件表达式取表达式 2 的值,否则取表达式 3 的值。例如:

　　　　max = (a > b)? a:b;

相当于

　　　　if (a > b) max = a;
　　　　else max = b;

4.2.6 选择结构程序举例

【例 4.10】 有下面的分段函数,根据输入的 x 的值,求相应的 y 值。

$$y = \begin{cases} x & x < 1\,000 \\ 0.9x & 1\,000 \leqslant x < 2\,000 \\ 0.8x & 2\,000 \leqslant x < 3\,000 \\ 0.7x & x \geqslant 3\,000 \end{cases}$$

程序如下:

```
/* e4-10.c */
#include "stdio.h"
void main()
{   float x,y;
    scanf("%f",&x);
    if (x < 1000) y = x;
    else if(x < 2000) y = 0.9 * x;
    else if(x < 3000) y = 0.8 * x;
    else y = 0.7 * x;
    printf("x = %f,y = %f \n",x,y);
}
```

运行结果:

　　　　2500↵
　　　　x = 2500.000000, y = 2000.000000

此例也可以使用 switch 语句实现,设计 switch 后的表达式为(int)(x/1000)。

【例 4.11】 输入三个数,按照由小到大的顺序输出。

【分析】用 a,b,c 三个变量存放三个数,规定 a 中放最小的,c 中放最大的,方法是先将 a 和 b 中小的数换到 a 中;再将 a 和 c 中小的数换到 a 中,最后安排 b 和 c 的顺序。

程序如下:

```
/* e4-11.c */
#include "stdio.h"
void main( )
{ float a,b,c,t;
  scanf("%f,%f,%f",&a,&b,&c);
  if(a>b) {t=a;a=b;b=t;}
  if(a>c) {t=a;a=c;c=t;}
  if(b>c) {t=b;b=c;c=t;}
  printf("%5.2f,%5.2f,%5.2f",a,b,c);
}
```

运行结果:

3,9,6↵
3.00, 6.00, 9.00

4.3 循环结构

【引例】从键盘上输入 4 个学生的成绩,求总和。

〈算法 1〉在内存中设一累加用的存储单元 sum。

第 1 步:将存储单元 sum 清零。

第 2 步:输入第 1 个数存放在 a1 中。

第 3 步:把 a1 加到 sum 中。

第 4 步:输入第 2 个数存放在 a2 中。

第 5 步:把 a2 加到 sum 中。

第 6 步:输入第 3 个数存放在 a3 中。

第 7 步:把 a3 加到 sum 中。

第 8 步:输入第 4 个数存放在 a4 中。

第 9 步:把 a4 加到 sum 中。

第 10 步:把存储单元 sum 中的结果输出。

这 4 个数也可以用一个变量 x 表示,写成算法 2。

〈算法 2〉在内存中设一累加用的存储单元 sum。

第 1 步:将存储单元 sum 清零。

第 2 步:输入第 1 个数存放在 x 中。

第 3 步:把 x 加到 sum 中。

第 4 步:输入第 2 个数存放在 x 中。

第 5 步:把 x 加到 sum 中。

第 6 步:输入第 3 个数存放在 x 中。

第7步:把 x 加到 sum 中。
第8步:输入第4个数存放在 x 中。
第9步:把 x 加到 sum 中。
第10步:把存储单元 sum 中的结果输出。

【注意】变量中的值是最新输入的值,以前的值被覆盖。相应的程序如下:

```c
/* yl4-1.c */
#include "stdio.h"
void main()
{   int x,sum = 0;
    scanf("%d",&x);
    sum = sum + x;
    scanf("%d",&x);
    sum = sum + x;
    scanf("%d",&x);
    sum = sum + x;
    scanf("%d",&x);
    sum = sum + x;
    printf("sum = %d \n",sum);
}
```

运行结果:

3 4 6 8↵

sum = 21

这是顺序结构的程序,程序中的两条语句 sum = sum + x; 和 scanf("%d",&x); 重复写了 4 次,如果要求 100 个学生的成绩和,这两句就要重复写 100 次,这说明这样的问题不适合使用顺序结构完成。当程序中需要多次重复执行某一组操作时,就可以使用循环结构实现,实际应用中通常把复杂的问题转换为简单的易于理解的操作的多次重复。C语言中实现循环常用的有 3 种语句,包括 while、do-while 和 for 语句。

4.3.1 while 语句

(1) while 语句的一般形式为:

while(表达式)

循环体语句

(2) 作用:实现"当型"循环,只要表达式非零,就一直执行循环体语句。
(3) 特点:先判断表达式,后执行循环体语句。
(4) 执行过程:首先计算表达式的值,如果表达式的值非零,则执行循环体语句,否则,跳过循环体,执行 while 语句后面的语句。在进入循环体之后,每次执行完循环体语句之后都再回来判断表达式的值,如果非零,继续执行循环体,如果为零,则退出循环,如图 4.2 所示。

【例 4.12】 从键盘输入 4 个学生的成绩,求总和。

程序如下:

```
/* e4-12.c */
```

(a) 传统流程图   (b) 结构化流程图

图 4.2

```
# include "stdio.h"
void main( )
{   int i = 1, s = 0, x;
    while (i <= 4)
      { scanf("%d",&x);
        s = s + x;
        i ++ ;
      }
    printf("%d \n",s);
}
```

运行结果：
68 78 96 84↵
326

【例 4.13】 用 while 语句求 $1+2+3+\cdots+100$ 的值。

【分析】
(1) 用变量 sum 存放和, sum 的初值为 0；
(2) 用变量 i 表示累加变量, i 的初值为 1；
(3) 循环条件 i <= 100。

其流程图见图 4.3。

程序如下：

```
/* e4-13.c */
# include "stdio.h"
void main()
{   int i = 1, sum = 0;
    while(i <= 100)
      { sum += i;
        i ++ ;
      }
    printf("sum = %d \n",sum);
}
```

图 4.3 求 1~100 的和的流程图

运行结果：
sum = 5050

【说明】while 语句中循环体语句的顺序、循环变量的初值和循环条件之间相互影响。例如，把循环变量 i 的初值设为 0，同时循环体语句改为{i++;sum+=i;}，则相应的循环条件需改为 i<100。写循环的程序时，要特别注意循环初值、语句顺序和循环条件之间的相互影响，避免多加一项或少加一项的问题。

【例 4.14】 从键盘输入若干个学生的成绩，求其平均成绩，以 -1 为终止标志。

【分析】求平均成绩需先求学生个数 n 和成绩总和 sum，输入的成绩用 x 表示，输入 x 如果不等于 -1，就进行求和及计数，如果等于 -1 就结束循环，然后求平均成绩。参看流程图 4.4。

程序如下：
```
/* e4-14.c */
# include "stdio.h"
void main()
{   int x, sum = 0, n = 0;
    float aver;
    scanf("%d", &x);
    while(x! = -1)
    {   sum += x;  /* 求成绩和 */
        n++;      /* 计数 */
        scanf("%d", &x); /* 输入下一个成绩 */
    }
    aver = sum * 1.0/n;
    printf("%d 个学生的平均成绩为:%.2f \n", n, aver);
}
```

运行结果：
66 78 92 83 75 68 -1
6 个学生的平均成绩为:77.00

图 4.4 求平均值的流程图

4.3.2 do-while 语句

(1) do-while 语句的一般形式为：
do
    循环体语句
while(表达式);

(2) 作用：实现"直到型"循环。

(3) 特点：先执行语句，后判断条件，直到条件不满足为止。

图 4.5 do-while 语句的传统流程图

(4) 执行过程：执行过程参见图 4.5，先执行循环体语句，再求解表达式的值，如果表达式非零，就再回来执行循环体语句，如果表达式为零就结束循环。从执行过程看，do-while 语句中的循环体至少会被执行一次。

例 4.12 可以用 do-while 语句改写如下:

```c
/* e4-12-2.c */
#include "stdio.h"
void main()
{   int i=1,s=0,x;
    do
       { scanf("%d",&x);
         s=s+x;
         i++;
       }while(i<=4);
    printf("%d \n",s);
}
```

运行结果:
  68 78 96 84↵
  326

同样,例 4.13 的 while 语句可以用 do-while 语句改写成如下形式:

```c
/* e4-13-2.c */
#include "stdio.h"
void main()
{   int i=1,sum=0;
    do
       { sum+=i;
         i++;
       }while(i<=100);
    printf("sum=%d \n",sum);
}
```

运行结果:
  sum=5050

【说明】上面 3 个例子中,while 语句和 do-while 语句中的循环体语句是完全一样的,但有些情况下使用两种语句是有区别的,例如将下面的例子将例 4.14 中的 while 语句改写 do-while 后,可以只写一次 scanf,但循环体中语句的顺序需要作些变化,结果也相应的有些变化。

例 4.14 中,程序如下:

```c
/* e4-14-2.c */
#include "stdio.h"
void main()
{   int x,sum=0,n=0;
    float aver;
    do
       { scanf("%d",&x);
```

```
            sum += x;
            n++;
        }while(x! = -1);
        aver = (sum + 1) * 1.0/(n - 1);
        printf("%d 个学生的平均成绩为: %.2f \n",n - 1,aver);
    }
```

运行结果：
    66 78 98 86 -1
4 个学生的平均成绩为：82.00

【说明】此程序的执行过程是输入一个数，求和，计数，再判断输入的数是否为 -1，如果不等于 -1，则继续执行循环体（输入一个数，求和，计数），如果等于 -1，就结束循环。当结束循环时，最后输入的 -1，也加到了 sum 中，个数 n 中也包括了 -1 这个不该计数的数，所以，求平均值时需要处理一下，也请读者考虑其他的处理办法。

【例 4.15】 求两个整数的最大公约数。

【分析】求两个数 a 和 b 的最大公约数通常采用辗转相除法，先用大数 a 除以小数 b 得到的余数记为 r，如果 r 不等于 0，就继续做除法，用前一次的除数作被除数，前一次的余数 r 作除数，继续求余，直到余数 r = 0 为止，这时的除数就是最大公约数。

例如，a = 18, b = 14 求 a 和 b 的最大公约数的过程如图 4.6 和图 4.7 所示。

用 while 语句完成的程序如下：

图 4.6 辗转相除法的过程

```
/* e4 - 15 - 1.c */
#include "stdio.h"
void main()
{   int a,b,r;
    scanf("%d%d",&a,&b);
    r = a%b;
    while(r! = 0)
      { a = b;
        b = r;
        r = a%b;
      }
    printf("gcd = %d \n",b);
}
```

用 do-while 语句完成的程序如下：

```
/* e4 - 15 - 2.c */
#include "stdio.h"
void main()
{   int a,b,r;
    scanf("%d%d",&a,&b);
```

```
        do
          { r = a%b;
            a = b;
            b = r;
          }while(r! = 0);
        printf("gcd = %d \n",a);
    }
```

图 4.7 辗转相除法的算法

4.3.3 for 语句

当已知循环次数时,通常可以选择使用 for 语句。
(1)for 语句的一般形式为:
    for (表达式 1 ; 表达式 2 ; 表达式 3) 循环体语句
例:for(i = 1;i <= 10;i ++)
    sum = sum + i;
完成将 1 ~ 10 加到 sum 中。
(2)执行过程:
① 计算表达式 1,给循环变量赋初值。
② 计算表达式 2,判断循环条件是否成立:
当表达式 2 成立时(非 0),转③;
当表达式 2 不成立时(0),转⑤。
③ 执行循环体语句。
④ 计算表达式 3,循环变量增值,返回②。
⑤ 结束循环。
(3)几点说明:
① 表达式 1 可省,但分号不能省。
② 若表达式 2 省略,循环条件永远为真。
③ 表达式 3 也可省略,但应设法保证循环正常结束,如:
    for (i = 1; i <= 100;)
    {sum = sum + i; i ++ ; }
④ 三个表达式都可省,for (;;) 语句相当于 while (1) 语句。
⑤ 表达式 1 和表达式 3 可以是逗号表达式;如:
    for(i = 0, j = 100; i <= j; i ++ , j --) k = i + j;
⑥ 表达式 2 一般为关系表达式或逻辑表达式,但也可以是数值表达式或字符表达式,只要其值为非零就执行循环体。如:
    for (i = 0; (c = getchar( ))! = ' \n';i ++)
    putchar(c);
【例 4.16】 编写求 $2^0 + 2^1 + 2^2 + 2^3 + \cdots + 2^{63}$ 的程序。
【分析】
(1)定义 s 存放和,t 表示每一项,设初值 s = 0,t = 1;

(2) 已知加 64 次,可以选择 for 语句,累加用 s = s + t 或 s += t;
(3) 每项可递推计算,t = t * 2 或 t * = 2;
程序如下:

```
/* e4-16.c */
#include "stdio.h"
void main()
{ int i;
    float s = 0, t = 1;
    for ( i = 1; i <= 64; i++ )
      { s = s + t;
        t = t * 2;
      }
    printf("s = %e \n", s);
}
```

运行结果:
  s = 1.84467e + 19

【例 4.17】 求 1! + 2! + 3! + … + 20! 的结果。

【分析】求 1~20 的阶乘和,优先选择 for 语句,让 i 从 1 变到 20,然后将 i! 加到和 s 里,如果用 t 表示 i!,则 t 可通过前一项 (i-1)! 乘以 i 递推地求出。程序如下:

```
/* e4-17-1.c */
#include "stdio.h"
void main()
{ double s = 0, t = 1;
    int i;
    for (i = 1; i <= 20; i++ )
      { t = t * i;
        s = s + t;
      }
    printf("%e \n", s);
}
```

运行结果:
  2.56133e + 18

【说明】程序中 t = i! 如果不递推地求,也可对每个 i 单独求出 i!,程序如下:

```
/* e4-17-2.c */
#include "stdio.h"
void main()
{ double s = 0, t;
    int i, j;
    for (i = 1; i <= 20; i++ )
      {
```

```
            t=1;       /*t=1必须在两重循环之间,否则得不到正确结果。*/
            for(j=1;j<=i;j++)
              t=t*j;
            s=s+t;
          }
        printf("%e \n",s);
     }
```

运行结果:

2.56133e+18

【说明】程序中单独使用一个 for 语句求出 i!,在一个 for 语句中又完整地包含另一个 for 语句,这样的结构称为循环的嵌套。三种循环语句可以互相嵌套。

【例 4.18】 打印如下所示的乘法九九表。

(1)首先,考虑如何打印第一行,这只要用一个简单的循环即可完成;

(2)其次,考虑如何打印 9 行,打印 9 行就需要做 9 次的循环,因此需用循环嵌套。

1	2	3	4	5	6	7	8	9
1	2	3	4	5	6	7	8	9
2	4	6	8	10	12	14	16	18
3	6	9	12	15	18	21	24	27
4	8	12	16	20	24	28	32	36
5	10	15	20	25	30	35	40	45
6	12	18	24	30	36	42	48	54
7	14	21	28	35	42	49	56	63
8	16	24	32	40	48	56	64	72
9	18	27	36	45	54	63	72	81

程序如下:

```
/*e4-18.c*/
#include "stdio.h"
void main()
{  int i,j;
   for(i=1;i<10;i++)
     printf("%4d",i); /*打印表头*/
   rintf("\n");
   for(i=1;i<10;i++)
     printf("----"); /*打印分隔线,因为每个数占4列,所以用4个-*/
   printf("\n");
   for(i=1;i<=9;i++) /*控制打印9行*/
   {for(j=1;j<=9;j++) /*控制打印9列*/
     printf("%4d",i*j); /*打印第i行,第j列的数,占4列*/
   printf("\n"); /*打印一行之后,必须换行*/
   }
}
```

考虑打印直角三角形的九九乘法表,应该如何修改程序?

4.3.4　break 语句和 continue 语句

1. break 语句

break 语句是从循环体内跳出循环结构,即提前结束循环,接着执行循环结构下面的语句;break 语句只能用于循环语句和 switch 语句中。

2. continue 语句

continue 语句是结束本次循环,即跳过循环体中尚未执行的语句,接着执行对循环条件的判断。break 语句和 continue 语句的区别是:

(1) continue 语句只结束本次循环,不终止整个循环的执行;

(2) break 语句是终止整个循环的执行,不再进行条件判断。

【例 4.19】 分析下列程序的运行过程,体会 break 语句和 continue 语句的区别和用法。

```
/* e4-19.c */
#include "stdio.h"
void main()
{   int i;
    for(i = 1;i <= 100;i ++ )
    {   if(i == 10) break;
        if(i%2 == 0) continue;
        printf("%5d",i);
    }
}
```

运行结果:

  1　3　5　7　9

【例 4.20】 判断一个整数是否为素数。

(1) 素数是除了 1 和它本身之外没有其他因子的数。换句话说只要有因子(除了 1 和它本身之外)则该数一定不是素数。

(2) 判断 m 是否素数的简单方法就是看从 2～(m-1)的数中有没有一个数 n 能整除 m,如果找到一个能整除 m 的 n,则 m 就不是素数;如果 n 从 2 变到 m-1 都不能整除 m,则说明 m 是素数。

(3) 在 n 从 2～(m-1)的循环中,如果一旦条件 m%n == 0 成立,则说明 m 不是素数,循环就不用再做下去了,此时可以使用 break 结束循环。最后根据循环是正常结束还是用 break 中途退出的来判断 m 是否是素数。

程序如下:

```
/* e4-20-1.c */
#include "stdio.h"
void main()
{   int m,n;
    scanf("%d",&m);
    for(n = 2;n <= m-1;n ++ )
```

```
            if(m%n==0) break;
        if(n==m) printf("%d is a prime",m);
        else     rintf("%d is not a prime",m);
    }
```

运行结果：

13↵

13 is a prime

也可以使用标志变量的方法判断素数,规定是素数用 1 表示,不是素数用 0 表示,先给标志变量赋值为 1,在作循环的过程中,如果发现不是素数,就将标志变量赋值为 0,最后根据标志变量的值判断是否为素数。

程序如下：

```
/* e4-20-2 */
#include "stdio.h"
void main()
{   int k=1,n,m;
    scanf("%d",&m);
    for(n=2;n<m;n++)
        if(m%n==0) k=0;
    if(k==1)printf("%d is a prime \n",m);
    else printf("%d is not a prime \n",m);
}
```

运行结果：

13↵

13 is a prime

【说明】为减少循环次数,循环体语句也可以改为 if(m%n==0) {k=0;break;}。

4.4 常用算法举例

1. 迭代

迭代是一个不断用新值取代旧值,或由旧值递推得出新值的过程。

【例 4.21】 求 fibonacci 数列：1,1,2,3,5,8,…的前 24 个数。

【分析】fibonacci 数列的规律是第 1 项和第 2 项都是 1,从第 3 项开始,每项是前两项的和。算法如图 4.8 所示。

程序如下：

```
/* e4-21.c */
#include "stdio.h"
void main()
{   long f1,f2,f3;
    int i;
    f1=1; f2=1; /*赋初值*/
```

```
        printf("%12ld%12ld",f1,f2);
        for( i = 3; i <= 24; i++ )
           { f3 = f1 + f2;
             printf("%12ld",f3);
             f1 = f2;
             f2 = f3;
             if(i%4 == 0) printf(" \n");  /* 控制每行输出 4 个数
              */
           }
        }
```

运行结果：

图4.8 fibonacci 数列的算法图示

```
           1           1           2           3
           5           8          13          21
          34          55          89         144
         233         377         610         987
        1597        2584        4181        6765
       10946       17711       28657       46368
```

【例 4.22】 输出 fibonacci 数列,直到大于 50000 为止。

程序如下：

```
/* e4 - 22.c */
# include "stdio.h"
void main( )
{   long int f1,f2,f3;
    int i = 2;
    f1 = 1; f2 = 1;
    printf("%12ld%12ld",f1,f2);
    do
       { f3 = f1 + f2;
         printf("%12ld",f3);
         f1 = f2; f2 = f3;
         i ++ ;
         if(i%5 == 0) printf(" \n");
       }while(f3 <= 50000);  /* 要求直到大于 50000 为止,即当 f3 <= 50000 时做循环 */
}
```

运行结果：

```
           1           1           2           3           5
           8          13          21          34          55
          89         144         233         377         610
         987        1597        2584        4181        6765
```

      10946 17711 28657 46368 75025

【例 4.23】 fibonacci 数列有一个很好的性质,即其前一项与后一项的比值趋近于一个常数,编程求出这个常数的近似值,误差要求为 10^{-5}。

【分析】 误差用前后两次计算结果的差的绝对值来控制,即只要前后两次计算结果的差的绝对值小于 10^{-5} 就取最后一次的计算结果作为近似值。

程序如下:

```
/* e4-23.c */
#include "math.h"
#include "stdio.h"
void main()
{  float f1,f2,f3,t1,t2;
   f1=1; f2=1;
   do
     { t1=f1/f2;
       f3=f1+f2;
       f1=f2;
       f2=f3;
       t2=f1/f2;
     }while(fabs(t1-t2)>=1e-5);
   printf("%f\n",t2);
}
```

运行结果:
  0.618033

2. 穷举

穷举是程序设计中的另一种常用的算法,它的基本思想是试遍所有可能的情况。

【例 4.24】 输出所有的水仙花数,所谓的水仙花数是一个三位数,它的各个位数字的立方和等于这个数字本身,例如,$153 = 1^3 + 5^3 + 3^3$。

【分析】 三位数的范围是从 100~999,对这个范围内的每一个数都判断一下它是不是水仙花数。求一个三位数 m 的各位数字可以用下面的求法。

个位:k1 = m%10

十位:k2 = m/10%10

百位:k3 = m/100

程序如下:

```
/* e4-24.c */
#include "stdio.h"
void main()
{  int m,k1,k2,k3;
   for(m=100;m<=999;m++)
     { k1=m%10;
       k2=m/10%10;
```

```
            k3 = m/100;
            if(m == k1 * k1 * k1 + k2 * k2 * k2 + k3 * k3 * k3) printf("%5d",m);
        }
}
```

运行结果：
    153 370 371 407

【说明】

(1)此程序也可以用3重循环完成,对个位从0~9、十位从0~9、百位从1~9试遍所有可能。

(2)这里用到程序设计中常用的数字分离的算法,即将一个整数的各个位数字分离出来,对于未知位数的整数的数字分离可以用 while 或 do-while 循环完成。

【例4.25】 输出1~1000之间的全部同构数。所谓同构数指等于它的平方数的右端的数,例如5出现在25的右端,76出现在它的平方数5776的右端,那么,5和76就都是同构数。

【分析】

(1)判断m是否是同构数的方法：

如果m是1位数,取平方数的右端1位,即判断 m * m % 10 == m 是否成立；

如果m是2位数,需取其平方数的右端2位,即判断 m * m % 100 == m 是否成立；

如果m是3位数,需取其平方数的右端3位,即判断 m * m % 1000 == m 是否成立；

(2)对于任意m(介于1~1000),需先求出其位数n,再用其平方数对 10^n 求余。求m的位数n的方法是看其除以几次10之后变成0,就是几位数。程序如下：

```
/* e4-25.c */
#include "math.h"
#include "stdio.h"
void main()
{   int n,m,k;
    long i;                    /* 3位数的平方会超过int的表示范围 */
    for(i = 1; i <= 1000; i++)
      { m = i; n = 0; k = 1;    /* 求位数时会把m变成零,所以不能用i直接做循环 */
        do
         { m = m/10;
           n++;
           k = k * 10;
         } while(m! = 0);
        if(i == i * i % k) printf("%5d",i);
      }
    printf("\n");
}
```

运行结果：
    1 5 6 25 76 376 625

【例4.26】 输入10个数,求其中的最大值。

【分析】求最大值可以采用类似于打擂的算法。

(1)输入一个数 x,将其作为擂主,即它是当前的最大值 max,max = x;

(2)依次输入剩下的 9 个数 x,每输入一个 x,就打擂一次,即和最大值比较一次,如果打赢(x > max),这个 x 就是新的擂主——最大值;

(3)输出最大值 max。

算法的流程图如图 4.9 所示。

程序如下:

```
/* e4-26.c */
# include "stdio.h"
void main()
{   int i = 1, x, max;
    scanf("%d", &x);
    max = x;
    for(i = 1; i <= 9; i++)
    {   scanf("%d", &x);
        if(x > max) max = x;
    }
    printf("max = %d \n", max);
}
```

图 4.9 求 10 个数的最大值

运行结果:

3 4 56 6 7 78 65 6 43 2↵

max = 78

【例 4.27】 将可打印的 ASCII 码以列表形式形式,每行显示 7 个字符项。

【分析】在 ASCII 码表中,只有 ASCII 为 32 到 126 的字符为可显示字符,其余为控制字符,显示字符及其对应的 ASCII 只要分别用%c 和%d 格式控制输出即可。

程序如下:

```
/* e4-27.c */
# include "stdio.h"
void main()
{   int i;
    for(i = 32; i <= 126; i++)
    {
        printf(" %c = %3d ", i, i);      /* 输出字符及其对应的 ASCII */
        if((i - 31) % 12 == 0) printf(" \n");  /* 每行输出 12 个字符项 */
    }
}
```

运行结果:

 = 32 ! = 33 " = 34 # = 35 $ = 36 % = 37 & = 38 ' = 39 (= 40) = 41 * = 42 += 43

, = 44   - = 45   . = 46   / = 47   0 = 48   1 = 49   2 = 50   3 = 51   4 = 52   5 = 53   6 = 54   7 = 55
8 = 56   9 = 57   : = 58   ; = 59   <= 60   == 61   >= 62   ? = 63   @ = 64   A = 65   B = 66   C = 67
D = 68   E = 69   F = 70   G = 71   H = 72   I = 73   J = 74   K = 75   L = 76   M = 77   N = 78   O = 79
P = 80   Q = 81   R = 82   S = 83   T = 84   U = 85   V = 86   W = 87   X = 88   Y = 89   Z = 90   [= 91
\ = 92   ] = 93   ^ = 94   _ = 95   ` = 96   a = 97   b = 98   c = 99   d = 100   e = 101   f = 102   g = 103
h = 104   i = 105   j = 106   k = 107   l = 108   m = 109   n = 110   o = 111   p = 112   q = 113   r = 114   s = 115
t = 116   u = 117   v = 118   w = 119   x = 120   y = 121   z = 122   { = 123 | = 124   } = 125   ~ = 126

【例 4.28】 打印如图 4.10 所示的由"*"组成的图形。

【分析】打印图形的一般步骤：
(1)确定打印的行数,有几行就写几次的 for 循环。
(2)每一行的打印分 3 步：
① 打印若干个空格；
② 打印若干个 * 号；
③ 换行。

```
        *
       * *
      * * *
     * * * * *
    * * * * * *
   * * * * * * *
```

图 4.10 打印图形

空格数、* 号数和行数之间的关系需要分析,参看表 4.1。

表 4.1 图形规律

第 i 行	空格数	* 号数
1	4	1
2	3	3
3	2	5
4	1	7
5	0	9
i	5 - i	2*i - 1

程序如下：

```c
/* e4-28.c */
#include "stdio.h"
void main()
{ int i,j;
  for(i = 1;i <= 5;i ++ )           /*打印 5 行*/
  { for(j = 1;j <= 5 - i;j ++ )     /*打印 5 - i 个空格*/
      printf(" ");
    for(j = 1;j <= 2 * i - 1;j ++ ) /*打印 2i - 1 个 * 号*/
      printf(" * ");
    printf(" \n");                  /*换行*/
  }
}
```

【思考】考虑打印菱形、平行四边形或直角三角形应如何编程。

小　结

结构化程序的三种基本结构包括顺序结构、选择结构和循环结构,选择结构主要由 if 语句和 switch 语句实现,循环结构主要由 for 语句、while 语句和 do-while 语句实现。

if 语句后面的表达式通常是逻辑表达式或关系表达式,但语法上这个表达式可以是任何类型的。在使用嵌套的 if 语句时,注意 if 和 else 的配对关系。

switch 语句是用来实现多分支结构的,使用 switch 语句的关键是设计 switch 后面的表达式,使其值能根据不同的条件的相应取值为有限的几个常量。例如,成绩分段的时候,将成绩除以 10 后取整,就将原来的 101 个可能的取值减少到 11 个。

循环结构是程序设计中非常重要的一种基本结构,主要有 3 种循环语句来实现循环结构,包括 while、do-while 和 for 语句。

(1) while 和 do-while 循环的循环体中应包括使循环趋于结束的语句,例如,求 1~100 的和中的 i++。

(2) for 循环可以在表达式 3 中包含使循环趋于结束的语句,甚至可以将循环体中的操作全部放到表达式 3 中,因此,for 语句功能更强,完全可以代替 while 循环。

(3) 用 while 和 do-while 循环时,循环变量初始化的操作应在 while 和 do-while 语句之前完成,而 for 语句可在表达式 1 中给出。

(4) while 和 for 循环是先判断表达式,后执行语句,而 do-while 循环是先执行语句,后判断表达式,因此,do-while 语句的循环体至少会被执行一次,而 while 和 for 语句的循环体可能一次都不被执行。

(5) 对 while、do-while 和 for 循环,可以用 break 跳出循环,用 continue 语句结束本次循环。

(6) 三种循环可以互相嵌套。但要保证一个循环完整地包含在另一个循环中,不能交叉。

这一章涉及的常用算法有很多,包括求累加和、累乘积、最大公约数、素数、水仙花数、同构数、数字分离、fibonacci 数列、最大(小)值和图形打印等,请读者认真阅读并领会例题程序的设计思路,并考虑如何扩展思路,改进程序,做到熟练应用各种控制语句。

习　题

1. 选择题

(1) 以下 while 循环中,循环体执行的次数是_____。

　　k = 1;
　　while(- - k) k = 10;

　A. 10 次　　　　B. 无限次　　　　C. 一次也不执行　　　　D. 1 次

(2) 有以下程序段,其中 n 为整型变量:

　　n = 2;
　　while(n - -); printf("%d",n);

则输出为_____。

　A. 2　　　　B. 1 0　　　　C. -1　　　　D. 0

(3) 若变量已正确定义,以下不能正确计算 1+2+3+4+5 的程序段是_____。
   A. i=1;s=1; do {s=s+i;i++;} while (i<5);
   B. i=0;s=0; do{i++;s=s+i;} while(i<5);
   C. i=1;s=0; do{s=s+i;i++;}while(i<6);
   D. i=1;s=0; do {s=s+i;i++;} while(i<=5);

(4) 有以下程序段,其中 x 为整型变量:
    x=-1;do {;}while(x++); printf("x=%d",x);
以下选项中叙述正确的是_____。
   A.该循环没有循环体,程序错误   B.输出:x=1
   C.输出:x=0   D.输出:x=-1

(5) 执行以下程序段后,i 的值为_____。
```
int i = 10;
switch(i)
{
    case 9:i+=1;
    case 10:i+=1;
    case 11:i+=1;
    default:i+=1;
}
```
   A. 14   B. 11   C. 12   D. 13

2.读程序,写出运行结果。
(1)
```
#include "stdio.h"
void main()
{ int i,s=0;
    for(i=1;i<=100;i++)
    {if(i%10!=0) continue;
    s=s+i;
    }
    printf("i=%d,s=%d \n",i,s);
}
```

(2)
```
#include "stdio.h"
void main()
{ int i,s=0;
    for(i=1;i<=100;i++)
    {s=s+i;
    if(i==10)break;
    }
    printf("i=%d,s=%d \n",i,s);
}
```

(3)
```
#include "stdio.h"
void main()
{ int i,j,k;
```

```
                    char space = ' ';
                    for (i = 0; i <= 5; i++)
                     {for (j = 1; j <= i; j++)
                        printf("%c", space);
                      for (k = 0; k <= 5; k++)
                        printf("%c", '*');
                    printf("\n");
                     }
                    }
    (4) #include "stdio.h"
         void main()
          { int a,b,c;
            a = 2; b = 3; c = 1;
            if(a > b)
              if(a > c)
                printf("%d \n", a);
            else printf("%d \n", b);
              printf("end \n");
          }
```

3. 求 1～100 的奇数和、偶数积。

4. 使用公式 $\frac{\pi}{4} = 1 - \frac{1}{3} + \frac{1}{5} - \frac{1}{7} + \cdots$ 求 π 的值，要求最后一项的绝对值 $< 10^{-5}$。

5. 使用牛顿迭代公式 $x_{k+1} = \frac{1}{2}(x_k + \frac{a}{x_k})$ 可以求出 $\sqrt{a}$ 的近似值，试求 1～10 的算术平方根，要求误差不超过 0.00001。

6. 从键盘输入若干正整数，以 -1 为终止标记，求这批数中的各个位数字之和大于 8 的所有数的平均值。

7. 输入一个整数 m，求出不超过 m 的最大的 5 个素数。

8. 输出形状为直角三角形的九九乘法表。

9. 求从键盘输入的 10 个数中的最大的偶数。

10. 根据分段函数的表达式，输入一个 x，输出对应的 y 值。

$$y = \begin{cases} \frac{1}{2}e^x + \sin(x) & x > 1 \\ \sqrt{2x+5} & -1 < x \leq 1 \\ |x-3| & x \leq -1 \end{cases}$$

11. 输入 1～7 中的任意一位数字，输出对应的星期几的英文单词。

12. 从键盘输入一个班 30 个学生的成绩，统计各分数段的人数。

13. 求若干个学生的平均成绩、最高成绩和最低成绩，以 -1 为终止标记。

数 组

本章重点

(1) 一维数组的定义和引用,顺序排序、选择排序、求一组数中的最值及其位置、逆序存放一组数等常用算法。

(2) 二维数组的定义、引用和输出,二维数组中元素的表示、二维数组填充、方阵的转置等常用算法。

(3) 字符数组和字符串处理函数,不使用字符串处理函数实现求字符串的有效长度、复制字符串、连接两个字符串、删除字符串中的某种字符等常用算法。

5.1 数组的概念

数组通常用来存放成批的具有相同类型的数据,数组属于构造数据类型。

5.1.1 引例

【引例】输入 30 个学生的成绩,求高于平均成绩的人数。

【分析】按照以前简单变量和循环结构的方法,求平均成绩的程序如下:

```
# include "stdio.h"
void main()
{   int i,x;
    float s = 0,ave;
    for(i = 1;i <= 30;i++ )
    {   scanf("%d",&x);
        s += x;
    }
    ave = s/30;
    printf("aver = %f \n",ave);
}
```

【说明】

若按这个程序的写法统计高于平均分的人数,则无法实现,因为存放学生成绩的变量一直使用 x,而 x 是简单变量,只能存放一个学生的成绩,在循环体内输入一个学生的成绩时,就把前一个学生的成绩覆盖掉了。因此,求完平均成绩再想求高于平均成绩的人数时,必须重新输入这 30 个学生的成绩,这样,不但重复工作,还有可能出现两次输入成绩不一致,导致统计结果不正确。

解决问题的办法是30个学生的成绩必须有30个独立的空间存放,而采取定义30个简单变量 x1,x2,…,x30 的方法,程序处理起来难以推广,所以正确的方法就是定义一个数组,包含有30个元素,来存放这30个学生的成绩。定义数组的时候需指明数组的名字、元素个数和数据类型。一个数组中的所有元素必须都是同一数据类型。

那么表示30个学生的成绩的数组可以定义如下:

  int x[30];

这里 x 表示数组名,方括号内的30表示数组元素的个数,下标从0~29,即 x[0],x[1],…,x[29],int 表示数组中的所有元素都是整型的。求高于平均分人数的程序如下:

```
/* yl5-1.c */
# include "stdio.h"
void main()
{   int i,x[30],k=0;
    float s=0,ave;
    for(i=0;i<30;i++)
    {scanf("%d",&x[i]);
    s+=x[i];
    }
    ave=s/30;
    printf("ave = %f \n",ave);
    for(i=0;i<30;i++)
      if(x[i]>ave) k++;
    printf("num = %d \n",k);
}
```

运行结果:

  67 68 89 90 75 83 71 56 78 96 49 88 66 65 91 90 56 77 79 91 85 74 81 59 60 69 68 90 98 76↵
  ave = 76.166664
  num = 15

5.1.2 数组的概念

数组是相同类型的数据所组成的序列,用一个共同的名字表示,数组中数的顺序可以由它的下标表示。有一个下标的称为一维数组,有两个下标的称为二维数组;C 语言中用字符数组表示字符串。

数组在内存中占据一片连续的存储单元。若有定义:

  int a[10];

则表示数组 a 中包括10个元素,分别为 a[0]~a[9]。这10个元素在内存中是连续存放的,见图5.1,只要找到 a[0],后面的元素地址可以计算出来,C 语言中,数组名代表数组的首地址,即 a[0]的地址。

C 语言中,数组的下标从0开始,例如,定义 int a[10]时,最大可用下标为9,C 的编译器不对下标越界进行检查,因此程序员必须自己保证下标引用的正确。

a[0]	a[1]	a[2]	a[3]	a[4]	a[5]	a[6]	a[7]	a[8]	a[9]

图 5.1　a 数组的存储分配

5.2　一维数组

5.2.1　一维数组的定义和引用

1. 一维数组的定义

数组必须先定义,后使用,定义一维数组的一般形式如下:

　　　类型标识符　数组名[数组大小]

例如:int x[100],z[10];

　　　float a[20];

一般形式中[ ]内的"数组大小"表示数组中元素的个数,也称为数组的长度,必须是整型常量表达式,不可以包含变量。

例如,int n = 10; int a[n];是不合法的。

2. 一维数组元素的引用

一维数组元素引用的一般形式:

　　　数组名[下标]

此处[ ]内的"下标"必须是整型表达式,可以只是一个常量、变量,也可以是表达式。例如,a[1],a[i],a[9 - i](i 为整型)等都是合法的数组元素引用,数组元素称为下标变量。

5.2.2　一维数组元素的赋值

1. 初始化

数组在定义之后,不给其赋值,则它的值是无法预料的不确定的值,可以使数组在程序运行之前初始化,即在编译期间使之得到初值。

对数组元素的初始化可以用以下方法实现:

(1)在定义数组时,对数组元素赋以初值。如:

　　　int a[10] = {0,1,2,3,4,5,6,7,8,9};

(2)可以只给一部分元素赋值。如:

　　　int a[10] = {0,1,2,3,4};

表示只给前 5 个元素赋初值,后 5 个元素自动赋以 0 值。

(3)对 static 数组不赋初值,系统会对所有元素自动赋以 0 值。

如果想使数组 a 中全部元素值为 0,可以这样定义数组:

　　　static int a[5];等价于 int a[5] = {0};

(4)在对全部数组元素赋初值时,可以不指定数组长度。例:

　　　int a[ ] = {0,1,2,3,4,5,6,7,8,9};

和下面的写法是等价的:
　　　　int a[10] = {0,1,2,3,4,5,6,7,8,9};

2. 数组元素的输入

数组元素的处理是和循环分不开的,输入和输出都需结合循环结构进行。例如引例 5.1 中的第 4 行和第 5 行就是用循环输入数组中的所有元素。

3. 数组元素的赋值

如果数组中待赋的数组元素的值是有规律的,那么可以使用循环语句直接给数组元素赋值,不必一个一个地输入。

【例 5.1】 数组元素的赋值。

程序如下:

```
/* e5-1.c */
#include "stdio.h"
void main()
{   int i,a[10];
    for(i=0;i<10;i++)
       a[i] = i+1;
    for(i=0;i<10;i++)
       printf("%5d",a[i]);
}
```

运行结果:
　　1 2 3 4 5 6 7 8 9 10

4. 产生随机数

如果不要求数组中的数是有规律的,这时可以用随机函数产生一组数赋值给数组中的元素,TC 中产生随机数的函数为 random,包含在"stdlib.h"头文件中。使用时,需在主函数之前使用文件包含命令 #include "stdlib.h"或 #include <stdlib.h>,该函数的一般形式为 **random(n)**,作用是产生[0,n-1]区间上的随机整数,要产生[a,b]区间上的随机整数可以使用 random(b-a+1)+a。

5.2.3　一维数组常用算法举例

【例 5.2】 求 10 个数的最大值和最小值。

【分析】求最值的算法,在第 4 章循环部分已经介绍过,那时是使用简单变量完成的,现在用数组来完成,体会一下使用数组的方便之处。

程序如下:

```
/* e5-2.c */
#include "stdio.h"
void main()
{   int i,a[10],min,max;
    for(i=0;i<=9;i++)
       scanf("%d",&a[i]);
    max = min = a[0];
```

```
    for(i = 1;i < 10;i++)
    {   if(a[i] < min) min = a[i];
        if(a[i] > max) max = a[i];
    }
    printf("max = %d,min = %d \n", max,min);
}
```

运行结果:
```
34 56 78 31 46 79 12 34 57 22↵
max = 79,min = 12
```

【例 5.3】 求 10 个数的最小值及其位置,并将其换到第 1 个数的位置。

【分析】待处理的数据涉及顺序、位置等关系时,用数组存放数据比较方便。找最小值及其位置的算法如下,对应的结构化流程图如图 5.2 所示。

(1)定义一个包括有 10 个整型元素的一维数组,即 int a[10],然后输入 10 个数;

(2)找最小值及其位置:

① 用 k 表示最小值的下标(位置),则 a[k]就表示最小值,设 k 的初值为 0,即首先假定 a[0]最小;

② 找最小值:数组中从 a[1]~a[9]的每个数都和最小值 a[k]比较一下,如果有某个 a[i] < a[k],则表示 a[i]为当前最小值,需将 i 的值赋给 k。循环做完之后,a[k]就是找到的最小值,k 就表示最小值的位置。

(3)将 a[k]和 a[0]互换。

程序如下:

```
/* e5-3.c */
#include "stdio.h"
void main( )
{   int i,t,a[10],k;
    for(i = 0;i <= 9;i++)
      scanf("%d",&a[i]);
    k = 0;
    for(i = 1;i < 10;i++)
      if(a[i] < a[k]) k = i;
    if(k! = 0)   /* 如果 k 为 0 就不用换了 */
      {t = a[0]; a[0] = a[k]; a[k] = t;}
    printf("min number is:%d \n",a[0]);
    printf("the position is:%d \n", k);
}
```

图 5.2 求最小值并换到最前面

【说明】这个程序完成的是从 10 个数中找到最小值,然后换到 a[0]的位置,按照同样的做法,可以从 a[1]~a[9]这 9 个数中找到最小值换到 a[1]的位置,再从 a[2]~a[9]中找最小值放到 a[2]的位置,依此类推,最后从 a[8]~a[9]中找到最小值放到 a[8]中,剩下的 a[9]就是 10 个数中的最大的。这样做完之后,就完成了将 10 个数按照由小到大的顺序排序。这种排序的方法称选择排序法。简单地说,选择排序法就是重复 9 次求最小值并放到相应的位置。对 n 个数排序的算法描述如下:

(1)产生数组。

(2)当 i = 0,1,…,n – 1 时

① k = i;

② 当 j = i + 1,…,n 时

如果 a[j] < a[k],则 k = j;

③ 交换 a[k]和 a[i]。

(3)输出数组。

【例 5.4】 产生 10 个[40,100]内的随机数,并按由小到大的顺序排序后输出。

程序如下:

```
/* e5 - 4 - 1.c 选择法排序 */
# define N 10              /* 定义符号常量,N 用来表示数组元素的个数 */
# include "stdlib.h"       /* 产生随机数的函数 random 包含在此头文件中 */
# include "stdio.h"
void main( )
{ int i,j,t,a[N],k;
    for(i = 0;i < N;i ++ )
      {a[i] = random(61) + 40;  /* 产生[40,100]的随机整数 */
       printf("%5d",a[i]);      /* 输出随机产生的 N 个数 */
      }
    printf(" \n");
    for(i = 0;i < N - 1;i ++ )   /* 对 N 个数排序,做 N - 1 次循环就够了 */
    { k = i;                     /* 先假设 a[i]是最小值 */
      for(j = i + 1;j < N;j ++ ) /* 从 a[i]以后找最小值 */
        if(a[j] < a[k]) k = j;   /* k 表示最小值的下标 */
      if(k! = i)                 /* 如果 a[i]就是最小值,就不需交换了 */
        {t = a[i]; a[i] = a[k]; a[k] = t;}
    }
    for(i = 0;i < N;i ++ )
      printf("%5d",a[i]);        /* 此循环输出排好序的数组,注意不能使用%d */
    printf(" \n");
}
```

运行结果:

81 48 42 93 45 81 67 50 52 56 /* 随机产生的 10 个数 */

42 45 48 50 52 56 67 81 81 93 /* 排好序的 10 个数 */

【说明】为了使每次运行时产生不同的随机整数,可用 randomize( )函数对随机函数发生器进行初始化,使之产生一个随机整数,此函数是根据系统时间来产生随机数的,所以每次运行

可以产生不同的随机数,此函数包含在"time.h"头文件中。

对一组数排序的方法有很多种,除了选择排序法外,还有顺序排序、冒泡排序、插入排序法等。顺序排序法的算法最简单,算法和选择排序类似,按升序排序时,也是首先安排好第一个数,即将最小的数放在第一个数的位置,方法是将后面的每一个数都和第一个数比较,如果后面的数比第一个数还小就交换两数,这样一轮循环做完就将最小的数放在了最前边,第二轮循环按照同样的方法将次最小数放在第2个数的位置,以此类推,直到将最后两个数中的小的一个放到倒数第二个数的位置,整个顺序就排好了。程序如下:

```
/* e5-4-2.c 顺序排序法 */
# define N 10 /
# include "stdlib.h"
# include "stdio.h"
void main( )
{ int i,j,t,a[N],k;
  for(i=0;i<N;i++)
    { a[i] = random(61) + 40;
      printf("%5d",a[i]);
    }
  printf(" \n");
  for(i=0;i<N-1;i++)           /* 对N个数排序,做N-1次的循环就够了 */
    for(j=i+1;j<N;j++)          /* 从a[i]以后找最小值 */
      if(a[j]<a[i])              /* 如果后面的数比a[i]小,就交换两数 */
        {t=a[i]; a[i]=a[j]; a[j]=t;}
  for(i=0;i<N;i++)
    printf("%5d",a[i]);
  printf(" \n");
}
```

运行结果:
　　81 48 42 93 45 81 67 50 52 56
　　42 45 48 50 52 56 67 81 81 93

其他的排序方法在后面章节及习题中陆续介绍。

【例 5.5】 将一维数组中的 n(n <= 50)个数按逆序存放。

【分析】当处理的数据个数 n 不确定时,可以先定义一个足够大的数组,再输入 n,然后输入 n 个数。数组逆序存放的方法可以采用图 5.3 所示的方法。

图 5.3　数组逆序的算法

当 n=7 时,a[0]和 a[6]交换,a[1]和 a[5]交换,a[2]和 a[4],a[3]不变或自己和自己换。做循环时,i 从 0 做到(n-1)/2,a[i]和 a[n-1-i]交换。

程序如下:

```
/* e5-5.c */
# include "stdio.h"
void main( )
{ int a[50],t,n,i;
    scanf("%d",&n);              /* 输入元素个数 n */
    or(i=0;i<n;i++)
        { scanf("%d",&a[i]);    /* 输入 n 个数 */
          printf("%5d",a[i]);}
    printf(" \n");
    for(i=0;i<=(n-1)/2;i++)
        { t=a[i];
          a[i]=a[n-1-i];
          a[n-1-i]=t;
        }
    for(i=0;i<n;i++)
        printf("%5d",a[i]);
}
```

运行结果:
7 1 2 3 4 5 6 7↵
1 2 3 4 5 6 7
7 6 5 4 3 2 1

【例 5.6】 用二分查找法找一个数是否在一个有序数组中。

【分析】 二分查找也称折半查找法,是在一组数中查找是否存在某个已知的数,前提条件是这组数必须是有序的,即这组数是按升序或降序排好的。设 a 数组中的 n 个数是按升序排好的,要查找 key 是否在 a 数组中。算法如下:

(1)设开始查找的范围为整个数组,则下标从 0~(n-1),用 low 和 high 表示查找范围的端点,则 low=0,high=n-1。

(2)取查找范围的中点 mid=(low+high)/2。

(3)将待查找的数 key 和中间的数 a[mid]比较,如果 key=a[mid],则找到了,输出 key 在数组中的位置 mid,结束循环;否则,如果 key<a[mid],表示 key 一定在前半部分,这样可以把查找范围缩小一半,即可将查找范围的右端点变为中间的元素的前面一个元素的位置,即 high=mid-1。如果 key>a[mid],表示 key 一定在后半部分,则将 low 变为 mid+1,然后在新的范围内用同样二分的方法继续查找,直到 low>high 为止,如果待查的数不在数组中,输出没有找到的信息,流程图如图 5.4 所示。

程序如下:

```
/* e5-6.c */
# include "stdio.h"
void main( )
{ int n=12,a[ ]={1,3,5,7,9,12,15,19,24,27,38,66},key,mid,low,high;
    printf("input the number: \n");
    scanf("%d",&key);
```

第 5 章 数 组　69

图 5.4　折半查找的算法

```
low = 0, high = n - 1;
while(low <= high)
{   mid = (low + high)/2;
    if(key == a[mid])
    {printf("%d \n", mid);
        break;
    }
    else if(key < a[mid])
        high = mid - 1;
    else low = mid + 1;
}
if(low > high)
    printf("not found \n");
}
```

运行结果：

input the number:

35↵

```
not found
input the number:
27↵
9
```

使用一维数组还可以处理很多的事情,例如,在成绩处理中,求一个班学生的平均分、最高分、最低分、排名次、查找是否存在某分数及某人、插入学生成绩、删除一个学生的成绩等。如果需要处理一个学生的4门课的成绩,可定义一个包含有4个元素的一维数组,而要表示一个班30个学生的4门课成绩就可以使用二维数组。

定义:int a[30][4];

这里,a[i]表示第i个学生,a[i][0]、a[i][1]、a[i][2]和a[i][3]分别表示第i个学生的4门课的成绩。

5.3 二维数组

5.3.1 二维数组的定义

1. 二维数组的定义

二维数组定义的一般形式:

类型标识符 数组名[整型常量表达式][整型常量表达式]

这里,[]内的"整型常量表达式"表示数组每一维的大小或称每一维的元素个数。

例如,定义 int a[3][4],表示定义 a 数组包括3行4列,共12个元素。这12个元素在内存中占据一片连续的存储单元,存放的顺序是先行后列,即先放第0行,再放第1行,最后放第2行,如图5.5所示。

a[0][0]	a[0][1]	a[0][2]	a[0][3]
a[1][0]	a[1][1]	a[1][2]	a[1][3]
a[2][0]	a[2][1]	a[2][2]	a[2][3]

图 5.5 二维数组存储顺序示意图

图中的每一行都可以看成是一个一维数组,3个一维数组的名字分别为 a[0],a[1],a[2],每个一维数组中包括有4个元素。即二维数组可以看成是特殊的一维数组,特殊在每个数组元素还是一个一维数组。

2. 二维数组的引用

二维数组的引用形式:

数组名[下标][下标]

【注意】下标可以是整型表达式,但应在已定义的数组大小的范围内,不能对数组整体引用,只能一个元素一个元素的引用。

3. 多维数组的定义

多维数组定义方式与二维数组类似。以下定义两个三维数组：

　　int x[3][4][2];
　　float y[4][1][3];

5.3.2　二维数组的初始化

(1)分行给二维数组赋初值,如：

　　int a[3][4] = {{1,2,3,4},{5,6,7,8},{9,10,11,12}};

(2)可以将所有数据写在花括号内,按数组排列的顺序对各元素赋初值,如：

　　int a[3][4] = {1,2,3,4,5,6,7,8,9,10,11,12};

赋值的结果和1中相同。

(3)可以对部分元素赋初值,没有赋值的元素系统自动赋值为0,如：

　　int a[3][4] = {{1},{5},{9}};
　　int a[3][4] = {{1},{0,6},{0,0,11}};
　　int a[3][4] = {{1},{5,6}};

(4)如果对全部元素都赋初值,则定义数组时对第一维的长度可以不指定,但第二维的长度不能省：

　　int a[3][3] = {1,0,3,4,0,0,0,0,9};
　　int a[ ][3] = {1,0,3,4,0,0,0,0,9};
　　int a[ ][3] = {{1,0,3},{4},{0,0,9}};

5.3.3　二维数组常用算法举例

【例5.7】 求一个班5名学生每人3门课的平均成绩。

【分析】 定义一个5行3列的二维数组表示每人的各科成绩,分别固定每个学生所在行不变,对各列元素求和,可以求出各个学生的总成绩,再除以3就得到平均成绩。

程序如下：

```
/* e5-7.c */
#include "stdio.h"
void main()
{   int a[5][3] = {{88,66,79},{83,78,81},{74,76,65},{90,88,92},{61,52,70}};
    int i,j;
    float s,ave;
    for(i=0;i<5;i++)              /* 5个学生,所以做5次循环 */
    {   s=0;
        for(j=0;j<3;j++)          /* 每个学生有3科成绩,所以做3次循环 */
            s+=a[i][j];
        ave=s/3;                  /* 每个学生的平均成绩 */
        printf("No.%d average is %.2f \n",i+1,ave);
    }
}
```

运行结果：
        No.1 average is 77.67
        No.2 average is 80.67
        No.3 average is 71.67
        No.4 average is 90.00
        No.5 average is 61.00

【例5.8】 求一个班5名学生3门课的各科平均成绩。

【分析】定义一个5行3列的二维数组表示每人的各科成绩,分别固定某科(列)不动,对此列中的各行元素即每个学生的该科成绩求和,就可求出这科的总成绩,除以人数即得该科平均成绩。

程序如下：

```c
/* e5-8.c */
#include "stdio.h"
void main()
{   int a[5][3]={{88,66,79},{83,78,81},{74,76,65},{90,88,92},{61,52,70}};
    int i,j;
    float s,ave;
    for(j=0;j<3;j++)
    {   s=0;
        for(i=0;i<5;i++)
            s+=a[i][j];
            ave=s/5;
            printf("No.%d course average is %.2f \n",j+1,ave);
    }
}
```

运行结果：
        No.1 course average is 79.20
        No.2 course average is 72.00
        No.3 course average is 77.40

根据类似的思路,可以分别求出每人的最高分,每科的最低分,按行排序等。

【例5.9】 输出如图5.6所示的杨辉三角形。

【分析】二维数组中行标和列标相等的元素所在的线称为主对角线,行标与列标相加和为常数 n-1(n 为行数)的元素所在的线称副对角线。图中的规律可按主对角线确定。先将第0列和主对角线赋值为1,中间的每项由前一行同一列的元素和前一行前一列的元素相加而得。只输出左下三角部分。

```
1
1    1
1    2    1
1    3    3    1
1    4    6    4    1
1    5    10   10   5    1
1    6    15   20   15   6    1
```

图5.6 杨辉三角形

程序如下：

```c
/* e5-9.c */
#include "stdio.h"
```

```
void main()
{ int a[7][7],i,j;
    for(i=0;i<7;i++)
        { a[i][0]=1; /*将第0列赋值为1*/
          a[i][i]=1; /*将主对角线赋值为1*/
        }
    for(i=2;i<7;i++)
        for(j=1;j<i;j++)
            a[i][j]=a[i-1][j-1]+a[i-1][j]; /*计算中间的元素值*/
    for(i=0;i<7;i++)
    {
        for(j=0;j<=i;j++) /*只输出左下三角部分*/
            printf("%4d",a[i][j]);
        printf("\n");
    }
}
```

【例5.10】 将一个3行3列的矩阵转置。

【分析】 转置的意思就是原来的行变成列,原来的列变成行。具体实现时,以主对角线为轴,取矩阵的左下三角或右上三角的元素与其对称位置的元素进行交换。注意只能取矩阵的一半,如果取到矩阵的全部元素,会变回原来的样子。

程序如下:

```
/*e5-10.c*/
#include "stdio.h"
void main()
{ int a[3][3],i,j,t,k=1;
    for(i=0;i<3;i++)
        for(j=0;j<3;j++)
            a[i][j]=k++;           /*给数组有规律地赋值为1,2,3,4,5,6,7,8,9*/
    printf("The oringnal array is: \n");
    for(i=0;i<3;i++)               /*下面5行程序段输出原始矩阵*/
    { for (j=0;j<3;j++)
        printf("%4d",a[i][j]);
      printf("\n");
    }
    for(i=0;i<3;i++)
        for(j=0;j<i;j++)           /*取矩阵的左下三角元素*/
            {t=a[i][j];a[i][j]=a[j][i];a[j][i]=t;} /*实现对称位置元素的交换*/
    printf("The changed array is: \n");
    for(i=0;i<3;i++)
    { for (j=0;j<3;j++)
        printf("%4d",a[i][j]);
      printf("\n");
```

        }
    }

运行结果：
    The oringnal array is:
    1 2 3
    4 5 6
    7 8 9
    The changed array is:
    1 4 7
    2 5 8
    3 6 9

目前处理的都是数值型的数组，有时实际问题中涉及字符型的数据，例如，处理一个班的学生的成绩，如果需要按总成绩进行降序排序，那么只表示出成绩，没有对应的姓名，这个排序是没有意义的，要表示姓名就要用到字符数组，例如，姓名为 liyong，则可定义一个一维字符数组来存放 liyong 这几个字符。可如下定义：

    char name[7] = "liyong";

程序中使用 name 就可表示 liyong 这个字符串。

5.4 字符数组

5.4.1 字符数组与字符串

1. 字符数组及其初始化

字符数组就是数组元素的类型都是字符型的，其定义的数据类型的说明符为 char，一维字符数组的定义和初始化与其他一维数组的方法相同，例如：

    char s1[5] = {'C','h','i','n','a'};
    char s2[] = {'a','b','c','d','e'};

2. 字符串及其初始化

C 语言中，字符串常量是指用一对双撇号括起来的若干个字符序列，例如"liyong"、"China"、"li123"等都是字符串常量。

在 C 语言中使用字符数组存放字符串，例如"liyong"在内存中存储为：

| l | i | y | o | n | g | \0 |

字符串常量在内存中存储时，系统自动加一个字符串结束标志'\0'，它是一个转义字符，表示 ASCII 码值为零的字符，意思是"空操作"，即不产生任何动作。

字符串使用字符数组来存放，但并不是所有的字符数组都是字符串，例如前面定义的 s1 和 s2 就不是字符串，因为它们没有字符串的结束标志'\0'。因此，只有当字符数组中包含有'\0'时，才可以作为字符串来处理。

可以使用字符串常量给字符数组初始化。例如定义：char name[7] = "liyong";

在存储时，后面没有赋值的元素自动赋值为'\0'。

也可以将字符串用{}括起来,例如:char name[7] = {"liyong"};
下面几种定义形式是等价的:

　　char name[7] = "liyong";
　　char name[] = "liyong";
　　char name[7] = {"liyong"};
　　char name[] = {"liyong"};
　　char name[7] = {'l', 'i', 'y', 'o', 'n', 'g'};
　　char name[] = {'l', 'i', 'y', 'o', 'n', 'g', '\0'};

5.4.2　字符串的输入输出

字符串的输入输出可以有下列三种形式。
(1)使用格式化输入/输出函数 scanf 和 printf,按照%c 格式逐个字符输入/输出。
(2)使用格式化输入/输出函数 scanf 和 printf,按照字符串格式%s 整体输入/输出。
(3)使用字符串处理函数 gets 和 puts 进行整体输入/输出。

其中,%c 格式针对数组元素操作,输入时要加地址符 &,而 puts、gets 和%s 是针对字符串整体的操作,输入时使用字符数组名,不加地址符,因为数组名代表的就是数组的首地址。输出时,可以使用字符数组名,也可以使用字符串常量。使用 puts 输出字符串之后会自动换行,而使用%s 输出的字符串不能自动换行;使用%s 输入字符串时,不能接收空格,即遇到空格认为输入结束,而当字符串中包含空格时,必须使用 gets 函数输入。仔细研究下面的例子,比较各种输入/输出方式的区别。

【例 5.11】　分析下面程序的执行结果。程序如下:

```
/* e5-11.c */
#include "stdio.h"
void main()
{   char str[10];
    int i;
    for(i=0;i<6;i++)
        scanf("%c",&str[i]);
    for(i=0;i<10;i++)
        printf("%c",str[i]);
    printf("\n");
    printf("%s",str);  /*按照%s 格式输出,从 str 首地址开始,遇到'\0'为止*/
    puts(str);         /*输出的字符数可能比数组元素的个数还多,取决于'\0'在哪*/
}
```

运行结果:
　　abcdef↵   /*%c 格式输入字符时,不需要分隔符,连续输入之后回车*/
　　abcdef@ 9♀   /*没有输入的元素值是不确定的,可能不同时间运行结果是不同的*/
　　abcdef@abcdef@   /*输出到'\0'前一个字符,碰巧 str[7] = '\0',%s 输出之后不换行*/

【例 5.12】　分析下面程序的运行结果,程序如下:
　　/* e5-12.c */

```
# include "stdio.h"
void main()
{   char str2[10],str3[10]; int i;
    scanf("%s%s",str2,str3);
    printf("%s,%s \n",str2,str3);
    puts(str2);puts(str3);
    for(i=0;str2[i]!='\0';i++)  /*最常用的控制循环的方法,使用字符串的结束标志'\0',表
                                  达式2也可以写成i<strlen(str2),但不可以写成i<10*/
        printf("%c",str2[i]);
    printf(" \n");
    for(i=0;i<10;i++)
        printf("%c",str3[i]);
}
```

运行结果:

Mary Xuli↵
Mary,Xuli
Mary
Xuli
Mary
Xuli ? § /*没有输入的数组元素值是不确定的*/

【例5.13】 gets函数和puts函数的用法。程序如下

```
/* e5-13.c */
# include "stdio.h"
void main()
{   char s1[80],s2[80]; int i;
    gets(s1); gets(s2);
    puts(s1);puts(s2);
    for(i=0;i<strlen(s2);i++)  /*除用'\0'控制循环外,也可以使用字符串长度函数*/
        printf("%c",s2[i]);
}
```

运行结果:

wang ya↵
Qin kong↵
wang ya
Qin kong
Qin kong

【说明】逐个字符输出时,用i<strlen(s2)控制循环,其中strlen是求字符串长度的函数,字符串常用的处理函数还有字符串的复制、连接、比较等。

5.4.3 字符串处理函数

常用的字符串处理函数见表5.1,此处的写法从应用的角度写,如果想了解函数原型的信

息,请查阅附录 D.2。

表 5.1 常用的几个字符串处理函数

函数的一般形式	功 能	返回值
strlen(字符串)	求字符串长度	有效字符个数
strcpy(字符数组 1,字符串 2)	将字符串 2 复制到字符数组 1 中	字符数组 1 的首地址
strcat(字符数组 1,字符串 2)	将字符串 2 连接到字符数组 1 的有效字符后面	字符数组 1 的首地址
strcmp(字符串 1,字符串 2)	比较两个字符串的大小	相等,返回 0 字符串 1>字符串 2,返回正数 字符串 1<字符串 2,返回负数

【说明】

(1)"字符数组 1"必须写成数组名形式,"字符串 1"或"字符串 2"可以是字符数组名,也可以是一个字符串常量。

(2)字符串的比较大小规则类似于"字典序",对两个字符串自左至右逐个相比,直到出现不同的字符或遇到'\0'为止,如全部字符相同,则认为相等;若出现不相同的字符,则以第一个不相同的字符的比较结果为准,比较的结果由函数值带回。

【例 5.14】 完成字符串的复制。

【分析】定义两个字符数组 a,b,分别表示两个字符串,字符串复制的过程就是将 a 串中的字符逐个赋值给 b 串,然后再给 b 串加一个字符串结束标志。

程序如下:

```
/* e5-14-1.c */
#include "stdio.h"
void main()
{   char a[80],b[80];
    int i;
    gets(a);
    for(i=0;a[i]!='\0';i++)  /*遍历 a 串*/
        b[i]=a[i];   /*将 a 中的字符赋给 b 中相应的元素*/
    b[i]='\0';  /*加结束标识'\0',让 b 构成字符串*/
    puts(a); puts(b);
}
```

运行结果:

  abc123↵
  abc123
  abc123

【说明】使用库函数 strcpy 完成字符串的复制很简单,程序如下:

```
/* e5-14-2.c */
#include "stdio.h"
#include "string.h"
void main()
```

```
    {   char a[80],b[80];
        int i;
        gets(a);
        strcpy(b,a);  /*将a串复制给b串*/
        puts(a); puts(b);
    }
```

运行结果:

jfkds←┘

jfkds

jfkds

【例5.15】 实现两个字符串的连接。

【分析】字符串的连接就是将第2个串接到第1个串的后边,构成一个新串,例如a串为"abcd",b串为"1234",则连接之后为"abcd1234"。

具体的执行的时候,首先找到第一个串结束的位置,即' \0'的位置,即下标为字符串的长度,然后从这个位置开始将第二个串中的字符一个个地接到后面。

程序如下:

```
/*e5-15-1.c*/
#include "stdio.h"
void main()
{   char s1[80],s2[40];
    int i,j;
    gets(s1); gets(s2);
    i=0;
    while(s1[i]!=' \0')
       i++;              /*while循环做完,i就是第一个字符串的长度*/
    j=0;
    while(s2[j]!=' \0')
       {  s1[i]=s2[j]; /*完成将第二个串接到第一个串的后面*/
          i++; j++;   /*保持i和j同步增长,才能保证依次赋值*/
       }
    s1[i]=' \0';
    puts(s1);
}
```

运行结果:

abcd←┘

1234←┘

abcd1234

【说明】此例如果使用字符串处理函数会很简单,字符串连接的函数为strcat,程序如下:

```
/*e5-15-2.c*/
#include "stdio.h"
```

```
# include "string.h"
void main()
{   char s1[80],s2[40];
    int i,j;
    gets(s1); gets(s2);
    strcat(s1,s2); /*将s2串连接到s1串的后面*/
    puts(s1);
}
```

运行结果：

1232342↵

sadsfdsf↵

1232342sadsfdsf

实际对字符串操作时,经常用到字符串的复制、连接、比较等,C提供了常用的字符串处理的标准函数,使用起来很方便,只是需要将头文件"string.h"包含进来,C中不允许对字符串直接复制(a=b)、比较(a>b),必须使用相应的函数处理。

5.4.4 字符串应用举例

【例5.16】 求5个字符串中最小的字符串。

【分析】一个字符串需要使用一个一维数组存放,那么,5个字符串就需要5个一维数组,因此可定义一个二维字符数组,存储情况参见图5.7。找最小的字符串和找最小的数的算法相同。程序如下：

```
/* e5-16.c */
# includ "stdio.h"
# include "string.h"
void main()
{   char str[5][20],minstr[20];
    int i;
    for(i=0;i<5;i++)
        gets(str[i]);            /*str[i]是个一维数组名,代表第i个字符串*/
    strcpy(minstr,str[0]);       /*字符串不能直接赋值,即不能写成 minstr=str[0]*/
    for(i=1;i<5;i++)
        if(strcmp(str[i],minstr)<0)  /*对应于条件 str[i]<minstr*/
            strcpy(minstr,str[i]);   /*对应于赋值 minstr=str[i]*/
    printf("The mini string is ");
    puts(minstr);                /*输出最小的字符串*/
}
```

图 5.7 用二维数组存放多个字符串

运行结果：

computer↵

english↵

chinese
maths
physics
The mini string is chinese

【例5.17】 在给定的字符串中删除指定的字符。

【分析】在数组中删除一个指定的元素,直接的考虑是先找到这个元素,然后将后面的元素依次向前窜,但这种做法会将相邻的两个待删字符剩下一个,所以,通常采取的方法是产生新数组的方法,即将不删除的那些元素重新放回到数组中。程序如下:

```c
/* e5 - 17.c */
#include "stdio.h"
void main()
{   char s[80],c;
    int i,k = 0;
    gets(s);
    scanf("%c",&c); /*输入要删掉的字符*/
    for(i = 0;s[i]! = '\0';i++)
        if(s[i]! = c) {s[k] = s[i];k++;} /*将不删除的元素重新放回数组中*/
    s[k] = '\0';
    puts(s);
}
```

运行结果:

xyzxyzxyz
x
yzyzyz

执行过程参看图5.8。

图5.8 删除指定字符示意图

【例5.18】 将一个十进制正整数转换为十六进制数。

【分析】十进制正整数转换为十六进制数采用除以16取余数的方法,十六进制数码表示中会有字符A~F,所以转换的结果应该放在一个字符数组中,求出的余数是数值类型的,需要转换成字符类型。最先求出的余数是十六进制数的个位,因此求出的结果是逆序的,输出前要变成正序。

程序如下:

```c
/* e5 - 18.c */
#include "stdio.h"
void main()
```

```
{   char he[20],t;
    int m,i=0,d,k;
    scanf("%d",&m);              /*输入待转换的十进制整数*/
    while(m>0)                    /*除16取余的过程做到商为零为止,所以是在m>0(也可写
                                   成m!=0)的时候才继续做循环*/
       {  d=m%16;                /*d为除以16的余数*/
          if(d<10) he[i]=d+'0';  /*d为数字0~9时,变成相应的字符类型*/
          else he[i]=d+55;        /*d为10~15时,变成A~F*/
          m/=16;                  /*m变成除以16之后的商,下次循环用这个商继续除以16求
                                    余*/
          i++;                    /*i即有计数的功能,也保证计算出的结果依次放在he数组
                                    中*/
       }
    he[i]='\0';                   /*保证he构成字符串*/
    for(k=0;k<i/2;k++)
       {t=he[k];he[k]=he[i-1-k];he[i-1-k]=t;} /*字符串逆序存放*/
    puts(he);
}
```

运行结果:
266↵
10A

【说明】如果求得的余数是0~9之间,需将数值型数据变成字符型数据再赋到数组he中,方法就是加上0的ASCII码,也可直接写48;当余数是10~15时,需变成A~F,方法就是加55,例如余数是10时,加上55就得到65,而这正是'A'的ASCII码。

【例5.19】 判断一个字符串是否是另外一个字符串的字串,如果是输出其第一次出现的位置,如果不是输出相应的信息。

【分析】从字符串a的每个字符a[i]开始,和b的每个字符比较,如果一直相等,就表示b是a的子串。

程序如下:

```
/*e5-19.c*/
#include "stdio.h"
#include "string.h"
main()
{
int i,j,k,flag=0;
char a[80],b[10];
gets(a);
gets(b);
for(i=0;a[i]!='\0';i++)
   {  for(j=i,k=0;b[k]!='\0';k++,j++)
         if(b[k]!=a[j]) break;
```

```c
            if(b[k] == '\0')
            { printf("yes %d \n",i); flag = 1;break;}
        }
    if(flag == 0) printf("no \n");
    }
```

运行结果：

```
I love C programming↵
gram↵
yes 12
fjksdfajkasfd↵
abc↵
no
```

【思考】如果统计一个字符串在另一个字符串中出现的次数,该如何修改程序?

【例 5.20】 学生成绩管理系统 1.0 版。

【分析】系统功能包括数据输入、成绩统计(每人、每科最高分、最低分和平均分)、按每人平均分进行排序、查找不及格的学生等。程序如下:

```c
/* e5-20.c */
# include "stdio.h"
void main()
# define N 5
# define M 3
void main()
{   int a[N][M],cmax[M],cmin[M],bmin[N],bmax[N],t,max,min,i,j,k;
    /* bmax 和 bmin 数组放每人的最高和最低分,cmax 和 cmin 放每科的最高和最低分 */
    float s,ave,dh[N],dl[M];
    char name[N][20],temp[20];
    for(i = 0;i < N;i++)
        gets(name[i]); /* 输入姓名 */
    for(i = 0;i < N;i++)
    {
        for(j = 0;j < M;j++)
            scanf("%d",&a[i][j]);
    }
    /* 以下统计每人最高分、最低分和平均分 */
    for(i = 0;i < N;i++)
    {   s = 0;bmax[i] = a[i][0]; bmin[i] = a[i][0];
        for(j = 0;j < M;j++)
            {s += a[i][j];
            if(bmax[i] < a[i][j]) bmax[i] = a[i][j];
            if(bmin[i] > a[i][j]) bmin[i] = a[i][j];
            }
        dh[i] = s/M;
```

```
        }
    /* 以下统计每科最高分、最低分和平均分 */
    for(j=0;j<M;j++)
        { s=0;cmax[j]=cmin[j]=a[0][j];
            for(i=0;i<N;i++)
                { s+=a[i][j];
                    if(cmax[j]<a[i][j]) cmax[j]=a[i][j];
                    if(cmin[j]>a[i][j]) cmin[j]=a[i][j];
                }
            dl[j]=s/N;
        }
    /* 以下输出结果 */
    printf("%10s%4s%4s%4s%4s%4s%4s \n","xm","shu","yu","ying","da","xiao","ave");
    for(i=0;i<N;i++)
        { printf("%10s",name[i]);
            for(j=0;j<M;j++)
                printf("%4d",a[i][j]);
            printf("%4d%4d%6.2f \n",bmax[i],bmin[i],dh[i]);
        }
    for(j=0;j<M;j++)
        printf("%10s%4d%4d%6.2f \n","meike",cmax[j],cmin[j],dl[j]);
    printf("find fail \n");/* 以下查找不及格的学生 */
    for(i=0;i<N;i++)
{ k=1;
    for(j=0;j<M;j++)
        if(a[i][j]<60) k=0;
    if(k==0)
{ printf("%20s",name[i]);
    for(j=0;j<M;j++)
        printf("%5d",a[i][j]);
    printf("%6.2f \n",dh[i]);
}
}
    printf("paixu \n");/* 以下按每人平均分完成排序 */
    for(i=0;i<N-1;i++)
        { k=i;
            for(j=i+1;j<N;j++)
                if(dh[k]<dh[j]) k=j;
            if(k!=i)
{ t=dh[i];dh[i]=dh[k];dh[k]=t;
    strcpy(temp,name[i]);strcpy(name[i],name[k]);strcpy(name[k],temp);
    for(j=0;j<M;j++)
        {t=a[k][j];a[k][j]=a[i][j];a[i][j]=t;}
```

```
        }
    }
    printf("%20s%10s%10s \n","xingming","zongfen","mingci");
    for(i = 0;i < N;i++)
    printf("%20s%10.2f%10d \n",name[i],dh[i],i+1);
}
```

运行结果：

```
wang↵
zhang l↵
li↵
zhao↵
yang↵
66 65 67 87 83 54 65 25 71 56 68 91 92 90 91↵
      xm       shu        yuying       daxiao        ave
      wang     66          65           67           65       66.00
      zhangl   87          83           54           87       54   74.67
      li       65          25           71           71       25   53.67
      zhao     56          68           91           91       56   71.67
      yang     92          90           91           92       90   91.00
      meike    92          56           73.20
      meike    90          25           66.20
      meike    91          54           74.80
      find fail
               zhang l     87           83           54       74.67
               li          65           25           71       53.67
               zhao        56           68           91       71.67
      paixu
               xingming    zongfen      mingci
               yang        91.00        1
               zhang l     74.67        2
               zhao        71.67        3
               wang        66.00        4
               li          53.00        5
```

【说明】从此程序的输出结果可以看出，程序的功能比较有限，并且不够灵活，没有考虑用户的查询需求，只是列出了一些常用的结果。理想一点的系统应该允许用户选择不同的查询条件，例如只查每科的最高分，或者只查有不及格课程的学生数据等，这时，我们可以把每一部分的功能独立完成，需要哪一部分就调用哪一部分，要实现这样的功能就需要用到函数。

小　　结

数组是非常重要的一类数据类型，数组按照数组元素的类型可分为数值型和字符型，以后随着学习的深入还会接触到结构体类型和指针类型等;按照可带下标的个数可分为一维数组、二维数组及多维数组。给数组元素赋值时可用多种的方法,如初始化、输入、赋值和随机产生等,对数组的输入/输出离不开循环。使用数组一定注意对数组的定义、引用和初始化。

  这一章中介绍了几个常用的算法,涉及一维数组的常用算法包括排序、数组元素逆序存放、数组元素的删除、求数组中的最大最小值及二分查找法等。涉及二维数组的常用算法包括矩阵的转置、二维数组按一定规律填数、二维数组某一部分的表示(对角线、左下三角、右上三角、外框等),如输出杨辉三角形。涉及字符数组的常用算法包括求字符串的长度、字符串的复制、连接、比较等,处理字符串时一定注意字符串结束标志的正确使用。

习 题

1.选择题

(1) 若有说明:int a[4][4];则对 a 数组元素的非法引用是_____。

  A.a[0][3*1] B.a[2][3] C.a[1+1][0] D.a[0][4]

(2) 若有说明 static int a[ ][3]={1,2,3,4,5,6,7,8,9};则 a 数组第一维的大小是_____。

  A.1 B.2 C.3 D.4

(3) 若二维数组 a 有 m 列,则在 a[i][j]前的元素个数为_____。

  A.i*m+j B.j*m+i C.i*m+j-1 D.i*m+j+1

(4) 下面是对数组 s 的初始化,其中不正确的是_____。

  A.char s[5]={"123"}; B.char s[5]={'1','b','c'};
  C.char s[5]=""; D.char s[5]="abcdef";

(5) 判断字符串 s1 是否等于字符串 s2,应当使用_____。

  A. if (s1 == s2) B. if (s1 = s2)
  C. if (strcpy(s1,s2)) D.if (strcmp(s1,s2) == 0)

(6) 要求定义包含8个 int 类型元素的一维数组,以下错误的定义语句是_____。

  A. int N = 8;
    int a[N];
  B. # define N 3
    int a[2*N+2]
  C.int a[]={0,1,2,3,4,5,6,7}; D.int a[1+7]={0};

(7) 若有以下定义语句:int a[ ]={1,2,3,4,5,6,7,8,9,10};则值为 5 的表达式是_____。

  A.a[5] B.a[a[4]] C.a[a[3]] D.a[a[5]]

2.读程序,写出运行结果。

(1)
```
# include "stdio.h"
void main()
{int a[3][3]={1,3,5,7,9,11,13,15,17};
 int sum=0,i,j;
 for (i=0;i<3;i++)
```

```c
            for (j = 0; j < 3; j++)
            {   a[i][j] = i + j;
                if (i == j) sum = sum + a[i][j];
            }
            printf("sum = %d", sum);
        }
```

(2)
```c
        #include "stdio.h"
        void main()
        {int a[4][4],i,j,k;
          for (i = 0; i < 4; i++)
            for (j = 0; j < 4; j++)
              a[i][j] = i - j;
          for (i = 0; i < 4; i++)
          {  for (j = 0; j <= i; j++)
               printf("%4d",a[i][j]);
               printf(" \n");
          }
        }
```

(3)
```c
        #include "stdio.h"
        void main()
        {  int i,s;
           char s1[100],s2[100];
           printf("input string1: \n");
           gets(s1);
           printf("input string2: \n");
           gets(s2);
           i = 0;
           while ((s1[i] == s2[i]) && (s1[i] != '\0'))
             i++;
           if ((s1[i] == '\0') && (s2[i] == '\0')) s = 0;
           else s = s1[i] - s2[i];
           printf("%d \n",s);
        }
```
输入数据为：
aid↵
and↵

3. 求一个 5×5 矩阵两条对角线上元素之和，数组元素可以输入也可以随机产生。

4. 已知有一个 5×5 的数组，求它右上三角(含对角线)的元素之和。

5. 用 for 循环求 5×5 数组中，除了四条边框的元素之外的元素之和。

6. 有 n 个数已按由小到大的顺序排好，要求输入一个数，把它插入到原有序列中，而且插入之后仍然保持有序。

7. 将一个字符串的前 n 个子字符送到一个字符型数组中去，然后再加上一个字符串结束标志(不允许使用 strcpy(str1,str2,n)函数)，n 由键盘输入。

8. 有一行字符，统计其中的单词个数(单词之间以空格分隔)，并将每一个单词的第一个字母改为大写。

9. 打印如图 5.9 所示形式的杨辉三角形，输出前 10 行，从 0 行开始，分别用一维数组和二维数组实现。

10. 编程产生如图 5.10 所示形式的方阵，要求：不允许使用键盘输入语句和静态赋值语句，尽量少用循环。

```
          1                    1 2 2 2 2 1
         1 1                   3 1 2 2 1 4
        1 2 1                  3 3 1 2 1 4
       1 3 3 1                 3 3 3 1 4 4
      1 4 6 4 1                3 3 1 5 1 4
     1 5 10 10 5 1             3 1 5 5 5 1 4
                               1 5 5 5 5 5 1
```

图 5.9 等腰形式的杨辉三角形   图 5.10 方阵填数

第6章 函数

本章重点
(1)函数的定义。
(2)函数的调用。
(3)局部静态变量的特点和应用。

6.1 C程序的模块化

从前面的学习中,我们知道要解决大型的、复杂的问题可以使用函数。通常解决复杂问题的思路是将面对的复杂问题分解为若干个相对简单的部分,使每个简单的部分只完成特定的单一的功能,这也是程序设计中的模块化设计的思想,首先将大的问题分割为若干个功能模块,各个模块的功能相对简单、独立、结构清晰、易于实现。

C语言也是支持模块化程序开发的语言,C语言中各个模块的功能由函数实现。C语言中的"函数"和数学中的"函数"概念不同。C语言中的函数除了可以求值之外,也可以只是完成特定的功能。

C程序由一个或多个程序文件构成,每个程序文件由一个或多个函数构成,通过函数之间的相互调用完成所需的工作。一个C程序必须而且只能有一个主函数(main函数),C程序从主函数开始执行,在主函数结束。如图6.1所示的C程序结构中,箭头表示函数之间的调用关系。程序由6个函数构成,main函数调用了f1函数和f2函数,f1函数调用了f3函数和f4函数,f2函数调用了f5函数,当然,各个函数之间也可以相互调用,如f2函数也可以调用f1、f3、f4函数,但不可以调用主函数。主函数是在执行程序时自动执行的。

图6.1 C程序结构图

每个C语言的编译系统都提供了标准库函数,程序设计中常用的许多功能都可以在标准库函数中找到,例如常用的数学函数、字符串处理函数和输入输出函数等。标准库的功能通过一批头文件描述,在程序中要使用某类的函数时,需将其所在的头文件用#include命令包含相应的头文件,详细的信息请查阅附录。

标准库函数的数量有限,不可能满足每个用户的特定要求,因此,C语言允许用户定义自己的函数,称为用户自定义函数,这一章集中学习用户自定义函数。

标准函数和用户自定义函数都可分为有参函数和无参函数两类。

我们主要解决的问题是如何定义一个函数和如何调用一个函数,函数一经定义就和系统提供的标准函数的用法一样。

定义函数之前首先需要解决的问题是函数功能的划分,即什么样的程序段应该定义成一个函数,这方面虽然没有通用的准则,但可以从以下两个方面考虑:

(1)程序中可能会需要重复计算的公式或需要多次完成的相似功能,这时可以考虑将相似的部分用一个函数完成,程序中需要用到这部分功能时,调用定义的函数来完成,这样可以达到定义一次而使用多次的效果。

(2)程序中具有逻辑独立性的片断。即使这部分只出现一次,也可以考虑把它定义成独立的函数,在原来程序的相应位置换成函数调用,这样不但使程序的结构清晰,还可以降低程序的复杂性,提高程序的可读性。

例如,如果完成第5章提出的学生成绩管理系统,首先考虑将其分解为几个功能模块,先确定程序的总体结构,再逐步细化各个模块,模块的结构如图6.2所示,每个模块的功能由一个函数完成。

图6.2 学生成绩管理系统的结构

【例6.1】 显示学生成绩管理系统主菜单的主函数。

程序如下:

```
/* e6-1.c */
#include "stdio.h"
#define N 30
void main()
{   int sel;
    int a[N];
    printf("------------学生成绩管理系统--------------\n");
```

```
            printf(" ---------------------------------------- \n");
            printf(" 1：成绩录入  \n");
            printf(" 2：成绩查询  \n");
            printf(" 3：成绩排序  \n");
            printf(" 4：成绩管理  \n");
            printf(" 5：成绩输出  \n");
            printf(" 0：退 出    \n");
            printf(" 请选择 0－5 \n");
            printf(" ---------------------------------------- \n");
            do
            {   scanf("%d",&sel);
                switch(sel)
                 {
                  case 1: in(a,N);break;
                  case 2: query(a,N);break;
                  case 3: sort(a,N);break;
                  case 4: out(a,N);break;
                  case 5: edt( );break;
                  case 0: exit(0);
                 }
            }while(1);
        }
```

运行结果：

------------ 学生成绩管理系统 --------------

1：成绩录入
2：成绩查询
3：成绩排序
4：成绩管理
5：成绩输出
0：退出
请选择 0－5

6.2 函数的定义

6.2.1 无参函数的定义

无参函数定义的一般形式：

  类型标识符 函数名（　　）

{
  函数体
}

  函数主要由函数头和函数体两部分构成,定义一个函数就是交代清楚这两部分的内容。函数头通常也称为函数首部,包含类型标识符、函数名和括号内的形式参数,这是定义函数必须首先解决的关键问题。类型标识符表示函数值的类型,即函数的返回值的类型,如果函数没有返回值,则类型标识符定义为 void;函数名是用户自己定义的函数的名字,要符合标识符的命名规则;函数的形式参数通常是使用这个函数必须提供的已知条件,有时也包括函数的求解结果,每一个参数由类型标识符和一个参数名构成,如果没有参数可以在函数运算符()内写一个 void,也可以空白。函数体包括变量声明、可执行语句和 return 语句等部分,return 语句使流程返回到调用处。

  【例 6.2】 编写函数完成打印一条直线的功能,已知直线固定由 20 个"-"构成。

  【分析】定义函数之前,首先解决函数头的部分,即确定函数返回值的类型和函数的参数,而这通常需要从分析问题的已知条件和求解目标获得。打印一条固定长度的直线,事先不需要提供任何条件,所以可以确定函数为无参函数;函数的功能完成打印操作,也不求出任何的值,所以函数的返回值的类型为 void,函数名可以按见名知意的原则命名为 printline,至此,函数头部分可完全确定为:

    void printline()

  其次,需要解决函数体的部分如何写,函数体的内容就是能完成函数的功能的若干条语句,这里就是如何打印出一条线。打印由 20 个"-"构成的线只要一条语句:

    printf("-------------------- \n");

最后,完整的函数如下:

void printline( )
  {printf("-------------------- \n");
  }

  以后,在其他的函数中需要打印一条线时,只要调用 printline 函数就可以了,具体调用形式为:

    printline();

程序如下:

```
/* e6-2.c */
# include "stdio.h"
void printline()
{   printf("-------------------- \n");
}
void main()
{   printline();
    printf("shuchuneirong \n");
    printline();
}
```

运行结果:

```
--------------------
shuchuneirong
--------------------
```

【说明】这是我们完成的第一个函数,功能比较有限,而且 TC 标准函数库中提供画线的函数,可以很方便地画线,这里只是想简单地说明函数的定义方法。这个函数的功能还可以扩展一下,实际使用时可能需要不同长度的直线,例如,有时需要打印由 30 个"-"构成的线,有时可能需要长度为 50,这时,这个函数就不适用了,如果需要长度不同,那么在调用函数时必须提供需要的长度值,这就是调用函数的已知条件,这个已知条件需要定义成函数的形式参数,这就需要定义一个有参函数来完成。

6.2.2 有参函数的定义

有参函数定义的一般形式:

  类型标识符 函数名(形式参数表列)
  {
    函数体
  }

有参函数定义时比无参函数多一个形式参数列表,这个形参列表一般包括完成函数的功能必须已知的条件。

【例 6.3】 定义一个有参函数,打印一条变长的线。

【分析】完成函数的功能必须已知线的长度 n,而且 n 为整数,所以可确定函数的形参为 int n;函数还是不求值,所以函数的返回值的类型还是为 void,这样,函数首部为:

  void printn(int n)

函数体的部分完成在已知 n 的情况下,如何打印出由 n 个"-"构成的直线,这时需要一个循环来完成。

程序如下:

```c
/* e6-3.c */
#include "stdio.h"
void printn(int n)
{   int i;
    for(i=1;i<=n;i++)
    printf("-");
    printf("\n");
}
void main()
{   printn(40);
    printn(50);
}
```

运行结果:

```
----------------------------------------
--------------------------------------------------
```

【例 6.4】 定义一个函数求两个整数的和。
【分析】
(1)已知什么?
(2)求什么?

求两个整数的和需要已知的条件就是两个整数,因此,知道需要两个形参:int a,int b,求的结果是两数的和还是一个整数,决定了函数值的类型为整型,再起个名字 sum,这样函数的首部就可以确定了。

        int sum (int a,int b)

接下来函数体的写法很简单,就是已知 a 和 b 的情况下,如何求出 a+b。程序如下:

```c
/* e6-4.c */
#include "stdio.h"
int sum(int a,int b)
{   int c;
        c = a + b;
        return (c);
}
void main()
{   int x,y;
    x = 2; y = 3;
    printf("x + y = %d,2 + 3 = %d \n",sum(x,y),sum(2,3));
}
```

运行结果:
    x + y = 5,2 + 3 = 5

【说明】调用时,sum(x,y)表示求 x 与 y 的和;sum(2,3)则表示 2 与 3 的和。

6.3 函数的调用

C 程序由函数构成,其中一定有一个 main 函数,程序执行从主函数开始,在主函数结束,除了主函数以外,程序中的其他函数只有在被调用时才会被执行。调用其他函数的函数称为主调函数,被其他函数调用的函数称为被调函数。函数调用的一般形式为:

    函数名(实参表列)

调用无参函数时,函数名后面跟一对空的括号,即函数调用时括号不能省略,实参有多个时,中间用逗号分隔。

6.3.1 实参和形参

定义函数时,函数名后面的括号内的变量名称为形式参数,简称形参;调用函数时,函数名后面的括号内的表达式称为实际参数,简称实参。发生函数调用时,实参将它的值传递给形参,同时,程序的流程转到被调函数开始执行,执行到 return 语句或函数结束处返回到主调函数。

函数调用过程中,为了能使参数值正确地传递,必须保证实参与形参在个数、顺序和类型上一一对应。

【例6.5】 用函数求2个整数的最大公约数和最小公倍数。

【分析】定义求最大公约数的函数需要了解已知条件和求解结果。

已知:两个整数,决定需要两个整型形参。

求:最大公约数,知道返回值为整型。

程序如下:

```
/*e6-5.c*/
#include "stdio.h"
void main( )
{  int x,y,gys,gbs;
   scanf("%d%d",&x,&y);
   gys = gcd(x,y);
   gbs = lcm(x,y);
   printf("最大公约数为:%d \n",gys);
   printf("最小公倍数为:%d \n",gbs);
}
int gcd(int a,int b)
{  int r;
   r = a%b;
   while(r! = 0)
      {a = b;b = r;r = a%b;}
   return b;
}
int lcm(int a,int b)
{  return a*b/gcd(a,b);}
```

运行结果:

　　12 8↵

最大公约数为:4

最小公倍数为:24

【说明】函数的执行过程:从主函数开始执行,首先为x,y,gys,gbs分配存储单元,执行scanf函数时,从键盘输入12和8,接下来的赋值语句中的gcd(x,y)为函数调用,x、y为实参,程序的流程转到gcd函数执行,为形参a、b分配存储单元,同时发生参数传递,实参x将它的值12传给形参a,实参y将它的值8传给形参b,如图6.3所示,然后执行gcd函数的函数体,给gcd函数中定义的变量r分配存储单元,执行r=a%b,r的值为4,执行while语句,循环条件成立,执行循环体,得到a=8,b=4,r=0,再判断循环条件r!=0,结果为假,循环结束,接着执行return b;函数调用结束,返回到主调函数,函数值为4,则gys=4,然后继续执行下一条语句,直到主函数结束。

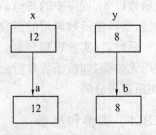

图6.3 函数调用的参数传递

函数调用结束后,分配给形参和函数中变量的存储单元也被释放掉,下次再发生函数调用时,再重新为其分配存储单元。

在 gcd 函数的执行过程中,形参 a 和 b 的值发生了变化,但并不影响实参 x 和 y 的值,这是 C 语言的参数传递的特点,是单向值传递,即只是实参的值传给形参,形参的值并不能传回给实参。

6.3.2 return 语句

return 语句的作用是将流程返回至调用处,如果函数是纯粹计算函数,则由 return 语句返回一个计算结果,这个结果由 return 后面的表达式给出,表达式可以用括号括起来,也可以不括。对于完成一个具体工作的函数,可以返回完成结果,如 printf 函数执行成功时,返回所显示的字节数,执行失败时,返回一个负整数。对无返回值的函数,return 语句后面不带表达式,此时不返回任何值,仅将流程转回主调函数。如果不带表达式的 return 语句位于函数的最后时,可以省略 return 语句,这时,执行到表示函数结束的右花括号时,会返回到主调函数。

一个函数中可以出现多个 return 语句,不管执行到哪个 return 语句都会返回到主调函数;一个函数中有多个 return 语句并不表示这个函数可以同时求出多个值来,函数的返回值只能有一个,要从函数的调用中得到多个变化的值需要另想办法。

【例 6.6】 按每行 10 个输出 1~100 之间的所有素数。

【分析】判断一个整数是否为素数的功能由函数实现,一个数是否为素数只有两种可能,或者是,或者不是,通常有两种可能的事情可以用 1 和 0 来表示,因此,规定是素数时,让函数值为 1,不是素数时让函数值为 0。

在主函数中循环调用这个函数进行判断,如果函数值为 1 就表示是素数,然后输出。

程序如下:

```
/* e6-6-1.c */
#include "stdio.h"
int prime (int m)
{   int i;
    if (m<2) return 0;  /* 特别声明 1 不是素数 */
    for(i=2;i<=m/2;i++)
    if(m%i==0) return 0;
    return 1;  /* for 循环正常结束,才会执行到这条语句 */
}
void main()
{   int m,k=0;
    for(m=1;m<=100;m++)
        if(prime(m)==1)
        { printf("%5d",m);
          k++;
          if(k%10==0) printf("\n");
        }
}
```

运行结果：
```
 2  3  5  7 11 13 17 19 23 29
31 37 41 43 47 53 59 61 67 71
73 79 83 89 97
```

函数中有 3 个 return 语句，但一次的函数调用只有一个 return 语句能被执行到，因为只要执行了 return 语句程序的流程就转到主调函数了，就没有机会再执行到其他的 return 语句了。因此，只有 m 是素数时才会执行到 return 1;这条语句。

判断素数的函数还可以写成下面的两种形式。

```c
/* e6-6-2.c */
int prime (int m)
{   int i,k = 1;
    if (m < 2) k = 0;
    for(i = 2;i <= m/2;i ++ )
        if(m%i == 0) k = 0;
    return k;
}
/* e6-6-3.c */
int prime (int m)
{   int i;
    if (m < 2) return 0;
    for(i = 2;i <= m/2;i ++ )
        if(m%i == 0) break;
    if(i > m/2) return 1;
    else return 0;
}
```

【例 6.7】 求 4! + 14! + 27!。

【分析】程序中多次用到求阶乘的计算，因此定义一个函数完成求 n!，由于阶乘增长速度很快，14! 就已超出了整型的范围，所以函数值的类型需定义成 float 类型或 double 类型。

程序如下：
```c
/* e6-7.c */
# include "stdio.h"
float jiec(int n)
{   float y;
    int i;
    y = 1;
    for (i = 1;i <= n;i ++ )
        y = y * i;
    return (y);
}
void main( )
{   float s;
    s = jiec(4) + jiec(14) + jiec(27);
```

```
        printf("%f\n",s);
    }
```

【说明】如果将主函数和 jiec 函数交换位置,会出现如下的错误:

Error D:\TC\E6-7.C 9: Type mismatch in redeclaration of 'jiec'

这是因为如果被调函数在主调函数的后面定义,当主调函数执行到函数调用语句时,默认 jiec 函数的类型为整型,而编译到 jiec 函数定义的时候,又发现定义的是 float 类型,编译系统认为 jiec 在重新声明时类型不匹配,改正的办法是在主调函数中声明被调函数的类型。

6.3.3 对被调函数的类型声明

函数声明是指对所用到的函数的特征进行必要的说明。编译系统以函数声明所给的信息为依据,对调用表达式进行检测,包括形参与实参类型是否一致,函数返回值类型是否正确等,以保证函数的正确调用。

函数声明的一般形式为:

类型标识符 函数名(形参表列)

例如,对例 6.7 中的函数 jiec 的声明形式为:

```
float jiec(int n);
```

也可以不写形参名:float jiec(int);

定义函数时所规定的函数首部也称为函数原型,函数原型的定义分为现代风格和传统风格两种形式,前面一直使用的都是现代风格的定义形式,即形参的类型直接在括号中说明。传统风格的定义形式为过时的形式,它将函数首部写成两行,函数名后的括号中只写形参名字,而形参的类型写在下一行,例如对前面的函数 jiec 的传统声明形式为:

```
float jiec(n)
    int n;
```

对传统风格定义的函数,在对其进行类型声明时必须写成相应的形式,即

类型标识符 函数名()

简单地说,对传统风格定义的函数进行类型声明时函数名后只跟空的括号,声明现代风格的函数只需将函数首部原样抄一遍,加个分号就可以了。

有如下三种情况可以省略对被调函数的类型声明,但应该养成对函数进行显式声明的良好习惯。

(1)函数的定义出现在主调函数之前,可以省略函数声明,因为此时编译系统已经从函数的定义中了解了该函数的有关信息。

(2)函数的类型为整型时,可以省略类型声明,系统默认函数的返回值为整型。

(3)被多个函数调用时,可将类型声明放在所有函数之前,这样在每个主调函数内部就不用再对其进行类型声明。

6.4 递归函数

C语言允许函数直接或间接地调用自己,即它允许在被定义的函数体内部调用该函数自身,这种用自身的结构描述自身的方法称为递归。递归是一种描述问题的算法,最常见的例子

就是描述阶乘的运算。

【例6.8】 编写求 fac(n) = n! 的函数。

【分析】将 n! 作如下定义：

$$n! = \begin{cases} 1 & n = 1, 0 \\ n \cdot (n-1)! & n > 1 \end{cases}$$

这只是一个简单的分段函数。

程序如下：

```
/* e6-8.c */
#include "stdio.h"
float fac(int n)
{
    if (n == 1 || n == 0) return 1;
    else return n * fac(n - 1);
}
int main(void)
{
    printf("%.0f", fac(4));
}
```

运行结果：
24

【说明】 fac(4)的执行过程如图6.4所示。

图中"→"为递推轨迹,"←"为回归的轨迹,从图中可以看出递推与回归各持续了3次。递归算法一定包含两个方面,递归的方式和递归终止的条件,二者缺一不可。

图6.4 fac(4)的执行过程

【例6.9】 递归求 fibonacci 序列的前7项。

程序如下：

```
/* e6-9.c */
#include "stdio.h"
long fib(int n) /* fibonacci 序列增长速度非常快,n超过24整型就放不下了 */
{   long f;
    if(n == 1 || n == 2) f = 1;
    else f = fib(n - 1) + fib(n - 2);
    return f;
}
void main()
{   long f;
```

```
            int i;
            for(i = 1;i <= 7;i ++ )
                printf("%5ld",fib(i));
    }
```

运行结果:
    1   1   2   3   5   8   13

【说明】
(1)递归算法设计简单,但非常占用系统资源,运行时间和占据的内存空间都比非递归算法多。例如,将 e6-9.c 中的 7 改为 45,明显地能感觉到计算一个数的速度越来越慢。
(2)设计一个正确的递归函数必须注意两点要素:其一具备递归条件,其二是具备递归结束的条件。
(3)递归函数对于求阶乘、级数、指数运算等有特殊效果。

6.5 数组作为函数参数

6.5.1 数组元素作实参

【例 6.10】 求正整数数组 a[10]中的素数。

【分析】前面例 6.6 中编写了 3 种判断素数的函数,如果要判断包含 10 个元素的数组中的素数,只需判断每个数组元素是否为素数,而这只要调用例 6.6 中的 prime 函数即可。如果 prime(a[i])的值为 1,则 a[i]就是素数,完整的程序如下:

```
/* e6-10.c */
#include "stdio.h"
int prime(int n)
{   int i;
    if (n < 2) return 0;
    for(i = 2;i < n;i ++ )
        if(n%i == 0) return 0;
    return 1;
}
int main(void)
{   int a[10],i;
    for(i = 0;i < 10;i ++ )
        scanf("%d",&a[i]);
    for(i = 0;i < 10;i ++ )
        if(prime(a[i]) == 1) printf("%5d",a[i]);
}
```

运行结果:
    3 54 7 8 12 17 89 234 88 66↵
3   7 17 89

【说明】程序中的函数调用的实参为数组元素,对应的形参为简单变量,函数调用方式与实参是否是变量、常量及表达式没什么本质的区别。

6.5.2 数组名作函数的参数

在第 5 章数组的例子中有这样的问题,求一个班中每个学生的 10 门课的平均成绩,现在,把求平均成绩改为由函数完成。经过分析知道,这个函数的已知条件为 10 门课的成绩,这时形参中至少需要 10 个参数,这样写起来不太方便,而且课程门数增多时不易实现。自然地想到,一组数是可以用数组名代表的,这样函数的形参就选择用数组名。

【例 6.11】 分别求一个班中 2 个学生的 10 门课的平均成绩。求平均成绩由函数完成。

【分析】函数部分:已知 10 个数,由数组表示,形参为数组名;要求平均值,知道函数值的类型为浮点型。程序如下:

```
/* e6-11-1.c */
#include "stdio.h"
float average(int b[10])
{   int i;
    float aver, sum = 0;
    for (i = 0; i < 10; i++)
        sum = sum + b[i];
    aver = sum/10;
    return(aver);
}
void main()
{   float aver1, aver2;
    int a1[10], a2[10], i;
    for (i = 0; i < 10; i++)
        scanf("%d", &a1[i]);
    for (i = 0; i < 10; i++)
        scanf("%d", &a2[i]);
    aver1 = average(a1);
    aver2 = average(a2);
    printf(" %5.2f, %5.2f \n", aver1, aver2);
}
```

运行结果
  66 77 88 57 89 95 83 67 78 91↵
  87 89 45 78 67 90 94 88 69 78↵
  79.10,78.50

【说明】C 语言规定数组名代表数组的首地址,当形参是数组名时,实参当然可以用数组名,当发生函数调用 average(a1)时,实参组 a1 将其首地址传递给形参组 b,即 b[0]的地址就是 a1[0]的地址,这样 a1 和 b 数组共用同一段的内存单元,相当于 a1 将其 10 个元素同时传给了 b 数组,当在 average 函数中求 b 数组元素的和时,实际求的就是 a1 数组中所有元素的和,在 average 函数中任意时刻，a1 和 b 中的元素都是对应相等的。这种参数传递的方式也称地址传递，如图 6.5 所示。

a1	a1[0]	a1[1]	a1[2]	a1[3]	a1[3]	a1[5]	a1[6]	a1[7]	a1[8]	a1[9]
	66	77	88	57	89	95	83	67	78	91
b	b[0]	b[1]	b[2]	b[3]	b[3]	b[5]	b[6]	b[7]	b[8]	b[9]

图 6.5 实参数组和形参数组的地址结合

【思考】
(1)如果在函数中改变了 b[2] 的值，a1[2] 的值是否会发生变化？
(2)如果需要函数再适用一些，对数组元素个数不同时，也能求出所有数组元素的平均值，应如何修改程序？

当用数组名作形参时，实参数组必须是已定义的具有明确值的定长的数组，而形参数组在定义时可以不指定数组的大小，这样，实参数组有多大，形参数组就可以有多大。如果在定义函数时，不指定形参数组的大小，通常需要加一个形参，表示数组大小的整数，例 6.11 中的 average 函数可以修改如下：

```
/* e6-11-2.c */
# include "stdio.h"
float average(int b[ ],int n)/* 定义时不指定形参数组的大小，形参 n 表示元素的个数 */
{  int i;
    float aver,sum = 0;
    for (i = 0;i < n;i + + )
       sum = sum + b[i];
    aver = sum/n;
    return(aver);
}
void main( )
{  float aver1;
    int a1[10], i;
    for (i = 0;i < 10;i + + )
       scanf ("%d",&a1[i]);
    aver1 = average(a1,10); /* 函数调用时，实参是数组名和一个整数 */
    printf (" %5.2f \n",aver1);
}
```

运行结果：
66 77 88 57 89 95 83 67 78 91↵
79.10

【说明】这种写法中，函数的调用就可以很灵活，例如，average(a1,5)表示求前 5 个数的平均值，而 average(&a1[5],5)表示求后 5 个数的平均值。&a1[5]把它的地址传递给形参 b，b[0] 的地址就是 a1[5] 的地址，这时的地址结合形式如图 6.6 所示。

利用实参数组和形参数组的地址结合的特点，可以从函数的调用中得到多个变化的值，数组名作函数参数的优点就是能从主调函数传给被调函数一组数，同时也可以从被调函数"传

					a1[5]	a1[6]	a1[7]	a1[8]	a1[9]
a1	66	77	88	57	89	95	83	67	78	91
					b[0]	b[1]	b[2]	b[3]	b[4]

图 6.6　实参地址传递给形参数组名

回"主调函数一组变化了的数。这个"传回"是通过实参数组和形参数组共用同一段内存单元,形参数组元素的值发生变化会同时改变相应实参数组元素的值实现的。

【例 6.12】　用冒泡排序法对 10 个整数按升序排序。

【分析】

(1)排序部分用函数完成,函数的形参为数组名和整型变量;函数无返回值。

(2)冒泡排序的算法:将相邻的两个数进行比较,如果前一个大于后一个,就交换这两个数,如图 6.7 所示,第 1 轮共进行了 n−1 次的比较,比较的结果是将最大的数排在了最后边。

(3)第 2 轮只要比较 n−2 次,以后每增加 1 轮,比较次数减少一次。共进行 n−1 轮的比较之后,就可以按升序排好。

图 6.7　冒泡排序的第 1 轮比较的过程

程序如下:

```c
/* e6-12.c */
#include "stdio.h"
void sort(int a[],int n)
{   int i,j, t;
    for (i=0;i<n-1;i++)
      for (j=0;j<n-1-i;j++)  /* i 每增加 1,循环次数就减少 1 次 */
        if (a[j]>a[j+1])
        {   t=a[j];
            a[j]=a[j+1];
            a[j+1]=t;
        }
}
void main( )
{   int array[10],i;
    void sort(int a[],int n);
    for (i=0;i<10;i++)
      scanf("%d",&array[i]);
    sort(array,10);
    for (i=0;i<10;i++)
```

```
            printf("%5d",array[i]);
        printf(" \n");
}
```

运行结果:

5 7 9 2 4 1 8 3 10 6↵
1 2 3 4 5 6 7 8 9 10

【说明】如图 6.8 所示,分别表示了调用函数时和函数调用后的元素值的情况。

图 6.8 实参数组和形参数组的地址结合

利用数组名作参数可以带回一组变化的值的特点,可以实现从函数的调用中求得多个值。

【例 6.13】 用函数完成统计一个字符串中的字母、数字、空格和其他字符的个数。

【分析】必须已知一个字符串,函数的形式参数应该是一个字符数组名,函数要求的值有 4 个数,把这 4 个数用一个整型数组带回,所以形参中还需加一个整型数组名。函数就不用返回值了。程序如下:

```
/* e6-13.c */
#include "stdio.h"
void countnum(char str[],int a[])
{   int i;
    for(i=0;str[i]!='\0';i++)
        if(str[i]>='a'&&str[i]<='z' || str[i]>='A'&&str[i]<='Z') a[0]++;
        else if (str[i]>='0'&&str[i]<='9') a[1]++;
        else if (str[i]==' ') a[2]++;
        else a[3]++;
}
void main()
{   int b[4]={0},i;
    char s[80];
    gets(s);
    countnum(s,b);
    for(i=0;i<4;i++)
        printf("%5d",b[i]);
}
```

运行结果:

djfkdsfj kfj3543 fdsa453 $^%^%&↵
15 7 3 6

【说明】这里的实参和形参的结合过程和前面是一样的,实参数组 b 和形参数组 a 共用同一段存储单元,调用函数时,b 数组将4个0传给 a 数组中的4个元素,函数中 a 数组中的4个元素分别存放各类字符的个数,b 数组中的4个元素的值和 a 数组中的元素值同步变化,函数调用结束后 a 数组所占的存储单元被释放,b 数组中存放的是函数调用之后得到的结果。这是从函数的调用中得到多个值的一种办法,以后可以使用全局变量及指针作形参两种办法从函数的调用中得到多个值。

【例6.14】 调用函数实现将一个3行3列的矩阵转置。

【分析】必须已知一个3行3列的矩阵,所以形参选择用一个3行3列的二维数组,求得的结果是转置之后的矩阵,也是一个二维数组,这个结果可以通过实参和形参共用同一段地址完成,所以,函数不需返回值,函数的类型定义为 void,函数名定义为 convert,程序如下:

```
/* e6-14-1.c */
#include "stdio.h"
void main()
{ int a[3][3],i,j,t,k=1;
  void convert(int a[3][3]);
  for(i=0;i<3;i++)
    for(j=0;j<3;j++)
      a[i][j]=k++; /*给数组有规律地赋值为1,2,3,4,5,6,7,8,9*/
  printf("The oringnal array : \n");
  for(i=0;i<3;i++) /*下面5行程序段输出原始矩阵*/
    {for (j=0;j<3;j++)
      printf("%4d",a[i][j]);
    printf(" \n");
    }
  convert(a); /*调用函数*/
  printf("The changed array : \n");
  for(i=0;i<3;i++)
    {for (j=0;j<3;j++)
      printf("%4d",a[i][j]);
    printf(" \n");
    }
}
void convert(int a[3][3])
{ int i,j,t;
  for(i=0;i<3;i++)
      for(j=0;j<i;j++)
        {t=a[i][j];a[i][j]=a[j][i];a[j][i]=t;}
}
```

程序中两次输出了二维数组,可以将输出数组的部分由函数完成,程序如下:

```
/* e6-14-2.c */
#include "stdio.h"
void print(int a[3][3])
```

```
  { int i,j;
    for(i=0;i<3;i++)
      {for (j=0;j<3;j++)
       printf("%4d",a[i][j]);
       printf(" \n");
       }
  }
  void main()
  { int a[3][3],i,j,t,k=1;
    void convert(int a[3][3]);
    for(i=0;i<3;i++)
    for(j=0;j<3;j++)
      a[i][j]=k++;
    printf("The oringnal array : \n");
    print(a);
    convert(a);/*调用函数*/
    printf("The changed array : \n");
    print(a);
  }
  void convert(int a[3][3])
  { int i,j,t;
    for(i=0;i<3;i++)
      for(j=0;j<i;j++)
        {t=a[i][j];a[i][j]=a[j][i];a[j][i]=t;}
  }
```

【说明】用多维数组名作函数实参和形参,在被调用函数中对形参数组定义时可以指定每一维的大小,也可以省略第一维的大小说明。例6.14 中 convert 函数首部可以写成:void convert (a[ ][3]),但是第二维的大小说明不能省。

【例6.15】 学生成绩管理系统2.0版。

【分析】主要功能包括:姓名和成绩的录入、成绩查询、成绩排序等。

```
/*e6-15.c*/
# include "stdio.h"
# include "string.h"
# define N 30
# define M 3
int a[N][M];
char name[N][30];
void print();
void in() /*输入姓名和成绩*/
{ int i,j;
  for(i=0;i<N;i++)
    {gets(name[i]);
```

```c
            for(j=0;j<M;j++)
              scanf("%d",&a[i][j]);}
            getchar();
            printf("shujushurujieshu \n");
            print();
        }
        void query(char nam[])/*根据姓名查找成绩*/
        {   int i,j;
            for(i=0;i<N;i++)
              if(strcmp(nam,name[i])==0)
                {puts(name[i]);
                 for(j=0;j<M;j++)
                    printf("%5d",a[i][j]);
                 printf(" \n");
                 break;
                 }
            if(i==N) printf("查无此人 \n");
        }
        void sort(int b[],int n)/*按成绩排序的同时交换相应的姓名*/
        {   int i,j, t;
            char s[30];
            for (i=0;i<n-1;i++)
              for (j=0;j<n-1-i;j++)
                if (b[j]<b[j+1])
                   { t=b[j];strcpy(s,name[j]);
                     b[j]=b[j+1]; strcpy(name[j],name[j+1]);
                     b[j+1]=t; strcpy(name[j+1],s);
                     }
        }
        void px(int j)/*按第j科成绩排序*/
        {   int i,b[N];
            for(i=0;i<N;i++)
              b[i]=a[i][j];
            sort(b,N);
            printf(" \n");
            for(i=0;i<N;i++)
              printf("%20s%6d \n",name[i],b[i]);
}
void p()
{   int i,j,b[N];
    for(i=0;i<N;i++)
      {  b[i]=0;
         for(j=0;j<M;j++)
```

```
                    b[i] += a[i][j];
         }
    sort(b,N);
    printf(" \n");
        for(i = 0;i < N;i ++ )
            printf("%20s%6d \n",name[i],b[i]);
}
        void calc()/ * 按不同的选择进行排序 * /
        {   int i;
            int choos;
            printf(" --------------- 选择排序内容 --------------- \n");
            printf(" ----------------------------------- \n");
            printf(" 1: 单科排序 \n");
            printf(" 2: 按总分排序 \n");
            printf(" 0: 退出 \n");
            printf(" 请选择 0 - 2 \n");
            printf(" ----------------------------------- \n");
            scanf("%d",&choos);
            switch(choos)
                {
                    case 1: printf("输入按第几科排序的数字"); scanf("%d",&i);px(i);break;
                    case 2: p();break;
                    case 0: exit(0);
                }
        }
        void print()/ * 输出全部成绩 * /
        {   int i,j;
            for(i = 0;i < N;i ++ )
                {   for (j = 0;j < M;j ++ )
                    printf("%4d",a[i][j]);
                    printf(" \n");
                }
        }
        void edt()
        {/ * 可以编写成绩管理的程序,这里略 * /}
        void main()
        {   int sel;
            int a[N];
            char s[30];
            do
                {
                    printf(" ------- 学生成绩管理系统 ------- \n");
                    printf(" ----------------------------------- \n");
```

```c
            printf("1: 成绩录入 \n");
            printf("2: 成绩查询 \n");
            printf("3: 成绩排序 \n");
            printf("4: 成绩管理 \n");
            printf("5: 成绩输出 \n");
            printf("0: 退出 \n");
            printf(" 请选择 0-5 \n");
            printf("---------------------------------- \n");
            scanf("%d",&sel);getchar();
            switch(sel)
              {
                case 1: in();break;
                case 2: printf("shuruxingming \n");gets(s);query(s);break;
                case 3: calc();break;
                case 4: edt();break;
                case 5: print();break;
                case 0: exit(0);
              }
          }while(1);
        }
```

【说明】程序较长,运行结果会有很长,所以这里略去运行结果。读者可以参照本程序和前面的例题,运行以下本程序并分析一下程序的运行结果,并考虑一下从哪些方面可以完善一下本程序的功能,使其有更广泛的适用性。程序的功能仍然比较有限,姓名和成绩分别存放在数组中,处理起来不太方便,等学了结构体类型之后,会有较好的解决办法。

6.6 变量的存储类别

前面的程序中,几乎每个程序中都用到了变量,提起变量最先想到的是变量名,变量必须先定义后使用,定义变量的时候要规定变量的名字和数据类型,变量的类型决定了变量的取值范围和施加的运算种类,除此之外,还需考虑变量的作用范围和变量的生存期,变量的作用范围即变量在哪个范围内可以被使用,变量的生存期是指变量在何时可用何时不可用。

6.6.1 变量的作用域与生存期

1.局部变量与全局变量

在 C 语言中,定义在函数内部的变量都是局部变量,在主函数内定义的变量也是局部变量,也可以在一个复合语句(即一对花括号{}括起的语句块)内定义局部变量,只有在函数外部定义的变量可称为全局变量。一般来说,变量在什么范围内定义,就在什么范围内有效,并且变量的作用域为从定义点开始到这个范围的结束。

当局部变量和全局变量同名时,局部变量有效,即局部变量屏蔽全局变量。

2.动态变量和静态变量

程序在运行时,在内存中分成代码区和数据区两大部分,而数据区又分静态存储区、动态存储区和自动存储区等三部分。

程序中函数内部定义变量时不加任何说明的变量在执行函数时才为其在自动存储区分配存储单元,函数调用结束后,分配的存储单元被释放,下次调用时再重新分配存储单元。定义时不加任何说明的变量都是属于自动存储的,这类变量定义之后未经赋值时,其值是不确定的。

静态存储区是在程序编译期间分配的存储区,在静态存储区分配存储空间的变量在整个程序执行期间一直占据固定的存储单元,在程序结束后存储单元才被释放。静态存储区的变量定义时会自动初始化为 0。全局变量是静态存储的,另外,定义局部变量时前面加 static 表示是静态存储的。

动态存储区是可以由程序控制分配和管理的区域,在第 9 章会介绍申请内存和释放内存空间的函数。

6.6.2 变量的存储类别

在 C 语言中,具体的存储类别有自动(auto)、寄存器(register)、静态(static)及外部(extern)四种。静态存储类别与外部存储类别变量存放在静态存储区,自动存储类别变量存放在动态存储区,寄存器存储类别直接送寄存器。

1. 自动存储类型(auto)

在函数内部用标识符 auto 声明(auto 通常省略)。函数内部定义的变量属于局部自动变量。

2. 寄存器存储类型(register)

register 的作用是声明寄存器存储自动变量,通常将使用频率较高的变量定义为寄存器变量,如循环变量。

C 语言标准没有对寄存器类型作硬性统一规定,系统如果因条件所限不能满足程序的寄存器个数要求时,系统会自动处理成自动类型变量。

3. 静态存储类型(static)

(1) 静态局部类型。在函数内部使用 static 声明,也称静态局部变量。

此类变量定义之后自动初始化为 0,函数调用结束后,其所占的存储单元不被释放,因此可以保留函数调用之后的值,下一次再调用这个函数时,可以继续使用此类变量的值。

【例 6.16】 读程序写结果。

```
/* e6-16.c */
#include "stdio.h"
float fac(int n)
{   static float f = 1;
    f = f * n;
    return(f);
}
void main( )
{   int i;
    for(i = 1;i <= 5;i++)
    printf("%d! = %5.1f \n", i,fac(i));
```

}

运行结果：

1! = 1.0
2! = 2.0
3! = 6.0
4! = 24.0
5! = 120.0

【说明】
① 局部静态变量在静态存储区内分配存储单元,程序整个运行期间不释放；
② 局部静态变量编译时赋初值一次,以后每次调用不再重新赋初值,而是保留上次函数调用结束时的值；
③ 局部静态变量定义时不赋初值,编译时自动赋初值 0；
④ 局部静态变量不能被其他函数引用。

(2)静态全局类型。在函数外部使用 static 声明的变量,也称静态外部变量或静态全局变量。全局变量前加 static 的作用不是规定其存储在静态存储区,因为全局变量本来就是存在静态存储区的,而是规定静态全局变量不可以被其他文件中的函数调用,即限制它的作用域只在本文件内。

C 程序可以存储在多个文件中,对多文件程序的编译和链接多数的编译环境都提供了项目管理(project)功能来完成。

4. 外部存储类型(extern)

在函数外部定义,也称外部变量。

【例 6.17】 外部变量的使用。

分别有 f1.c,f2.c,e6-16.prj 三个文件。

```
/* f1.c 的内容 */
# include "stdio.h"
int a = 1,b = 2;        /* 定义 a,b 为全局变量并初始化 */
int x,y;                /* 定义 x,y 为全局变量,x,y 的值自动为 0 */
void main()
{   int a,b,c;          /* 定义 a,b,c 为局部自动变量,未赋值时,值是不确定的 */
    a = 2; b = 3;       /* 给局部变量 a,b 赋值,当全局变量和局部变量重名时,局部变量屏蔽全局变量 */
    c = f2(a,b);        /* 调用 f2.c 文件中的函数 f2,实参的值为 2 和 3。 */
    printf("a = %d,b = %d,c = %d \n",a,b,c);/* 输出局部变量 a,b,c 的值。 */
    printf("x = %d,y = %d \n",x,y);         /* 输出全局变量 x,y 的值 */
}
/* f2.c 的内容 */
extern int a,b;         /* 声明 a,b 为外部变量,通知编译系统到其他文件中去找这个变量的定义。 */
int f2(int s,int t)
{   return (a+b+s+t);   /* a,b 是全局变量,a = 1,b = 2。 */
```

}

在 tc 环境下使用 Project 菜单,建立如下内容的项目文件:
/* e6-17.prj */
f1.c
f2.c

运行结果:
a=2,b=3,c=8
x=0,y=0

【说明】
(1) f1.c 文件中,定义了 4 个全局变量,其中 x,y 没有赋值,则其值自动为 0。
(2) f1.c 文件中,main 函数内定义了 a,b,c 三个局部自动变量,当局部变量和全局变量重名时,在局部变量有效的范围内是局部变量起作用,即 f(a,b)中的实参 a=2,b=3。
(3) f2.c 文件中,f2 函数的两个形参被传递的值分别为 s=2 和 t=3,而这里的 a,b 使用外部变量的值,即 a=1,b=2,所以,返回的函数值为 8(1+2+2+3=8)。
(4) 当一个程序由多个文件组成时,除使用项目管理(project)外,也可以使用文件包含(#include)命令将其他文件包含在一个文件中。
(5) 全局变量增加了函数间数据传递的通道,通过使用全局变量可以从函数的调用中得到多个变化的值。

【例 6.18】 用函数求一个班级 10 个学生的最高分、最低分和平均分。
【分析】已知:10 个学生的成绩,用一维数组表示。
求:最高分、最低分和平均分 3 个值,从函数带回多个值的解决办法之一是将一个包含 3 个元素的数组定义为形参,用来传回值,数组中的元素要求是同一类型的;另一办法可以使用全局变量,函数用 return 语句只能返回一个值,可以让函数返回平均值,另外两个值定义两个全局变量表示,在函数中赋值,主调函数中可以使用这个值。

程序如下:

```
/* e6-18.c */
int imax,imin;
#include "stdio.h"
float aver(int s[],int n)
{ float ave=0;
  int i;
  imax=imin=ave=s[0];
  for(i=1;i<n;i++)
    {ave=ave+s[i];
     if(imax<s[i]) imax=s[i];
     if(imin>s[i]) imin=s[i];
    }
  ave=ave/n;
  return ave;
}
```

```
        void main()
        {   int i, a[10] = {66,78,98,67,81,76,92,56,88,78};
            float av;
            av = aver(a,10);
            printf("max = %d,min = %d,aver = %.2f \n",imax,imin,av);
        }
```

运行结果：
　　max = 98,min = 56,aver = 78.00

小　　结

1. 函数部分

本章重点的内容为函数的定义和调用,定义函数之前首先分析完成函数的功能所必需的已知条件和函数求出的结果,这两项内容决定函数的首部如何定义。通常必须已知的内容要定义成形参,而有时待求的结果也要放在形参中。函数的返回值可以通过 return 语句带回,但如果想从函数中带回多个值时,可以使用数组名作函数参数,通过实参数组和形参数组的地址结合得到多个变化的值。另外也可以使用全局变量从函数的调用中得到多个变化的值。

函数的调用的一般形式是函数名(实参),实参和形参必须在个数、顺序、类型上一一对应,当函数的形参是简单变量时,对应的实参可以是常量、变量、数组元素及表达式;当函数的形参是数组名时,对应的实参可以是数组名,也可以是某数组元素的地址。

如果函数的返回值不是整型的且定义在主调函数之后,那么在主调函数中需要声明被调函数的类型,不然,编译时会出现重复定义类型不匹配的错误。

如果在定义函数时,就调用了函数,即自己调用了自己,这就是递归函数。定义递归函数时,一定要保证有递归终止的条件。

2. 变量的存储类别

(1) 按作用域分为局部变量和全局变量存储类别：

局部变量 ⎧ 动态局部变量(离开函数,值就消失)
        ⎪ 静态局部变量(离开函数,值仍保留)
        ⎨ 寄存器变量(离开函数,值就消失)
        ⎩ (形式参数可以定义为自动变量或寄存器变量)

全局变量 ⎧ 静态外部变量(只限本文件引用)
        ⎨ 外部变量(即非静态外部变量,允许其他文件引用)

(2) 按存在时间分为自动存储和静态存储两种类型

静态存储是程序整个运行期间都存在;自动存储则是在调用函数时临时分配单元。

自动存储 ⎧ 自动变量(本函数内有效)
        ⎨ 寄存器变量(本函数内有效)
        ⎩ 形式参数

静态存储 ⎧ 静态局部变量(函数内有效)
        ⎨ 静态外部变量(本文件内有效)
        ⎩ 外部变量(其他文件可引用)

(3) 关于作用域和生存期的概念
①自动变量和寄存器变量的作用域和存在性一致,离开函数后,值不存在,不能被引用。
②静态外部变量和外部变量的作用域和存在性也一致,离开函数后,变量值仍存在,可被引用。
③静态局部变量的作用域和存在性不一致,离开函数后,变量值存在,但不能被引用。
(4) static 对局部变量和全局变量的作用不同
①对局部变量:使动态存储方式改变为静态存储;
②对全局变量:使变量局部化,但仍为静态存储;
③凡有 static 说明的,其作用域都是局限的。

习 题

1.选择题
(1) 数组名作为函数参数传递给函数,作为实在参数的数组名被处理为_____。
   A.该数组的长度   B.该数组的元素个数
   C.该数组中各元素的   D.该数组的首地址
(2) C 语言规定,调用函数时实参变量和形参变量之间的数据传递是 。
   A.地址传递   B.值传递
   C.由实参和形参双向传递   D.由用户指定传递方式

2.读程序,写出运行结果。
(1)
```
# include "stdio.h"
void main()
{  int k=4,m=1,p;
   p=func(k,m);
   printf("%d,",p);
   p=func(k,m);
   printf("%d \n",p);
}
func(int a,int b)
{  static int m,i=2;
   i+=m+1;
   m=i+a+b;
   return(m);
}
```
(2)
```
# include "stdio.h"
static int a=5;
void main()
{  printf("a=%d \n",a);
   p1();
```

         p2( );
    }
(3)
         #include "stdio.h"
         void main()
         { char str[] = "abcdef"; abc(str);
    printf("str[] = %s \n",str);
         }
         abc(str)
         char str[];
         { int a,b;
            for (a = b = 0;str[a]! = '\0';a++)
              if (str[a]! = 'c')
                str[b++] = str[a];
            str[b] = '\0';
         }
(4)
         #include "stdio.h"
         void main()
         { int i;
            for(i = 1;i <= 3;i++)
            { prt2();
              printf(" \n \n");
            }
         }
         prt1()
         { printf(" * * * * * * \n");}
         prt2()
         { prt1();
            printf("# # # # # # \n");
            prt1();
         }

3. 程序填空。编写一个函数，求出一个给定数字的所有因子。如 $72 = 2*2*2*3*3$。
         #include <stdio.h>
         void prinzi(js,yz)
         int js,yz[100];
            {
              int i,j,k;
              yz[0] = 1;
              j = 0;
              for (i = 2; __(1)__ ;i++)
              {
                while(__(2)__)

```
        {  (3)   ;yz[j] = i;js = js/i;}
    }
    if (js! = 1)
        {j ++ ;yz[j] = js;}
    yz[99] = j;
}
void main()
{   int i,js,yz[100];
    scanf("%d",&js);
    printf("%d%c",js,' = ');
    prinzi(js,yz);
    for (i = 0;   (4)   ;i ++ )
        printf("%d%c",yz[i],' * ');
    printf("%d",yz[yz[99]]);
}
```

4. 用随机函数产生5组三位正整数,每组10个数,调用一函数打印出每组数,并编一函数求出每组中的最大数。

5. 编写一个函数,将一个十进制数转换成十六进制数,结果放在一个字符数组中。

6. 编一个计算n个数之积的递归函数,在主程序中读入具有5个元素的整型数组,然后调用该函数,求出数组元素之积。

7. 编一个程序,读入具有5个元素的实型数组,然后调用一个函数,递归地找出其中的最大元素,并指出它的位置。

第7章 编译预处理

本章重点
(1)带参宏定义的使用方法。
(2)文件包含的使用方法。

编译预处理是在编译前对源程序进行的一些预加工。所谓预处理是指在进行编译的第一遍扫描之前所做的工作。预处理是 C 语言的一个重要功能,它由编译系统中的预处理程序按源程序中的预处理命令进行。

C 语言的预处理命令均以"#"开头,末尾不加分号,以区别于 C 语句。在此之前我们常用的由 # include、# define 开始的程序行就是编译预处理命令行。

C 语言提供了多种预处理功能,如宏定义、文件包含、条件编译等。合理地使用预处理功能编写的程序便于阅读、修改、移植和调试,也有利于模块化程序设计。本章介绍常用的几种预处理功能。

7.1 宏定义

在 C 语言源程序中允许用一个标识符来表示一个字符串,称为"宏"。被定义为"宏"的标识符称为"宏名"。在编译预处理时,对程序中所有出现的"宏名",都用宏定义中的字符串去代换,这称为"宏替换"或"宏展开"。

宏定义是由源程序中的宏定义命令完成的。宏替换是由预处理程序自动完成的。在 C 语言中,"宏"分为无参数和有参数两种。下面分别讨论这两种"宏"的定义和调用。

7.1.1 无参宏定义

无参宏定义的宏名后不带参数。其定义的一般形式为:

  # define 标识符 字符串

作用:用一个指定的标识符代表一个字符串。如:

  # define PI 3.1415926

其中的"#"表示这是一条预处理命令。"define"为宏定义命令。"标识符"为所定义的宏名。"字符串"可以是常数、表达式、格式串等。在前面介绍过的符号常量的定义就是一种无参宏定义。

【例 7.1】 输入圆半径求圆的周长、面积和体积。
程序如下:

```
/* e7-1.c */
# define PI 3.1415926
# define PR printf
# include "stdio.h"
void main( )
{   float r,l,s,v;
    scanf("%f",&r);
    l = 2 * PI * r;
    s = PI * r * r;
    v = 4.0/3 * PI * r * r * r;
    PR("%f,%f,%f \n",l,s,v);
}
```

运行结果：
3↵
18.849556,28.274334,63.617249

【说明】

(1) 宏名一般习惯用大写，以与变量名相区别，但也可用小写；

(2) 宏替换只是简单的字符串替换，不作语法检查，可以层层替换；

(3) 宏定义不是 C 语句，末尾不能加";"，否则连";"一起替换；

(4) 宏定义必须写在函数之外，其作用域为宏定义命令起到源程序结束，如要终止其作用域可使用"# undef 宏名"进行终止；

(5) 宏名在源程序中若用引号括起来，则预处理程序不对其作宏代换；

(6) 宏定义允许嵌套，在宏定义的字符串中可以使用已经定义的宏名，在宏展开时由预处理程序层层替换。

【例 7.2】 用宏定义求圆的周长与面积。

程序如下：

```
/* e7-2.c */
# define R 5
# define PI 3.1415926
# define L 2 * PI * R
# define S PI * R * R
# define PR printf
# include "stdio.h"
void main( )
{   PR("L = %f,S = %f \n",L,S);
}
```

运行结果：
L = 31.415926,S = 78.539185

7.1.2 带参宏定义

C 语言允许宏带有参数。在宏定义中的参数称为形式参数，在宏调用中的参数称为实际参数。对带参数的宏,在调用中,不仅要宏展开,而且要用实参去代换形参。

带参宏定义的一般形式为:

 # define 宏名(形参表) 字符串

带参宏调用的一般形式为:

宏名(实参表)

【例 7.3】 带参宏举例。

程序如下:

```
/* e7-3.c */
# define SQ(y) y*y
# include "stdio.h"
void main()
{  int x,sq;
   scanf("%d",&x);
   sq = SQ(x);
   printf("sq = %d \n",sq);
}
```

运行结果:

　　3↵

　　sq = 9

【说明】

(1)带参宏定义中,宏名和形参表之间不能有空格出现,各形参之间用逗号隔开。

(2)在带参宏定义中,形参不分配内存单元,因此不必作类型定义。而宏调用中的实参有具体的值。要用它们去替换形参,因此必须作类型说明。

(3)在宏定义中,字符串内的形参和整个表达式通常要用括号括起来以避免出现二义性;如此例中若实参是表达式时,在定义时应为形参加一括号,否则有时会出现二义性。如:SQ(x+5)宏展开为:x+5*x+5,则运行结果变为:sq = 23,不是 sq = 64,这就是宏展开的特点。

(4)宏展开只是简单的参数替换,不能人为地加括号。

(5)带参数的宏定义与函数的区别:

① 函数调用时先求实参的值,再传递给形参,而宏定义只是简单的实参替换形参;

② 函数调用时分配临时内存单元,而预处理在编译时处理,不占内存单元;

③ 函数要求形参和实参类型一致,宏定义不存在类型的概念。

7.2　文件包含

所谓文件包含是指一个文件可以将另一个文件的全部内容包含进来。C 语言用 # include 命令行来实现文件包含的功能。命令格式为:

　　# include "文件名"

或

　　# include <文件名>

在前面我们已多次用此命令包含过库函数的头文件。例如：

\# include "stdio.h"

\# include "math.h"

【说明】

(1) # include 命令行通常书写在所用文件的开头,有时也把包含文件称作"头文件"。

(2) 一个 include 命令只能指定一个被包含文件,若有多个文件要包含,则需用多个 include 命令。

(3) 包含可用 < > 或" "把文件名括起来,区别如下:使用尖括号表示在包含文件目录中去查找(包含目录是由用户在设置环境时设置的),而不在源文件目录去查找;使用双引号则表示首先在当前的源文件目录中查找,若未找到才到包含目录中去查找。

(4) 文件包含允许嵌套,即在一个被包含的文件中又可以包含另一个文件。

小 结

本章主要介绍了几种编译预处理的功能,介绍了宏定义及文件包含的使用方法。

(1) 宏定义分为无参数的宏定义和带参的宏定义。无参数的宏定义主要可以实现定义一个符号常量的作用;宏定义也可以带有参数,对带参数的宏,在调用中,不仅要宏展开,而且要用实参去代换形参,要注意带参数宏展开的方法。

(2) 文件包含是将一个文件的内容包含在另外一个文件中,使用 # include 命令。这是我们在程序设计时经常用到的一个编译预处理命令。

习 题

1. 选择题

(1) 已知下面的程序段,正确的判断是_____。

```
# define A 3
# define B(a) ((A+1)*a)
    ⋮
x = 3 * (A + B(7));
```

  A. 程序错误,不允许嵌套定义　　　　　　　　B. x = 93

  C. x = 21　　　　　　　　　　　　　　　　　D. 程序错误,宏定义不允许有参数

2. 读程序,写出运行结果

(1)
```
# define mac1(a) a * a
# define mac2(b) (b) * (b)
# include "stdio.h"
void main()
{   int c,d;
    c = mac1(2 + 3);
    printf("mac1:%d \n",c);
```

```
            d = mac2(2 + 3);
            printf("mac2:%d \n",d);
        }
```

(2)
```
        # define TOLOWER(ch) ((ch) >= 'A'&&(ch) <= 'Z')? (ch) + 'a' - 'A':(ch)
        # include "stdio.h"
        void main()
        {   char ch;
            printf("please enter string, CTRL + Z abort");
            do
            {   ch = getchar();
                ch = TOLOWER(ch);
                printf("%c",ch);
            }while(ch! = EOF);
        }
```

输入数据是:ABCDEFG^Z

(注:EOF 是符号常量,代表 –1,输入数据中的^Z 在输入时要同时按 Ctrl 和字母 Z 两个键,则该两个键代表 –1。)

3.定义一个宏,交换两个参数的值。

第8章 指针

本章重点
(1) 指针和指针变量的概念,指针变量的特点。
(2) 指针变量的使用方法。
(3) 指针作函数参数的使用方法。
(4) 指针和数组的关系,如何用指针处理数组。
(5) 用指针处理字符串的方法。

8.1 变量、地址与指针概述

指针是 C 语言中广泛使用的一种数据类型,运用指针编程是 C 语言最主要的风格之一。利用指针变量可以表示各种数据结构;能很方便地使用数组和字符串;并能像汇编语言一样处理内存地址,从而编出精练而高效的程序。指针极大地丰富了 C 语言的功能。学习指针是学习 C 语言中最重要的一环,能否正确理解和使用指针是我们是否掌握 C 语言的一个标志。在学习中除了要正确理解基本概念外,还必须要多编程,上机调试。

在前面介绍变量时曾提到:一个变量实质上是代表了"内存中的某个存储单元"。计算机的内存是以字节为单位的连续存储空间,每一个字节都有一个唯一的编号,这个编号就称为内存地址。就像宾馆的每个房间都有一个房间号一样,没有房间号,宾馆的工作人员就无法进行有效管理;同理,没有内存字节的编号,系统就无法对内存进行管理。因为内存的存储空间是连续的,内存中的地址号也是连续的,并且用二进制数表示,为了表示方便,我们这里用十进制数进行描述。

在计算机中,所有的数据都是存放在存储器中的。若在程序中定义了一个变量,C 编译系统就会根据定义变量的类型,为其分配一定字节的内存空间(如:int 占 2 个字节、char 占 1 个字节、float 占 4 个字节、double 占 8 个字节等等),此时,这个变量的内存地址也就确定了。例如,若有定义:

    int x,y;
    float z;

这时系统为 x 和 y 各分配 2 个连续字节的内存单元,为 z 分配 4 个连续字节的内存单元,如图 8.1 所示,图中的内存地址号只是示意的字节地址。每个变量的地址是指该变量所占存储单元的第一个字节的地址。这里我们称 x 的地址为 2000,y 的地址为 2020,z 的地址为 2100。

通常,我们在程序中只需要指出变量名,无需知道每个变量的具体地址,每个变量与具体地址的联系由 C 编译系统自动来完成。程序中对变量进行存取操作,实际上就是对某个地址的存储单元进行操作。我们把这种直接按变量的名字存取变量值的方式称为"直接存取"方式。但这种访问方式有一定的局限性,如函数不能改变实参的值。

图 8.1 变量所占内存单元

【例 8.1】 交换两变量值的函数举例。

程序如下:

```c
/* e8-1.c */
#include "stdio.h"
void main()
{   int a=2,b=5;
    if(a<b) swap(a,b);
    printf("a=%d,b=%d\n",a,b);
}
int swap(int x,int y)
{   int t;
    t=x;x=y;y=t;
}
```

运行结果:

　　a=2,b=5

可见形参 x、y 的交换并没有改变实参 a 和 b 的值,这是因为函数的参数传递是单向值传递。为解决上述问题,可以使用另一种访问内存的方式——"间接存取"。

在 C 语言中,可以定义一种特殊的变量,这种变量专门用来存放其他变量的地址。如图 8.2 所示,假设我们定义了一个这样的变量 p,它有自己的地址 3000,若将变量 x 的内存地址 2000 存放到变量 p 中,这时要访问变量 x 所代表的存储单元,可以先找到变量 p 的地址 3000,从中取出 x 的地址 2000,然后再去访问以 2000 为首地址的存储单元。这种通过变量 p 间接得到变量 x 的地址,然后再存取变量 x 的值的方式称为"间接存取"方式。

图 8.2 指针所占内存单元　　　　图 8.3 指针变量

专门存放地址的变量称为指针变量。因此,一个指针变量的值就是某个内存单元的地址。如图 8.3,指针变量 p 指向了变量 x,变量 x 是变量 p 所指向的对象。变量的地址也称为变量的指针,是一个常量;而指针变量是指可以存放地址或指针的变量,但通常把指针变量简称为指针。为了避免混淆,我们书中约定:"指针"是指地址,是常量,"指针变量"是指取值为地址的变量。定义指针的目的是为了通过指针去访问内存单元。既然指针变量的值是一个地址,那么这个地址可以是各种类型变量的地址,包括整型、实型、字符型变量的地址及数组或函数的地址,也可以是其他数据结构的地址。因此,引入指针之后可以极大地丰富程序的功能。

8.2 指针变量

8.2.1 指针变量的声明

与其他变量一样,指针变量在使用前必须先定义,对指针变量的定义包括三个内容:
(1)指针类型说明,即定义变量为一个指针变量;
(2)指针变量名;
(3)变量值(指针)所指向的变量的数据类型。
定义指针变量的一般形式为:
   类型标识符 *变量名;
其中,"*"表示这是一个指针变量,变量名即为定义的指针变量名。
【注意】变量名中不包括"*";类型标识符表示该指针变量所指向的变量的数据类型。
例如:int * p1;
表示 p1 是一个指向整型变量的指针变量。
再如:
   staic int * p2;   /*定义 p2 是指向静态整型变量的指针变量*/
   float * p3;   /*定义 p3 是指向浮点型变量的指针变量*/
   char * p4;   /*定义 p4 是指向字符变量的指针变量*/
【注意】一个指针变量只能指向同一类型的变量。

8.2.2 指针变量的使用

在定义一个指针变量之后,可以对该指针变量进行各种操作,例如给一个指针变量赋予一个地址值、输出一个指针变量的值、访问指针变量所指向的变量等等。这些操作需要利用与指针有关的两个运算符:

& 运算符:取地址运算符,& 是单目运算符,其结合性为自右至左,其功能是取变量的地址。如:&a 的值为变量 a 的地址。

* 运算符:称为指针运算符,或指向运算符,也称为间接运算符,* 是单目运算符,其结合性为自右至左,若 p 为指针变量,则 *p 代表 p 所指向的变量。

【注意】指针运算符"*"和指针变量说明中的指针说明符"*"意义不同。在指针变量的定义中,"*"表示其后的变量是指针类型。而表达式中出现的"*"则是一个运算符用以表示指针变量所指向地址中的内容,即指针所指向的变量的值。

1.指针变量的赋值

未经赋值的指针变量没有确定的值,不能随便使用,否则将造成系统混乱,甚至死机。指针变量的赋值只能赋予地址。

(1)通过地址运算符获得地址值。设有指向整型变量的指针变量 p,如要把整型变量 a 的

地址赋予 p 可以用以下方式:

```
int a;
int * p = &a;         /* 指针变量初始化的方法 */
```

或者:

```
int a, * p;
p = &a;               /* 赋值语句的方法 */
```

(2)通过指针变量获得地址值。可以通过赋值运算,将一个指针变量中的地址值赋给另一个指针变量,从而使这两个指针变量指向同一地址。

例如:

```
int a = 3, * p, * q;
p = &a;
q = p;
```

通过赋值语句 q = p,使指针变量 q 也存放了变量 a 的地址,此时指针变量 p 和 q 同时指向了变量 a。

(3)通过标准库函数获得地址值。C 语言中可以通过调用标准的库函数 malloc 和 calloc 在内存中开辟动态存储单元,可以把所开辟的动态存储单元的地址赋给指针变量。有关这方面的内容在第 9 章会详细介绍。

2.指针变量的使用

设有以下定义和语句:

```
int a = 5, b;         /* 定义两个整型变量 a 和 b,同时给变量 a 赋初值 5 */
int * p, * q;         /* 定义两个指向整型变量的指针变量 p 和 q */
p = &a;               /* 将变量 a 的地址赋给指针变量 p */
q = &b;               /* 将变量 b 的地址赋给指针变量 q */
scanf("%d", q);       /* 向 q 所指向的整型变量(即 b)输入一个整型值 */
printf("%4d", * p);   /* 将指针变量 p 所指向的变量(即 a)的值输出 */
```

【注意】一旦指针变量 p 和 a 通过 p = &a 建立联系后,就有 * p <=> a,即程序中凡是出现 a 的地方都可以换成 * p。例如:

```
printf("%4d", * p);
printf("%4d", a);
```

运行时都输出 a 的值 5。

【例 8.2】 通过指针变量访问整型变量。

程序如下:

```
/* e8-2.c */
# include "stdio.h"
void main()
{   int a, b, * p1, * p2;
    a = 8; b = 6;
    p1 = &a; p2 = &b;
    printf("%4d%4d \n", a, b);
    printf("%4d%4d \n", * p1, * p2);
}
```

运行结果：
    8 6
    8 6

【说明】

(1)在开头处虽然定义了两个指针变量 p1 和 p2，但它们并未指向任何一个整型变量。程序第 5 行的作用就是使 p1 指向 a，p2 指向 b，如图 8.4 所示。

(2)最后一行的 * p1 和 * p2 就是变量 a 和 b。最后两个 printf 函数的作用是相同的。

(3)程序中有两处出现 * p1 和 * p2，请注意区分它们的不同含义。

【例 8.3】 输入 a、b，按从小到大的顺序输出。

程序如下：

```
/* e8-3.c */
# include "stdio.h"
void main()
{ int a,b, * p = &a, * q = &b, * t;
  scanf("%d,%d",p,q);
  if(a<b) {t=p;p=q;q=t;}
  printf("a = %d,b = %d \n",a,b);
  printf("max = %d,min = %d \n", * p, * q);
}
```

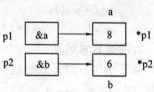

图 8.4 指针变量的指向

运行结果：
    1,16↵
    a = 1,b = 16
    max = 16,min = 1

8.2.3 指针运算

指针变量可以进行某些运算，但其运算的种类是有限的。它只能进行赋值运算和部分算术运算及关系运算。

1.赋值运算

前面已经介绍了几种赋值运算的方法，这里不再重复，我们还可以用其他方法对指针变量进行赋值。

(1)把数组的首地址赋予指针变量。

例如：

    int a[5], * pa;
    pa = a;   /* 数组名表示数组的首地址，故可赋予指针变量 pa */

也可写为：

    pa = &a[0];   /* 数组第一个元素的地址也是整个数组的首地址，也可赋予 pa */

当然也可采取初始化赋值的方法：

    int a[5], * pa = a;

(2)把字符串的首地址赋予指向字符类型的指针变量。

例如：

    char * pb;
    pb = "C Language";

或用初始化赋值的方法写为：

    char * pb = "C Language";

这里应说明的是并不是把整个字符串装入指针变量，而是把该字符串的首地址赋予指针变量。

(3)把函数的入口地址赋予指向函数的指针变量。

例如：

    int (* pc)();
    pc = f;   /* f 为函数名 */

2. 加减算术运算

对于指向数组元素的指针变量，可以加上或减去一个整数 n。设 pa 是指向数组 a 的指针变量，则 pa + n、pa - n、pa ++ 、++ pa、pa --、-- pa 运算都是合法的。指针变量加或减一个整数 n 的意义是把指针指向的当前位置(指向某数组元素)向前或向后移动 n 个位置。应该注意，数组指针变量向前或向后移动一个位置和在地址值上加 1 或减 1 在概念上是不同的。因为数组可以有不同的类型，各种类型的数组元素所占的字节长度是不同的。如指针变量加 1，即向后移动 1 个位置表示指针变量指向下一个数据元素的首地址，而不是在原地址基础上加 1。

例如：

    int a[5], * pa;
    pa = a;   /* pa 指向数组 a，也是指向 a[0] */
    pa = pa + 1;   /* pa 指向 a[1]，即 pa 的值为 &pa[1] */

指针变量的减运算只能对指向数组的指针变量进行，只有指向同一数组内数组元素的两个指针变量之间才能进行减法运算，否则运算毫无意义。两指针变量相减所得之差是两个指针所指数组元素之间相差的元素个数。实际上是两个指针值(地址)相减之差再除以该数组元素的长度(字节数)。

3. 两指针变量进行关系运算

指向同一数组的两指针变量进行关系运算可表示它们所指数组元素之间的位置关系。

例如：

    int * p1, * p2, a[10];
    p1 = p2 = a;

◆ 如果关系表达式 p1 == p2 为真，表示 p1 和 p2 指向同一数组元素；

◆ 如果关系表达式 p1 > p2 为真，表示 p1 处于高地址位置，即 p1 所指向的数组元素的下标大于 p2 所指向的数组元素的下标，也即 p1 所指向的数组元素在 p2 所指向的数组元素之后；

◆ 如果关系表达式 p1 < p2 为真，表示 p1 所指向的数组元素在 p2 所指向的数组元素之前。

指针变量还可以与 0 比较，设 p 为指针变量，则 p == 0 表明 p 是空指针，它不指向任何变量。p! = 0 表示 p 不是空指针，空指针是由对指针变量赋予 0 值而得到的。

例如：
```
# define NULL 0
int * p = NULL;
```
对指针变量赋0值和不赋值是不同的。指针变量未赋值时，其值是不确定的，是不能使用的，否则将造成意外错误。而指针变量赋0值后，则可以使用，只是它不指向具体的变量而已。

8.2.4 二级指针与多级指针

1. 二级指针

一个指针变量可以指向一个整型数据，或一个实型数据，或一个字符型数据，当然也可以指向一个指针型数据。因为一个指针变量既然可以指向另一个变量，那么被指向的变量可以是任一类型的。如果一个指针变量存放的又是另一个指针变量的地址，则称这个指针变量为指向指针的指针变量。

图8.5中的p2为指针变量，p1称为"指向指针型数据的指针变量"，简称指向指针的指针，也称为二级指针。定义一个"指向指针的指针"的方法如下：

  类型标识符 ** 指针变量名

例如：
```
int ** p1;
```
说明定义了一个指针变量p1，它指向另一个指针变量（其中该指针变量又指向一个整型变量），它是一个二级指针。如何使一个指针变量指向另一个指针变量呢？

【例8.4】 二级指针举例。

程序如下：
```
/* e8 - 4.c */
# include "stdio.h"
void main()
{   int ** p1, * p2, i = 8;
    p2 = &i;
    p1 = &p2;
    printf("%d,%d,%d \n",i, * p2, ** p1);
}
```

图8.5 二级指针

运行结果：
  8,8,8↵

【说明】 这里p2表示一级指针，p1表示二级指针，* p2和 ** p1的值就是变量i的值。在编译时，p1、p2和i变量都分配了确定的地址，把三个变量形成一个指向另一个的关系可以用将一个变量的地址赋给一个指针变量的方法实现。但要注意，虽然p1和p2都是指针变量，其值都是地址，但如果有以下赋值语句则是错误的：

  p1 = &i;

因为p1只能指向另一个指针变量，只能赋予一个指针变量的地址而不能赋予整型变量的地址，即二级指针与一级指针是两种不同数据类型的数据，不可以互相赋值，尽管它们的值都是地址。

2. 多级指针

用一级指针引用变量的值要用一个"*",用二级指针引用变量的值则用两个"*"。如例8.4中,要引用i的值,可以用*p2,也可以用**p1。**p1表示p1所指向的指针变量所指向的数据。

从理论上说,还可以有"多级指针",如图8.6所示。即p1,p2,…,pn均为指针变量,pn指向一个整型变量i,除了pn以外的指针变量都是指向指针的指针,但它们的类型是不同的,其中p1是一个n级整型指针,p2是一个n-1级指针,……,pn是一个一级整型指针。

图8.6 多级指针

【例8.5】 多级指针举例。

程序如下:

```
/* e8-5.c */
# include "stdio.h"
void main()
{  int ****p1,***p2,**p3,*p4,i=5;
   p4=&i;
   p3=&p4; p2=&p3; p1=&p2;
   printf("%d,%d \n",i,****p1);
}
```

运行结果:

5,5

多级指针使用起来容易出错,不提倡多用,一般用到二级指针就够了。

8.3 指针与函数

8.3.1 函数参数的传值与传地址

我们在函数的学习时已经清楚地知道,C语言调用函数时虚实结合的方法就是采用"值传递"方式,当用变量名作为函数参数时传递的是变量的值,接收的形参必须是同类型的变量;当用数组名作为函数参数时,由于数组名代表的是数组首元素的地址,因此传递的值是地址,所以要求形参为指针变量。在函数发生参数传递时,作为实参的变量,不仅可以是普通变量,还可以是变量的地址。如果是普通变量作为函数参数,传递的就是变量的值;如果是变量的地址作为函数参数,传递的就是该变量在内存中的地址。

【例8.6】 函数的地址传递举例:

程序如下:

```
/* e8-6.c */
# include "stdio.h"
```

```
int add(int * x,int * y)
{   int sum;
    sum = * x+ * y;
    return sum;
}
void main()
{   int a,b,s;
    scanf("%d%d",&a,&b);
    s = add(&a,&b);
    printf("%d+%d=%d \n",a,b,s);
}
```

运行结果：
3 5↵
3+5=8

【说明】

在此程序中,系统为a、b在内存中分配两个临时的各占两个字节的存储单元,主函数调用add函数时,系统为add函数的形参x和y开辟两个指向int类型的指针变量,并通过&a、&b把a和b的地址传送给它们,参数之间的关系如图8.7所示。这时,指针变量x指向变量a,指针变量y指向变量b,然后程序的流程转去执行add函数。

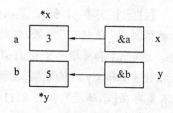

图8.7 参数之间的传递

在add函数中,语句sum=*x+*y;的含义是:分别取指针变量x和y所指向存储单元的内容,相加后存入变量sum中;实际上就是把主函数中a变量和b变量的值相加存入变量sum中了。所以,add返回的是主函数中变量a和变量b的和。

由此程序可见,实参可以传递变量的地址,通过传送地址值,可以在被调用函数中对主调函数中的变量进行引用。

8.3.2 指针作为函数参数

函数的参数不仅可以是整型、实型、字符型等数据,还可以是指针类型。它的作用是将一个变量的地址作为实参,传送到另一个函数中,而作为形参的变量一般用指针。

【例8.7】 同例8.1,交换两个变量的值,用指针类型的数据作函数参数处理。

程序如下：

```
/* e8-7.c */
# include "stdio.h"
void swap(int *x,int * y)
{   int t;
    t = *x;
    *x = *y;
    *y = t;
}
```

```
void main()
{   int a,b,*p1,*p2;
    a=2;b=5;
    p1=&a;p2=&b;
    if(a<b) swap(p1,p2);
    printf(" \n%d,%d \n",a,b);
}
```

运行结果：

5,2

【说明】在此程序中,swap 是用户定义的函数,它的作用是交换两个指针 x 和 y 所指向的地址中的内容。swap 函数的形参 x、y 是指针变量。程序运行时,先执行 main 函数,系统在内存中给变量 a、b、p1 和 p2 分配临时存储单元,将 a 赋值为 2,b 赋值为 5,然后将 a 和 b 的地址分别赋给指针变量 p1 和 p2,使 p1 指向 a,p2 指向 b,如图 8.8 所示。然后执行 if 语句,由于 a<b,因此执行 swap 函数。

【注意】实参 p1 和 p2 是指针变量,在函数调用时,将实参变量的值传递给形参变量。采取的依然是"值传递"方式,但传递的是地址值。因此虚实结合后形参 x 的值为 &a,y 的值为 &b。这时 p1 和 x 指向变量 a,p2 和 y 指向变量 b,如图 8.9 所示。接着程序执行 swap 函数的函数体使 * x 和 * y 的值互换,也就是使 a 和 b 的值互换,如图 8.10 所示。函数调用结束后,x 和 y 不复存在(已释放),如图 8.11 所示。最后在 main 函数中输出的 a 和 b 的值是已经交换后的值。

图 8.8 函数调用前的指针情况　　　　图 8.9 函数调用时的参数传递

图 8.10 函数调用后的指针情况　　　　图 8.11 函数调用结束后的指针情况

在例 8.7 中通过实参传送地址值,可以在被调用函数中对主调函数中的变量进行引用,这也就使得通过形参改变对应的实参的值有了可能,即通过传送地址值,在被调用函数中可以直接改变主调函数中的变量的值。利用此形式就可以把两个或两个以上的数据从被调用函数返回到主调函数,解决了被调函数通过 return 语句只能返回一个函数值的缺憾。

【例 8.8】 用函数实现求 10 个学生成绩的最高分、最低分和平均分。

程序如下：

```
/* e8-8.c */
# include "stdio.h"
float fun(int x[],int *p1,int *p2)
{  int i;
   float s = 0;
   for(i = 0;i < 10;i++)
      {s = s + x[i];
      if( *p1 < x[i])  *p1 = x[i];
      else if( *p2 > x[i])  *p2 = x[i];
      }
   return s/10;
}
void main()
{  int i,a[10],max,min;
   float ave;
   for(i = 0;i < 10;i++)
      {  scanf("%d",&a[i]);
         printf("%4d",a[i]);
      }
   max = min = a[0];
   ave = fun(a,&max,&min);
   printf(" \nave = %6.2f,max = %d,min = %d",ave,max,min);
}
```

运行结果：
  56 89 90 68 76 89 50 99 70 62↵
  56 89 90 68 76 89 50 99 70 62
  ave= 74.90,max=99,min=50

【说明】函数 fun 要得到 3 个返回值，而 return 语句只能带回一个，所以程序中用 &max 和 &min 作为实参，形参定义指针变量 p1 和 p2，用来接收实参值，在 fun 函数中用 *p1、*p2 分别表示 10 个学生成绩的最高分与最低分。由于 *p1 代表 max，*p2 代表 min，即 fun 函数求出的最高分和最低分就分别直接存放在 max 和 min 中，就不需要函数返回这两个值，fun 函数只需返回这 10 个学生的平均分即可。

8.3.3 指针作为函数返回值

前面我们介绍过，所谓函数类型是指函数返回值的类型。在 C 语言中一个函数的返回值不仅可以是简单的数据类型，还允许是一个指针(即地址)类型，这种返回指针值的函数称为指针型函数。

定义指针型函数的一般形式为：
  类型标识符 * 函数名(形参表)
  {
    函数体
  }

其中函数名之前加了"*"号表明这是一个指针型函数,即函数返回值是一个指针。类型标识符表示了返回的指针值所指向的数据类型。

【例 8.9】 输出两个数中的大者。

程序如下:

```
/* e8-9.c */
#include "stdio.h"
int * fun(int * x,int * y)
{ if (*x > *y) return x;
  else return y;
}
void main()
{ int a,b, *p, *p1, *p2;
  scanf("%d%d",&a,&b);
  p1 = &a; p2 = &b;
  p = fun(p1,p2);
  printf("a = %d,b = %d,max = %d \n",a,b,*p);
}
```

运行结果:

10 20↵
a = 10,b = 20,max = 20

【说明】本例中定义了一个指针型函数 fun,它的返回值是指向一个整型变量的指针(即整型变量的地址)。

8.3.4 指向函数的指针

在 C 语言中,一个函数总是占用一段连续的内存区,该函数所占内存区的首地址由函数名代表。我们可以把函数的这个首地址(或称入口地址)赋予一个指针变量,使该指针变量指向该函数。然后通过指针变量就可以找到并调用这个函数。我们把这种指向函数的指针变量称为"函数的指针变量"。

1. 指向函数的指针变量的定义

指向函数的指针变量定义的一般形式:

　　类型标识符 (*指针变量名)();

其中"类型标识符"表示被指函数的返回值的类型;"(*指针变量名)"表示"*"后面的变量是定义的指针变量。最后的空括号表示指针变量所指的是一个函数。

例如:

　　int (*pf)();

表示 pf 是一个指向函数的指针变量,该函数的返回值(函数值)是整型。

【例 8.10】 指向函数的指针的使用。

程序如下:

```
/* e8-10.c */
#include "stdio.h"
```

```
        int max(int a, int b)
        {
          if(a > b) return a;
          else return b;
        }
        void main()
        {  int max(int a, int b);
           int (*pmax)();              /*pmax 为指向函数的指针变量*/
           int x, y, z;
           pmax = max;                 /* 将 pmax 指向函数 max 的入口地址 */
           scanf("%d%d", &x, &y);
           z = (*pmax)(x, y);          /* 有 pmax = max 赋值之后,(*pmax)等价于 max */
           printf("max = %d", z);
        }
```

【说明】应该特别注意的是指向函数指针变量和指针型函数这两者在写法和意义上的区别。如 int(*p)()和 int *p()是两个完全不同的量。

int (*p)()按优先级首先执行(*p),即 p 是一个指针,后面的()说明 p 是一个指向函数的指针变量,该函数的返回值是整型,(*p)的两边的括号不能少。

int *p()则先执行 p()运算,即 p 是一个函数,前面的 * 说明 p 是一个指针型函数,其返回值是一个指向整型的指针。作为函数说明,在括号内最好写入形式参数,这样便于与变量说明区别。

对于指针型函数定义,int *p()只是函数头部分,还应该有函数体部分。

2. 函数名或指向函数的指针变量作为实参

函数名或指向函数的指针变量可以作为实参传送给函数。这时,对应的形参应当是指向函数的指针变量。

【例 8.11】 通过给 tanss 函数传递不同的函数名,求 tan(x)和 cot(x)的值。
程序如下:

```
    /* e8-11.c */
    # include "math.h"
    # include "stdio.h"
    double tanss(double (*f1)(double), double (*f2)(double), double x)
    {
       return (*f1)(x)/(*f2)(x);
    }
    void main()
    {  double x, y;
       x = 30 * 3.14159/180;
       y = tanss(sin, cos, x);
       printf("tan(30) = %10.6f \n", y);
       y = tanss(cos, sin, x);
       printf("cot(30) = %10.6f \n", y);
```

}

运行结果：
tan(30) = 0.577350
cot(30) = 1.732053

【说明】函数 tanss 有三个形参 f1、f2 和 x。其中 f1 和 f2 是两个指向函数的指针变量，它们所指函数的返回值必须是 double 类型，所指函数有一个 double 类型的形参。第三个形参 x 是 double 类型的简单变量。

程序运行时，x 的值是 30°的弧度，在第一次调用时，把库函数 sin 的地址传送给指针 f1，把库函数 cos 的地址传送给指针 f2，tanss 函数的返回值是 sin(x)/cos(x)；在第二次调用时，把库函数 cos 的地址传送给指针 f1，把库函数 sin 的地址传送给指针 f2，tanss 函数的返回值是 cos(x)/sin(x)。

8.4 指针与数组

在 C 语言中，数组和指针有着紧密的联系，凡是由数组下标完成的操作皆可用指针来实现。我们已经知道，要实现对数组的操作，就要能够定位数组元素，以前使用的方法是通过数组的下标实现数组元素的定位。但对于一个优秀和熟练的 C 程序员，使用更多的方法是利用指针来访问数组元素，因为使用指针处理数组既高效、又方便。

8.4.1 一维数组与指针

1. 定义指向一维数组元素的指针变量

一个数组是由连续的一块内存单元组成的。数组名就是这块连续内存单元的首地址。一个数组也是由各个数组元素组成的、每个数组元素按其类型不同占有几个连续的内存单元。一个数组元素的首地址也是指它所占有的内存单元的首地址。所谓数组的指针是指数组的起始地址，数组元素的指针是指数组元素的地址。

定义一个指向数组元素的指针变量的方法，与以前介绍的指针变量相同。
例如：

```
int a[10];      /* 定义 a 为包含 10 个整型数据的数组 */
int *p;         /* 定义 p 为指向整型变量的指针 */
p = &a[0];      /* 将数组 a 的第 0 个元素地址赋给指针变量 p */
```

【注意】因为数组为 int 型，所以指针变量也应为指向 int 型的指针变量。

应当把 a[0]元素的地址赋给指针变量 p，也就是说，p 指向 a 数组的第 0 个元素。

C 语言规定，数组名代表数组的首地址，也就是 a[0]的地址，因此 p = a；同样可以让 p 指向 a[0]。

在定义指针变量时可以赋给初值：

```
int a[10], *p = a;
```

经过上面的定义后，就可以使用指针 p 对数组进行访问了。例如，要表示 a[0]用 *p 就可以了。

当 p 初始化为数组的首地址后，根据指针加法运算规则，p + i 指向的就是数组的第 i 个元素 a[i]，即 p+i 等价于 &a[i]，*(p+i)等价于 a[i]。

从图 8.12 中我们可以看出：

p、a 和 &a[0]均指向同一单元，它们是数组 a 的首地址，也是 0 号元素 a[0]的地址。应该说明的是 p 是变量，而 a 和 &a[0]都是常量，在编程时应予以注意。

2. 通过指针引用数组元素

若有如下的定义：

  int a[10];

  int *p = a;

引入指针变量后，通过指针变量 p 引用数组元素方法如下：

(1)对第 i 个元素 a[i]，指向它的指针为 p+i，其数组元素表示为 *(p+i)。

(2)可以使用带下标的指针变量表示数组元素，如 p[i]与 a[i]等价，也与 *(p+i)等价。

另外，由于数组名 a 也是数组元素的首地址，因此，也可以用 a+i 指向第 i 个元素，该数组元素即可表示为 *(a+i)。

图 8.12 指针与数组

根据以上叙述，一维数组中的等价关系为：

(1)&a[i] <=> a+i <=> p+i；

(2)a[i] <=> *(a+i) <=> *(p+i) <=> p[i]。

【例 8.12】 用指针实现一维数组的输入与输出。

程序如下：

```
/* e8-12-1.c */
# include "stdio.h"
void main()
{   int a[10],i,*p = a;
    for(i = 0;i < 10;i++)
        scanf("%d",p+i);
    for(i = 0;i < 10;i++)
        printf("%3d", *p++);
}
```

运行结果：

  1 2 3 4 5 6 7 8 9 10↵

  1 2 3 4 5 6 7 8 9 10

【说明】在输入数据时，输入 a 数组的第 i 个值使用的地址形式是 p+i，同理可用 a+i 或 &a[i]，每执行一次，就为一个新的数组元素输入一个值，但是指针 p 的值在数据输入过程中，始终没有改变。在数据输出语句中，使用了 *p++ 的形式，运算时先取 p 的值参加运算，即取 *p，然后 p 再加 1，p 指向下一个元素。

程序 e8-12-2.c 同样可以实现例 8.12 的功能，请读者思考下列问题。

(1)第2个for语句之前的p=a;语句有什么作用?
(2)若省略第2个for语句之前的p=a;语句,会产生什么结果?

```
/* e8-12-2.c */
#include "stdio.h"
void main()
{   int a[10],i,*p=a;
    for(i=0;i<10;i++)
        scanf("%d",p++);
    p=a;
    for(i=0;i<10;i++)
        printf("%3d",*(p+i));
}
```

例8.12的程序也可编写成如下的形式:

```
/* e8-12-3.c */
#include "stdio.h"
void main()
{   int a[10],*p;
    for(p=a;p<a+10;p++)
        scanf("%d",p);
    for(p=a;p<a+10;p++)
        printf("%3d",*p);
}
```

由于指针变量可以进行赋值和其他运算,在这个程序中,直接使用指针变量作为for语句的循环控制变量,使程序变得更简洁。

当然,也可以使用数组名的形式对数组元素进行操作,程序如下:

```
/* e8-12-4.c */
#include "stdio.h"
void main()
{   int a[10],i;
    for(i=0;i<10;i++)
        scanf("%d",a+i);
    for(i=0;i<10;i++)
        printf("%3d",*(a+i));
}
```

尽管用指针和数组名都能够对数组元素进行访问,但是二者有很大的区别:指针是一个变量,可以进行赋值和其他运算;而数组名是数组的首地址,是一个常量,其值不能改变,请读者务必注意。

通过例8.12需要注意以下几个问题:

(1)指针变量可以实现本身的值的改变。如p++是合法的;而a++是错误的。因为a是数组名,它是数组的首地址,是常量。

(2)要注意指针变量的当前值。如程序e8-12-2.c。

(3) *p++，由于++和*同优先级，结合方向自右而左，等价于*(p++)。

(4) *(p++)与*(++p)作用不同。若p的初值为a，则*(p++)等价a[0]，*(++p)等价a[1]。

(5) (*p)++表示p所指向的元素值加1。

【例8.13】 用指针实现冒泡法对10个整数降序排序，其中排序数据随机产生。

程序如下：

```
/* e8-13.c */
#include "stdlib.h"
#include "stdio.h"
#define N 10
void main()
{   int a[N],i,j,t,*p;
    for(p=a;p<a+N;p++)
      { *p=random(101);
        printf("%5d",*p);
      }
    printf("\n");
    for(i=1;i<N;i++)
      for(p=a;p<a+N-i;p++)
        if(*p<*(p+1))
          {t=*p;
           *p=*(p+1);
           *(p+1)=t;
          }
    for(p=a;p<a+N;p++)
      printf("%5d",*p);
}
```

运行结果：
   43 29 74 80 41 47 21 52 21 18
   80 74 52 47 43 41 29 21 21 18

3. 指向一维数组的指针作为函数参数

一个数组是由连续的一块内存单元组成的。数组有首地址，每个元素也有自己的地址。所谓数组的指针是指数组的起始地址，数组元素的指针是数组元素的地址。

数组元素的指针作为函数参数，则接收实参的形参必须是同类型的指针变量，若数组的首地址作为函数参数，则接收实参的形参可以是同类型的指针变量也可以是同类型的数组。

【例8.14】 求含有10个元素的一维数组中的所有素数，判断素数用函数完成，并且每次只能判断一个数。

程序如下：

```
/* e8-14.c */
#include "stdio.h"
int fun(int *x)
```

```
    {   int i;
        if( * x < 2) return 0;
        for(i = 2;i <= * x/2;i ++ )
            if( * x%i == 0) return 0;
        return 1;
    }
    void main( )
    {   int a[10],i, *p = a;
        for(i = 0;i < 10;i ++ )
            scanf("%d",p + i);
        for(p = a;p < a + 10;p ++ )
            if(fun(p) == 1) printf("%5d", *p);
        printf(" \n");
    }
```

【说明】fun 函数用来判断形参 x 所指变量是否是素数,是素数函数返回值为 1,不是素数函数返回值为 0;主函数中,第二个 for 语句中发生了函数调用,每次将数组中的一个元素的地址作为实参传递给形参指针变量 x,并得到一个返回值与 1 进行比较,如果返回值为 1,则表示该实参所指向的变量为素数,否则不是素数。

【例 8.15】 将含有 10 个元素的一维数组中的所有元素逆序存放在该数组中,逆序用函数完成。

程序如下:

```
/ * e8 - 15.c * /
# include "stdio.h"
void fun(int * x,int n)
{   int i,t;
    for(i = 0;i < n/2;i ++ )
    {t = * (x + i);
     * (x + i) = * (x + n - i - 1);
     * (x + n - i - 1) = t;
    }
}
void main( )
{   int a[10],i;
    int *p = a;
    for(i = 0;i < 10;i ++ )
       {scanf("%d",p + i);
        printf("%5d", * (p + i));
       }
    printf(" \n");
    fun(p,10);
    for(p = a;p < a + 10;p ++ )
```

```
            printf("%5d", *p);
         printf(" \n");
     }
```

运行结果：
```
    1 2 3 4 5 6 7 8 9 10
    10 9 8 7 6 5 4 3 2 1
```

【说明】主函数中,语句 fun(p,10);发生函数调用,fun 的形参为指针类型,对应的实参为指向数组首地址的指针 p,同样也可以用数组名作为实参,即函数调用语句可以改为 fun(a,10);,函数 fun 的形参也可以改为数组名,函数体和函数调用不必作任何修改。

当用指针作形参时,数组逆序的算法可以用两个指针很直观地表示,让指针 i 指向数组的首地址,让指针 j 指向数组的最后一个元素,交换两个指针所指向的内容,然后指针 i 向后移动一个元素,指针 j 向前移动一个元素,直到两指针相遇。fun 函数可改为如下写法：

```
    void fun(int *x,int n)
    {   int t, *p, *i, *j, m;
         i = x; j = x + n - 1;
         for( ; i <= j; i++ , j-- )
         { t = *i;
           *i = *j;
           *j = t;   }
    }
```

8.4.2 二维数组与指针

1. 二维数组的地址关系

设有如下的定义：
```
    int a[3][4] = {{1,2,3,4},{5,6,7,8},{9,10,11,12}};
    int *p;
    p = a[0];
```

C 语言允许把一个二维数组看成是一个特殊的一维数组,特殊在每个数组元素还是一个一维数组。因此数组 a 看成一维数组时包括的数组元素即 a[0]、a[1] 和 a[2]。每一个数组元素 a[i] 还是一个包含四个元素的一维数组,表示二维数组的第 i 行,例如 a[0]数组,含有 a[0][0]、a[0][1]、a[0][2] 和 a[0][3] 四个元素。数组 a 的分解情况如图 8.13 所示。

a		a[i][0]	a[i][1]	a[i][2]
a[0]	→	1	2	3
a[1]	→	5	6	7
a[2]	→	9	10	11

图 8.13 二维数组分解为一维数组

一维数组名代表的是一维数组的首地址,所以 a[i]代表第 i 行的首地址,当把 a 看成一维数组时,关于一维数组的等价关系同样成立,即 a[i] <=> *(a+i),所以,*(a+i)也代表第 i 行的首地址。

再看看a+i的值代表什么,还是把a看成是包含3个元素(a[0],a[1],a[2])的一维数组,按照指针的加法运算的规则,a+1中的1指的是一个数组元素的长度,这里一个数组元素都代表一行,所以,a+1的值也是第一行的地址,同理,a+i就是第i行的地址,于是得到了一个结果,即a+i=*(a+i),它们的值都是第i行的首地址,但是a+i和*(a+i)不是等价的,它们只是值相等,参加运算时是不一样的。例如:

*(a+i)+j 等价于 a[i]+j,表示 a[i][j]的地址;

a+i+j 相当于 a+(i+j),表示第i+j行的首地址。

这里的*(a+i)还是一个地址,*的作用是使原来a+i的行走向变成列走向,例如a+1中的1表示1行的长度,a+1就指向了第1行的首地址,而做指针运算*(a+1)之后,再进行*(a+1)+2运算时,这个2表示的就是2个数组元素的长度,即按列的方向向后移动两个元素,于是*(a+1)+2指向a[1][2],而(a+1)+2则指向第3行的首地址。

关于二维数组有如下的等价关系:

*(a+i) <=> a[i] /*等价的意思是不仅值相等,在表达式中参加运算时的规则也一致*/

*(a+i)+j <=> &a[i][j]

((a+i)+j) <=> a[i][j]

关于二维数组有如下的相等关系:

a+i=*(a+i) <=> a[i]=&a[i][0]

【说明】对于上面描述的二维数组a,尽管a和a[0]都是数组的首地址,但二者指向的对象不同,a[0]是一维数组的名称,它指向的是a[0]数组的首元素,对其进行"*"运算时,得到的是一个数组元素值,即a[0]数组首元素的值,因此,*a[0]与a[0][0]是同一个值。a是一个二维数组的名称,它指向的是所属元素的首元素,它的每个元素都是行数组,因此,它的指针移动单位是行,所以a+i指向的是第i个行数组,即指向a[i]。对a进行"*"运算,得到的是一维数组a[0]的首地址,即*a与a[0]是同一个值。若用int *p;定义指针p时,p指向一个int型数据,而不是一个地址,因此,用a[0]对p赋值是正确的,而用a对p赋值是错误的。这种用法请读者务必注意。

2. 用指针表示二维数组元素

数组名虽然代表数组的首地址,但是它和指向数组的指针变量不完全相同,指针变量的值可以改变,即它可以随时指向同类型的不同数组,也可以做如自增自减等运算,而数组名自定义时起就确定了,相当于一个常量,不能通过赋值的方式使该数组名指向另外一个数组,也不能做自增自减等运算。用指向变量的指针表示二维数组中的元素时,可以选择两种方式,一是顺序移动指针,让其遍历二维数组中的所有元素;一是保持指针指向二维数组的首地址不动,而计算出每个数组元素的地址值。

【例8.16】 求二维数组元素的最大值。

【分析】通过顺序移动指针的方法实现。

程序如下:

```
/* e8 - 16.c */
# include "stdio.h"
void main()
{   int a[3][4] = {{0,1, -8,11},{26, -7,10,129},{2,8,7,16}}, *p,max;
```

```
        for(p = a[0], max = *p; p < a[0] + 12; p++)
            if( *p > max) max = *p;
        printf("MAX = %d \n", max);
    }
```

运行结果:

MAX = 129

【说明】这个程序的主要算法是在 for 语句中实现的:p 是一个 int 型指针变量;p = a[0]是让 p 指向 a[0][0];max = *p 将数组的首元素值 a[0][0]作为最大值初值;p < a[0] + 12 是将指针的变化范围限制在 12 个元素的位置内;p++ 使得每比较一个元素后,指针 p 指向下一个元素位置。例如从 a[0][0]移到 a[0][1],注意不能写成 p < a + 12,因为 a + 1 是加一行。

【例 8.17】 求二维数组元素的最大值,并确定最大值元素所在的行和列。

【分析】本例需要在比较的过程中,把最大值元素的位置记录下来,显然仅用上述指针移动方法是不行的,需要使用能提供行列数据的指针表示方法。当指针 p 指向二维数组首地址时,要通过 p 表示出二维数组的元素 a[i][j]的地址需要计算一下 a[i][j]和首地址 a[0][0](p)相隔几个数组元素,就在 p 上加几就行了。元素 a[i][j]前面有 i 行,相应的元素个数为 i*4(二维数组有 4 列),而在第 i 行中,a[i][j]前面有 j 个元素,这样 a[0][0] + i*4 + j 或 p + i*4 + j 就表示 a[i][j]的地址。

程序如下:

```
/* e8-17-1.c */
#include "stdio.h"
void main()
{   int a[3][4] = {{0,1,-8,11},{26,-7,10,129},{2,8,7,16}};
    int *p = a[0], max, i, j, row, col;
    max = a[0][0];
    row = col = 0;
    for(i = 0; i < 3; i++)
        for(j = 0; j < 4; j++)
            if( *(p + i*4 + j) > max)
            {max = *(p + i*4 + j);
            row = i;
            col = j;
            }
    printf("a[%d][%d] = %d \n", row, col, max);
}
```

运行结果:

a[1][3] = 88

以上是用指针表示数组元素的程序,也可以使用二维数组名的方法来表示数组元素,请读者自己比较两种方法的区别。程序如下:

```
/* e8-17-2.c */
#include "stdio.h"
```

```
void main()
{  int a[3][4] = {{0,1,-8,11},{26,-7,10,129},{2,8,7,16}};
   int max,i,j,row,col;
   max = a[0][0];
   row = col = 0;
   for(i = 0;i < 3;i++)
     for(j = 0;j < 4;j++)
       if( *( *(a+i)+j) > max)
       {max = *( *(a+i)+j);
        row = i;
        col = j;
       }
   printf("a[%d][%d] = %d \n",row,col,max);
}
```

【说明】从程序可以看出,用指向变量的指针表示二维数组中的元素不太方便,因为指针加 1 运算时,只加一个数组元素的长度,如果指针加 1 也能加一行的长度就和用二维数组名表示方法一样了,C 语言提供了这样的指针类型,称行指针。

3.行数组指针

由于二维数组名是指向行的,它不能对如下的指针变量 p 进行直接赋值:

　　int a[3][4] = {{1,2,3,4},{5,6,7,8},{9,10,11,12}}, *p;

其原因是 p 与 a 的对象性质不同,或者说二者不是同一级指针。C 语言可以通过定义行数组指针的方法,使得一个指针变量与二维数组名具有相同的性质。行数组指针,也称为二维数组的行指针,其定义方法如下:

　　类型标识符 (* 指针变量名)[长度]

其中"类型标识符"为所指数组的数据类型,"*"表示其后的变量是指针类型;"长度"表示二维数组分解为多个一维数组时,一维数组的长度,也就是二维数组的列数。应注意(*指针变量名)两边的括号不可少,如缺少括号则表示是指针数组(本章后面介绍),意义就完全不同了。

例如有如下的定义:

　　int a[3][4] = {{1,2,3,4},{5,6,7,8},{9,10,11,12}};
　　int (*p)[4];

p 是一个指针变量,它指向包含 4 个整型元素的一维数组。把二维数组 a 分解为三个一维数组 a[0]、a[1]、a[2]之后,若有语句:

　　p = a;

p 表示指向第一个一维数组 a[0],其值等于 a、a[0]或 &a[0][0]等。而 p+i 则指向一维数组 a[i]。从前面的分析可得出 *(p+i)+j 是二维数组第 i 行第 j 列的元素的地址,而 *(*(p+i)+j)则是 i 行 j 列元素的值。此时,行指针变量 p 的作用相当于二维数组名 a 的作用。

【例 8.18】 用行数组指针表示二维数组元素。

程序如下:

```
/* e8-18.c */
#include "stdio.h"
```

```
void main()
{   int a[3][4]={0,1,2,3,4,5,6,7,8,9,10,11},(*p)[4],i,j;
    p=a;
    for(i=0;i<3;i++)
      {for(j=0;j<4;j++)
         printf("%4d",*(*(p+i)+j));
       printf("\n");
      }
}
```

4.指向二维数组的指针作函数参数

由于二维数组每个元素有自己的地址,数组也有首地址,所以,可以用二维数组元素的指针作实参,也可以用二维数组名作实参。

【例8.19】 有3个学生,每个人考5门课程,求每个学生的平均分数。

程序如下:

```
/*e8-19.c*/
#include "stdio.h"
float s_ave(float (*p)[5])
{   int i;
    float sum=0,ave;
    for(i=0;i<5;i++)
        sum+=*(*p+i);
    ave=sum/5;
    return ave;
}
void main()
{   static float score[3][5]={{100,78,90,88,86},{54,80,95,77,60},{65,81,70,83,90}};
    int i;
    for(i=0;i<3;i++)
            printf("The average score of student %d:%6.2f\n",i,s_ave(score+i));
}
```

【说明】函数 s_ave 中的形参 p 定义为指向一维数组的指针变量,因此主函数中调用 s_ave 函数时所用的实参也应该是行指针。score、score+1、score+2 都是指向行的指针,这时实参和形参指针变量指向类型是相同的,是正确的。在 s_ave 中求出一行 5 个元素值之和。函数中用到 *(*p+i),其中 *p 是该行第 0 列元素的地址,*p+i 是该行第 i 列元素的地址,*(*p+i)是该行第 i 列元素的值。

8.4.3 指针与字符串

在C语言中,字符串的处理方法有两种:一种方法是使用字符数组处理字符串;另一种方法是使用字符指针处理字符串。

1.字符数组表示字符串

【例8.20】 用字符数组存放一个字符串,然后输出该字符串。

程序如下:
```
/* e8-20.c */
#include "stdio.h"
void main()
{   char string[] = "I love China!";
    printf("%s \n", string);
}
```

【说明】和前面介绍的数组属性一样,string 是数组名,它代表字符数组的首地址。字符串的实际长度为 13,但是 string 数组有 14 个元素,因为系统自动为字符串末尾加了结束标志'\0',它不算字符串的实际长度,但是要占用数组空间,如图 8.14 所示。

图 8.14 字符数组

2.字符指针表示字符串

字符指针变量的定义说明与指向字符变量的指针变量说明是相同的。只能按对指针变量的赋值不同来区别,对指向字符变量的指针变量应赋予字符变量的地址。

如:
    char c, *p = &c;
表示 p 是一个指向字符变量 c 的指针变量。

而:
    char * s = "C Language";
则表示 s 是一个指向字符串的指针变量,把字符串的首地址赋予 s,而不是将字符串中的字符赋给 s。

上述定义等价于:
    char *ps;
    ps = "C Language";

【例 8.21】 用字符指针指向一个字符串。

程序如下:
```
/* e8-21.c */
#include "stdio.h"
void main()
{   char string[] = "I love China! ";
    char *p;
    p = string;
    printf("%s \n", string);
    printf("%s \n", p);
}
```

运行结果为:
    I love China!

I love China!

【说明】程序定义了一个字符数组 string,对它赋予初值。p 是指向字符型数据的指针变量,将 string 数组的起始地址赋给 p,然后以"%s"格式符输出 string 和 p,结果都是输出字符串"I love China! "。

该程序也可以不定义字符数组,直接用一个指针变量指向一个字符串常量,即用字符指针实现。

```
#include "stdio.h"
void main()
{   char * string = "I love China! ";
    printf("%s \n",string);
}
```

【例 8.22】 输出字符串中第 n 个字符后的所有字符。

程序如下:

```
/* e8-22.c */
#include "stdio.h"
void main()
{   char *p = "this is a book";
    int n = 10;
    p = p + n;
    printf("%s \n",p);
}
```

运行结果:

book

在程序中对 p 初始化时,即把字符串首地址赋予 p,当 p= p + 10 之后,p 指向字符"b",因此输出为"book"。

指向字符串或字符数组的指针是十分有用的,许多有关字符处理的程序和 C 库函数都是利用指针实现的。

【例 8.23】 用指针实现字符串的复制。

程序如下:

```
/* e8-23.c */
#include "stdio.h"
void main()
{   char a[] = "I love China! ";
    char b[80], *p1, *p2;
    for(p1 = a,p2 = b; *p1! = '\0';p1 ++ ,p2 ++ )
    *p2 = *p1;
    *p2 = '\0' ;
    printf("string a is:%s \n",a);
    printf("string b is:%s \n",b);
}
```

【说明】p1 和 p2 是指向字符型数据的指针变量。先使 p1 和 p2 分别指向字符数组 a 和 b

的首地址。赋值语句"*p2 = *p1;"的作用是将 a 串中的字符赋给 p2 所指向的元素,即 b 数组中的元素,然后使 p1 和 p2 分别指向下一个位置,直到 *p1 的值为'\0'时结束。执行时,p1 和 p2 的值是不断改变,并且是同步变化的。

3. 使用字符指针变量与字符数组的区别

用字符数组和字符指针变量都可实现字符串的存储和运算,但是两者是有区别的。在使用时应注意以下几个问题:

字符指针变量本身是一个变量,用于存放字符串的首地址,而字符串本身是存放在以该首地址为首的一块连续的内存空间中,并以'\0'作为字符串的结束标志。字符数组是由若干个数组元素组成的,它可用来存放整个字符串。

对字符指针方式:

```
char *p = "C Language";
```

可以写为:

```
char *p;
p = "C Language";
```

而对数组方式:

```
static char s[] = {"C Language"};
```

不能写为:

```
char s[20];
s = "C Language";
```

而只能对字符数组的各元素逐个赋值。

从以上几点可以看出字符指针变量与字符数组在使用时的区别,同时也可看出使用指针变量更加方便。

前面说过,当一个指针变量在未取得确定地址前使用是危险的,容易引起错误。但是对指针变量直接赋值是可以的。因为 C 系统对指针变量赋值时要给以确定的地址。

因此,

```
char *p = "C Language";
```

或者

```
char *ps;
ps = "C Language";
```

都是合法的。

4. 字符指针作为函数参数

【例 8.24】 把一个字符串的内容复制到另一个字符串中,要求不能使用 strcpy 函数。

程序如下:

```
/* e8-24.c */
#include "stdio.h"
void cpystr(char *p1, char *p2)
{
    while((*p2 = *p1)! = '\0')
    {   p2++;
        p1++; }
```

```
void main()
{   char *pa="CHINA",b[10],*pb;
    pb=b;
    cpystr(pa,pb);
    printf("string a=%s \nstring b=%s \n",pa,pb);
}
```

【说明】函数 cpystr 的形参为两个字符指针变量。p1 指向源字符串,p2 指向目标字符串。注意表达式:(*p2 = *p1)! = ′\要求 0′的用法。在本例中,程序完成了两项工作:一是把 p1 指向的源字符串的字符复制到 p2 所指向的目标字符串中,二是判断所复制的字符是否为′\0′,若是则表明源字符串结束,不再循环。否则,p2 和 p1 都加 1,指向下一字符。在主函数中,以指针变量 pa、pb 为实参,分别取得确定值后调用 cpystr 函数。由于采用的指针变量 pa 和 p1,pb 和 p2 均指向同一字符串,因此在主函数和 cpystr 函数中均可使用这些字符串。也可以把 cpystr 函数简化为以下形式:

```
void cpystr(char *p1,char *p2)
{ while ((*p2++ = *p1++)! = ′\0′);}
```

即把指针的移动和赋值合并在一个语句中。进一步分析还可发现′\0′的 ASCⅡ码为 0,对于 while 语句只看表达式的值为非 0 就循环,为 0 则结束循环,因此也可省去"!= ′\0′"这一判断部分,而写为以下形式:

```
void cpystr(char *p1,char *p2)
{ while (*p1++ = *p2++);}
```

表达式的意义可解释为,源字符串向目标字符串赋值,移动指针,若所赋值为非 0 则循环,否则结束循环。这样使程序更加简洁。

简化后的程序如下所示:

```
void cpystr(char *p1,char *p2)
{
    while (*p1++= *p1++);
}
void main()
{   char *pa="CHINA",b[10],*pb;
    pb=b;
    cpystr(pa,pb);
    printf("string a=%s \nstring b=%s \n",pa,pb);
}
```

8.4.4 指针数组

一个数组的元素类型为指针,则该数组是指针数组。指针数组是一组有序的指针的集合。指针数组的所有元素都必须是具有相同存储类型和指向相同数据类型的指针变量。

指针数组说明的一般形式:

类型标识符 *数组名[数组长度]

其中"类型标识符"为指针值所指向的变量的类型,"*"说明该数组是一个指针数组,即数组的每个元素的值是一个指针。

例如：

    int *p[5]

表示 p 是一个指针数组，它有 5 个数组元素，每个元素值都是一个指针，指向整型变量。

【例8.25】 用一个指针数组来指向一个二维数组。

【分析】若将指针数组中的每个元素赋予二维数组每一行的首地址，则也可理解为每个指针数组元素指向一个一维数组。

程序如下：

```
/* e8-25.c */
#include "stdio.h"
void main()
{   int a[3][3]={1,2,3,4,5,6,7,8,9},*pa[3],*p=a[0],i;
    clrscr();
    pa[0]=a[0]; pa[1]=a[1]; pa[2]=a[2];
    for(i=0;i<3;i++)
        printf("%3d%3d%3d \n",a[i][2-i],*a[i],*(*(a+i)+i));
    for(i=0;i<3;i++)
        printf("%3d%3d%3d \n",*pa[i],p[i],*(p+i));
}
```

运行结果：

    3 1 1
    5 4 5
    7 7 9
    1 1 1
    4 2 2
    7 3 3

【说明】本例程序中，pa 是一个指针数组，三个元素分别指向二维数组 a 的各行。然后用循环语句输出指定的数组元素。其中 *a[i] 表示 i 行 0 列元素值；*(*(a+i)+i) 表示 i 行 i 列的元素值；*pa[i] 表示 i 行 0 列元素值；由于 p 与 a[0] 相同，故 p[i] 表示 0 行 i 列的值；*(p+i) 表示 0 行 i 列的值。读者可仔细领会元素值的各种不同的表示方法。

【注意】指针数组和指向一维数组的指针的区别。这两者虽然都可用来表示二维数组，但是其表示方法和意义是不同的。

例如：

    int (*p)[3];

表示 p 是一个指向包括有 3 个整型元素的一维数组的指针。

    int *p[3]

表示 p 是一个指针数组，三个数组元素 p[0]、p[1]、p[2] 均为指向整型的指针变量。

指针数组也常用来表示一组字符串，这时指针数组的每个元素被赋予一个字符串的首地址。指向字符串的指针数组的初始化更为简单。例如采用指针数组来表示一组字符串，其初始化赋值为：

```
          char * name[] = {"Monday","Tuesday","Wednesday","Thursday","Friday","Saturday"};
```
完成这个初始化赋值之后,name[0]即指向字符串"Monday",name[1]指向"Tuesday",……。

【例 8.26】 对 5 个国家的名字按字母顺序由小到大排列后输出。

程序如下:

```
/* e8-26.c */
#include "string.h"
#include "stdio.h"
void main()
{   char * name[] = {"CHINA","AMERICA","AUSTRALIA","FRANCE","GERMAN"};
    char *p;
    int i,j,k,n=5;
    for(i=0;i<n-1;i++)
    {  k=i;
       for(j=i+1;j<n;j++)
         if(strcmp(name[k],name[j])>0) k=j;
       if(k!=i)
       {
         p=name[i];
         name[i]=name[k];
         name[k]=p;
       }
    }
    for (i=0;i<n;i++)
      printf("%s \n",name[i]);
}
```

运行结果:

    AMERICA

    AUSTRALIA

    CHINA

    FRANCE

    GERMAN

【说明】 若采用普通的排序方法,逐个比较之后交换字符串的位置。交换字符串的物理位置是通过字符串复制函数完成的。反复的交换将使程序执行的速度很慢,同时由于各字符串(国名)的长度不同,在存储上又增加了存储管理的负担。用指针数组能很好地解决这些问题。在操作时,把所有的字符串存放在一个数组中,把这些字符数组的首地址放在一个指针数组中,当需要交换两个字符串时,只需交换指针数组相应两元素的内容(地址)即可,而不必交换字符串本身。

8.5 main 函数的参数

前面介绍的 main 函数都是不带参数的,因此,main 后的括号都是空括号。实际上,main 函数可以带参数。C 语言规定 main 函数的参数只能有两个,习惯上这两个参数写为 argc 和 argv(用其他名字也可以)。因此 main 函数的函数头可写为:

  void main (argc,argv)

C 语言还规定 argc(第一个形参)必须是整型变量,argv(第二个形参)必须是字符指针数组。加上形参说明后,main 函数的函数头应写为:

  void main (int argc,char * argv[ ])

由于 main 函数不能被其他函数调用,因此,不可能在程序内部取得实际值。那么,在何处把实参值赋予 main 函数的形参呢? 实际上 main 函数的参数值是从操作系统命令行上获得的。当我们要运行一个可执行文件时,在 DOS 提示符下键入文件名,再输入实际参数即可把这些实参传送到 main 的形参中去。

DOS 提示符下命令行的一般形式为:

  E:\ > 可执行文件名 参数 参数……

【注意】main 的两个形参和命令行中的参数在位置上不是一一对应的。因为 main 的形参只有二个,而命令行中的参数个数原则上未加限制。argc 参数表示了命令行中参数的个数(注意:文件名本身也算一个参数),argc 的值是在输入命令行时由系统按实际参数的个数自动赋予的。

例如有命令行为:

  E:\ > E8 - 27 BASIC Foxpro FORTRAN

由于文件名 E8 - 27 本身也算一个参数,所以共有 4 个参数,因此 argc 的值为 4。argv 参数是字符指针数组,其各元素值为命令行中各字符串(参数均按字符串处理)的首地址。指针数组的长度即为参数个数,数组元素初值由系统自动赋予,其表示如图 8.15 所示。

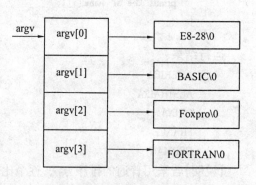

图 8.15 指针数组的指向

【例 8.27】 主函数带参举例,以下程序存放在 E:\ > e8 - 27.c 文件中,在编译连接后,已生成一个 E:\ > e8 - 27.exe 文件,输出 argc 和 argv 中的数据。

程序如下:

```
/ * e8 - 27.c * /
# include "stdio.h"
void main(int argc,char * argv[])
{   int i;
    printf("argc = % d \n",argc);
    for(i = 1;i < argc;i ++ )
       printf("% s \n",argv[i]);
```

}

运行结果:

  在 DOS 提示符下:

  C:\ > e8 – 28 BASIC Foxpro FORTRAN↵

  argc = 4

  BASIC

  Foxpro

  FORTRAN

【说明】本例是显示命令行中输入的参数。如果上例的可执行文件名为 e8 – 27.exe,存放在 C 驱动器的盘内。因此在 DOS 提示符下输入命令行:

  C:\ > e8 – 27 BASIC Foxpro FORTRAN↵

该行共有 4 个参数,执行 main 时,argc 的初值即为 4。argv 的 4 个元素分为 4 个字符串的首地址。printf("% s \n",argv[i]);分别输出每个字符串的内容,即打印每个参数,由于 argv[0]存放文件名的地址,所以不需要打印,只要打印其他 3 个参数即可。

小 结

由于指针是一个比较复杂的概念,为了更加清晰地了解指针,对照表 8.1 做一下小结。

1.有关指针的数据类型的小结。

表 8.1

定 义	含 义
int i;	定义整型变量 i
int *p;	p 为指向整型数据的指针变量
int a[n];	定义整型数组 a,它有 n 个元素
int *p[n];	定义指针数组 p,它由 n 个指向整型数据的指针元素组成
int (*p)[n];	p 为指向含 n 个元素的一维数组的指针变量
int f();	f 为带回整型函数值的函数
int *p();	p 为带回一个指针的函数,该指针指向整型数据
int (*p)();	p 为指向函数的指针,该函数返回一个整型值
int * *p;	p 是一个指针变量,它指向一个指向整型数据的指针变量

2.指针运算的小结。

把我们前面用到的全部指针运算总结如下:

(1)指针变量加(减)一个整数。

例如:p + +、p – –、p + i、p – i、p + = i、p – = i

一个指针变量加(减)一个整数并不是简单地将原值加(减)一个整数,而是将该指针变量的原值(是一个地址)和它指向的变量所占用的内存单元字节数加(减)。

(2)指针变量赋值。将一个变量的地址赋给一个指针变量。

        p = &a;   /*将变量 a 的地址赋给 p*/
        p = array;   /*将数组 array 的首地址赋给 p*/
        p = &array[i];   /*将数组 array 第 i 个元素的地址赋给 p*/
        p = max;   /* max 为已定义的函数,将 max 的入口地址赋给 p*/
        p1 = p2;   /*p1 和 p2 都是指针变量,将 p2 的值赋给 p1*/

不能将一个整数赋给指针变量,如下:

        p = 200;

(3)指针变量可以有空值。将指针变量赋为空值,即该指针变量不指向任何变量,如:

        p = NULL;

(4)两个指针变量可以相减。如果两个指针变量指向同一个数组的元素,则两个指针变量值之差是两个指针之间的元素个数。

(5)两个指针变量比较。如果两个指针变量指向同一个数组中的元素,则两个指针变量可以进行比较,即为地址值的比较。指向前面的元素的指针变量"小于"指向后面的元素的指针变量。

3.当指针指向数组时,访问数组元素的方法变得灵活多样,既可以使用下标法,也可以使用指针法。

(1)若 p 是指向一维数组 a 的指针,p = a,则数组元素 a[i]可以用指针表示为 p[i]、*(p + i),也可以用数组名表示为 *(a + i),该元素的地址可以表示为 &a[i]、p + i、a + i。

(2)对于一个 M × N 的二维数组 a,若 p 是指向 a[0]的指针,则数组元素 a[i][j]可用指针表示为 *(p + i * N + j)、p[i * N + j],也可以用数组名 *(*(a + i) + j),该元素的地址可以表示为 &a[i][j]、p + i * N + j、*(a + i) + j。

4.指针作为函数参数时,在函数之间传递的是变量的地址。简单指针变量作函数参数是指针作函数参数中最基本的内容,它的作用是实现一个简单变量的地址在函数中的传递。

5.使用字符指针处理字符串是 C 语言中常用的一种方法。它首先通过一定的方式,用字符指针指向字符串,然后通过字符指针来访问字符串存储区域,从而实现对字符串的操作。

习 题

1.选择题

(1) 若有以下定义,int a[5], *p = a;则对 a 数组元素的正确引用是_____。

  A. *&a[5]   B. a + 2   C. *(p + 5)   D. *(a + 2)

(2) 若有说明语句

        char a[ ] = "It is mine";
        char *p = "It is mine";

则以下不正确的叙述是_____。

  A. a + 1 表示的是字符 t 的地址
  B. p 指向另外的字符串时,字符串的长度不受限制
  C. p 变量中存放的地址值可以改变
  D. a 中只能存放 10 个字符

(3) 若有定义
　　　int a[5][6];
则对 a 数组的第 i 行第 j 列(假设 i,j 已正确说明并赋值)元素值的正确引用为_____。
　A.*(a[i]+j)　　B.(a+i)　　　C.*(a+j)　　　D.a[i]+j
(4) 若有以下说明语句:
　　　char * network[] = {"INTERNET","INTRANET","CERNET","CHINANET"};
　　　char * * q;q = network + 2;
则语句 printf("%o \n", * q);_____。
　A.输出的是 network[2]元素的地址
　B.输出的是字符串 CERNET
　C.输出的是 network[2]元素的值,它是字符串 CERNET 的首地址
　D.格式说明不正确,无法得到确定的输出
(5) 以下正确的叙述是_____。
　A.C 语言允许 main 函数带形参,且形参个数和形参名均可由用户指定
　B.C 语言允许 main 函数带形参,形参名只能是 argc 和 argv
　C.当 main 函数带有形参时,传给形参的值只能从命令行中得到
　D.若有说明:main(int argc,char * argv[]),则形参 argc 的值必须大于 1
(6) 下面程序段的运行结果是_____。
　　　char * s ="abcde";
　　　s+=2;
　　　printf("%d",s);
　A.cde　　　　　　B.字符'c'　　C.字符'c'的地址　D.无确定的输出结果

2.读程序,写出运行结果。
(1)
```
# include "stdio.h"
void main()
{ int a = 0,i, *p,sum;
  for(i = 0;i <= 2;i ++ )
  {p = &a;
    scanf("%d",p);
    sum = s(p);
    printf("sum = %d \n",sum);
  }
}
s(int *p)
{ int sum = 10;
  sum = sum + *p;
  return(sum);
}
```
输入数据:1 2 3↵

(2)
```
#include "stdio.h"
void main()
{  int i,k;
   for(i=0;i<4;i++)
        {k=sub(&i);
         printf("%3d",k);
        }
        printf(" \n");
}
sub(s)
int *s;
{static int t=0;
t=t+*s;
return t;
}
```

(3)
```
#include "stdio.h"
void main()
{  char str[]="cdalb";
   abc(str);
   puts(str);
}
abc(char *p)
{  int i,j;
   for(i=j=0;*(p+i)!='\0';i++)
     if(*(p+i)>='d')
        {*(p+j)=*(p+i);j++;}
   *(p+j)='\0';
}
```

(4)
```
#include "stdio.h"
void fun(int *w,int n,int m)
{  int i,j,a;
   i=n; j=m;
        while(i<j)
           {a=w[i];w[i]=w[j];w[j]=a;i++;j--;}
}
void main()
{  int i,a[]={1,2,3,4,5,6,7,8,9,10,11,12};
   fun(&a[3],0,2);
   fun(&a[6],0,3);
```

```
        fun(&a[3],0,6);
        for(i=0;i<12;i++)
            printf("%3d",a[i]);
    }
```

说明：以下第3~8题用指针处理。

3. 输入三个整数，按由小到大的顺序输出。

4. 输入10个整数，将其中最小的数与第一个数对换，把最大的数与最后一个数对换。

5. 有n个整数，使前面各数顺序向后移m个位置，最后m个数变成最前面m个数，写一函数实现以上功能，在主函数中输入n个整数和输出调整后的n个数。

6. 写一函数，求一个字符串的长度。在main函数中输入字符串，并输出其长度。

7. 写一函数，将一个3×3的矩阵转置。

8. 写一个函数，将字符串中的数字字符删除后输出。

9. 有一个C源程序文件，名为echo.c，其内容为：

```
    #include "stdio.h"
    void main(int argc,char * argv[])
    {   while(argc-- >1)
            printf("%s \n", * ++argv);
    }
```

(1) 若命令行输入为：

    echo INTERNET INTRANET CHINANET CERNET ARPANET

请写出输出的结果。

(2) 如果将while语句改为：

```
    while(--argc>0)
        printf("%s%c", * ++argv,(argc>1)?' ':'\n');
```

输出结果如何？

(3) 若将while语句改为：

```
    for(i=1;i<argc;i++)
        printf("%s%c", * ++argv,(argc>1)?' ':'\n');
```

结果又如何？

第9章 结构体、共用体与枚举型数据

本章重点
(1) 结构体的基本概念、定义和使用方法。
(2) 结构体数组和指向结构体的指针变量的用法。
(3) 链表的概念及其基本操作。
(4) 共用体的基本概念、定义和使用方法。
(5) 枚举类型的基本概念。
(6) 位运算。

9.1 结构体概述

9.1.1 结构体类型概述

在实际问题中,一组数据往往具有不同的数据类型。例如在表9.1学生信息表中,每一行反映了一个学生的整体信息,它由各个数据项组成,各数据项的数据类型也不尽相同:学号可为整型或字符型;姓名应为字符型;性别应为字符型;年龄应为整型;成绩可为整型或实型;显然不能用一个数组来存放这一组数据,因为数组要求各元素的类型和长度都必须一致,而如果将各项单独定义成一个数组,那么难以反映它们的内在联系。为了解决这个问题,C语言中提供了另一种构造数据类型——"结构(Structure)"或称"结构体",它允许程序员自己定制需要的类型。结构体类型可以把多个数据项联合起来,作为一个数据整体进行处理,它相当于其他高级语言中的记录。结构体类型是由若干"成员"组成的。每一个成员可以是一个基本数据类型或者是一个构造类型。程序员可以根据需要定义不同的结构体类型,因此,和基本类型不同,结构体类型可以有很多种,程序中要使用结构体类型时,必须先定义专门的结构体类型,再用这种结构体类型定义相应的结构体变量,使用变量存储和表示数据。

表9.1 学生信息表

学号	姓名	性别	年龄	成绩
0701	wanghua	F	20	98
0702	lili	F	19	76
0703	liunan	F	19	85
0704	liyong	M	20	80
0705	renqiang	M	20	90

9.1.2 结构体类型定义

定义结构体类型的一般形式为：
```
struct 结构体名
{
    成员表列
};
```

【说明】

(1)struct 是关键字，"struct 结构体名"是结构体类型标识符，在类型定义和类型使用时 struct 不能省略。

(2)"结构体名"是用户定义的结构体的名称，在以后定义结构体变量时，使用该名称进行类型标识，它的命名应符合标识符的书写规定。

(3)"成员表列"是由若干个成员组成，每个成员都是该结构的一个组成部分。对每个成员也必须作类型说明，其形式为：

类型标识符 成员名；

成员名的命名应符合标识符的书写规定。

(4)结构体名称可以省略，此时定义的结构体称为无名结构体。

(5)结构体成员名允许和程序中的其他变量同名，二者不会混淆。

(6)整个定义作为一个完整的语句用分号结束。

下面是对学生信息表的数据定义的结构体类型：

```
struct student
{   int num;
    char name[20];
    char sex;
    int age;
    int score;
};
```

在这个结构体类型定义中，结构体名为 student，该结构体由 5 个成员组成。第一个成员为 num，整型变量；第二个成员为 name，字符数组；第三个成员为 sex，字符变量；第四个成员为 age，整型变量；第五个成员为 score，整型变量。应注意在括号"}"后的分号是不可少的。结构体类型一旦定义之后，在程序中就可以和系统提供的其他数据类型一样使用了。

结构体成员的数据类型既可以是简单的数据类型，也可以是结构体类型，如：

```
struct date
{   int month;
    int day;
    int year;
};
struct stu
{   int num;
    char name[20];
```

```
    char sex;
    int age;
    struct date birthday;
};
```

首先定义一个结构体类型date，由month(月)、day(日)、year(年)三个成员组成。在定义结构体stu时，其中的成员birthday被说明为date结构体类型。由此定义的stu结构体如图9.1所示。

num	name	sex	age	birthday		
				month	day	year

图9.1 struct stu 结构体

在程序编译时，结构体类型的定义并不会使系统为该结构体中的成员分配内存空间，只有在定义结构体变量时才分配内存空间。

9.2 结构体变量

9.2.1 结构体变量的声明

结构体类型的定义只说明了它的组成，要使用该结构体还必须定义结构体类型的变量。在程序中，结构体类型的定义要先于结构体变量的定义。定义结构体变量有以下三种方法。

1.先定义结构体类型，再定义结构体变量

定义的一般形式为：

```
struct 结构体类型名
{
    成员表列
};
struct 结构体类型名 变量名表列;
```

如：

```
struct stu
{   int num;
    char name[20];
    float score;
};
struct stu stu1,stu2;
```

定义了两个变量stu1和stu2为stu结构体类型。也可以用宏定义使一个符号常量来表示一个结构体类型。例如：

```
# define STU struct stu
STU
{   int num;
    char name[20];
```

```
            float score;
    };
    STU stu1,stu2;
```

当定义了结构体类型后,可以看出定义结构体变量类似于定义一个 int 型变量,系统为所定义的结构体变量按照结构体定义时的组成,分配存储数据的实际内存单元。结构体变量的成员在内存中占用连续存储区域,所占内存大小为结构体中每个成员的长度之和。上面定义的结构体变量 stu1、stu2 在内存中占用的空间为 2+20+1+4=27 字节。

一个结构体变量占用内存的实际大小,可以使用 sizeof 运算求出,sizeof 是单目运算符,其功能是求运算对象所占内存空间的字节数目。使用 sizeof 运算可以很方便地求出程序中不同类型和变量的存储长度。sizeof 使用的一般格式为:

sizeof(变量或类型说明符)

如:sizeof(struct stu)或 sizeof(stu1)的结果为 27,sizeof(int)的结果为 2。

2.在定义结构体类型的同时说明结构体变量

定义的一般形式为:

struct 结构体类型名
{
    成员表列
}变量名表列;

例如:

```
struct stu
{   int num;
    char name[20];
    float score;
} stu1,stu2;
```

3.省略结构体类型名,直接定义结构体变量

定义的一般形式为:

struct
{
    成员表列
}变量名表列;

例如:

```
struct
{   int num;
    char name[20];
    float score;
}stu1,stu2;
```

第 3 种方法与第 2 种方法的区别在于第 3 种方法中省去了结构体名,而直接给出结构体变量。

9.2.2 结构体的使用

1. 结构体变量成员的表示方法

在程序中使用结构体变量时,往往不把它作为一个整体来使用。在 ANSI C 中除了允许具有相同类型的结构体变量相互赋值以外,一般对结构体变量的使用,包括赋值、输入、输出、运算等都是通过结构体变量的成员来实现的。

引用结构体变量成员的一般形式为:

  结构体变量名.成员名

"."是结构体成员运算符,优先级为 1 级,结合方向为从左到右。

例如:

  stu1.num   /* stu1 变量的 num 成员 */
  stu2.score   /* stu2 变量的 score 成员 */

如果成员本身又是一个结构体则必须逐级找到最低级的成员才能使用。

例如:

  stu1.birthday.month

结构体中的成员可以在程序中单独使用,与普通变量用法完全相同。

2. 结构体变量的赋值

结构体变量的赋值就是给各成员赋值。可用输入语句或赋值语句来完成。

【例 9.1】 给结构体变量赋值并输出其值。

程序如下:

```
/* e9-1.c */
#include "stdio.h"
struct stu
   {  int num;
      char name[20];
      int score;
   }stu1,stu2;
void main()
   {  scanf("%d%s%d",&stu1.num, stu1.name,&stu1.score);
      stu2 = stu1;
      printf("Num = %4d Name = %s Score = %d \n",stu1.num,stu1.name,stu1.score);
      printf("Num = %4d Name = %s Score = %d \n",stu2.num,stu2.name,stu2.score);
   }
```

运行结果:

  101 lili↵
  80↵
  Num = 101 Name = lili Score = 80
  Num = 101 Name = lili Score = 80

【说明】

(1) 对结构体变量进行输入输出时,只能以成员引用的方式进行,不能对结构体变量进行整体的输入输出。

(2) 与其他变量一样,结构体变量成员可以进行各种运算。

(3) 结构体变量作为整体赋值时,必须是赋给同类型的结构体变量,语句 stu2 = stu1;相当于 3 条赋值语句:

  stu2.num = stu1.num;
  strcpy(stu2.name,stu1.name);
  stu2.score = stu1.score;

3. 结构体变量的初始化

和其他类型变量一样,对结构体变量可以在定义时进行初始化赋值。

```
struct stu
    {  int num;
       char name[20];
       char sex;
       int score;
    }stu1 = {102,"liyong",'M',80};
```

【说明】初始化的数据必须符合相应成员的数据类型,同时用逗号分隔并在顺序和个数上必须一致。

9.3 结构体与函数

结构体变量可以作为函数参数,即直接将实参结构体变量的各个成员的值全部传递给形参的结构体变量,显然,实参和形参的结构体类型必须相同。

【例 9.2】 输入 1 个学生的信息,并打印出来(输出用函数完成)。

程序如下:

```
/* e9-2.c */
#include "stdio.h"
struct stu
    {  int num;
       char name[20];
       int score;
    }stu1;
void print(struct stu ss)
    {  printf("Num = %4d Name = %s Score = %d \n",ss.num,ss.name,ss.score);
    }
void main()
    {  scanf("%d",&stu1.num);
       gets(stu1.name);
       scanf("%d",&stu1.score);
       print(stu1);
    }
```

运行结果：
　　102 liyong↵
　　96↵
　　Num = 102　Name = liyong　Score = 96

【说明】该程序主函数中语句 print(stu1);发生函数调用,stu1 结构体变量作实参,则在 print 函数中,形参必须是同类型的结构体变量,这样实参各成员的值就完整地传递给形参,在 print 函数中就可以使用这些值了。

9.4　结构体与数组

一个结构体变量只能存放一个对象(如一个学生)的一组数据。若要存放一个班或更多信息时,不可能定义很多单个的结构体变量。人们自然要想到使用数组。C语言允许使用结构体数组,即数组中每一个元素都是结构体类型。

9.4.1　结构体数组的声明

定义结构体数组的方法与定义结构体变量的方法类似,只要多用一对方括号以说明它是个数组。因此,结构体数组的定义也有以下 3 种方法。

1. 先定义结构体类型,再定义结构体数组变量

例如：
```
struct stu
{   int num;
    char name[20];
    float score;
};
struct stu stud[10];
```

2. 在定义结构类型的同时说明结构体数组变量

3. 省略结构体类型名,直接定义结构体数组变量

3 种方法定义的效果是相同的,第一种方法中定义了一个结构体数组 stud,该数组共有 10 个元素,stud[0] ~ stud[9],每个数组元素都是 struct stu 的结构体类型,且每个数组元素所占的内存空间仍为 26 字节,则整个数组 stud 占用内存空间为连续的 260 字节。

9.4.2　结构体数组的初始化

定义结构体数组的同时,可以给结构体数组赋值,这称为结构体数组的初始化。

例如：
```
struct stu
{   int num;
    char name[20];
    char sex;
    float score;
}stud[5] = {{101,"Li bing",'M',80}, {102,"Huang gang",'M',90},
```

{103,"Li li",'F',69}, {104,"Chang hong",'F',45}, {105,"Wang ming",'M',85} };

【说明】
(1)当对全部元素作初始化赋值时,也可不给出数组长度。
(2)该结构体成员 name 是指针类型,用来表示姓名字符串。
(3)结构体初始化的一般形式就是在定义结构体数组的后面加上"={初值表列};"。

9.4.3 结构体数组的使用

一个结构体数组的元素相当于一个结构体变量,因此,前面介绍的关于引用结构体变量的规则也适用于结构体数组的元素。

【例9.3】 计算5个学生的总成绩和平均成绩,并统计成绩不及格的人数。
程序如下:

```
#include "stdio.h"
/* e9-3.c */
struct stu
{   int num;
    char * name;
    char sex;
    float score;
}stud[5] = {{101,"Li bing",'M',80}, {102,"Huang gang",'M',90},
            {103,"Li li",'F',69}, {104,"Chang hong",'F',45}, {105,"Wang ming",'M',85}};
void main()
{   int i,c = 0;
    float ave,s = 0;
    for(i = 0;i < 5;i++)
    {
        s += stud[i].score;
        if(stud[i].score < 60) c++;
    }
    printf("s = %f \n",s);
    ave = s/5;
    printf("average = %f \ncount = %d \n",ave,c);
}
```

运行结果:
    s = 369.000000
    average = 73.800003
    count = 1

【说明】该程序中定义了一个全局结构体数组变量 stud,共5个元素,并作了初始化赋值。在 main 函数中用 for 语句逐个累加各元素的 score 成员值存于 s 之中,若 score 的值小于60(不及格)即计数 c 加1,循环完毕后计算平均成绩,并输出全班总分、平均分及不及格人数。

【例9.4】 对5个学生的成绩进行降序排序,并输出。

程序如下:

```c
/* e9-4.c */
#include "stdio.h"
#include "stdio.h"
#define N 5
struct stu
{ int num;
  char name[20];
  int score;
}stud[5];
void main()
{ int i,j;
  struct stu t;
  for(i=0;i<N;i++)
    { scanf("%d",&stud[i].num);
      gets(stud[i].name);
      scanf("%d",&stud[i].score);
    }
  for(i=0;i<N-1;i++)
    for(j=i+1;j<N;j++)
      if(stud[i].score<stud[j].score)
        { t=stud[i];
          stud[i]=stud[j];
          stud[j]=t;
        }
  for(i=0;i<N;i++)
    { printf("Num=%-4dName=%-20sScore=%d",
        stud[i].num,stud[i].name,stud[i].score);
      printf("\n");
    }
}
```

【说明】该程序中定义了一个全局结构体数组变量 stud,共 5 个元素。在 main 函数中用顺序排序法对学生成绩进行降序排序。

【注意】在排序过程中若出现信息交换时,中间变量 t 的类型必须是 struct stu 结构体类型,交换的是一个学生的姓名、成绩等所有数据。

9.5 结构体与指针

9.5.1 指向结构体的指针

一个指针变量当用来指向一个结构体变量时,称之为结构体指针变量。结构体指针变量中的值是所指向的结构体变量的首地址。通过结构体指针即可访问该结构体变量。

结构体指针变量定义的一般形式为：
> **struct 结构体类型名 ＊结构体指针变量名**

例如，在前面定义了 stu 这个结构体，如要说明一个指向 stu 的指针变量 pstu，可写为：
> struct stu *pstu;
>
> struct stu stu1;

当然也可在定义 stu 结构体类型时同时定义结构体指针变量 pstu。与前面讨论的各类指针变量相同，结构体指针变量也必须要先赋值后才能使用。赋值是把结构体变量的首地址赋予该指针变量，不能把结构体名赋予该指针变量。如果 stu1 是被定义为 stu 类型的结构体变量，则：
> pstu = &stu1

是正确的，而：
> pstu = &stu

是错误的。

结构体类型名和结构体变量是两个不同的概念，不能混淆。结构体类型名只能表示一个结构体形式，编译系统并不对它分配内存空间。只有当某变量被说明为这种类型的结构体时，才对该变量分配存储空间。因此上面 &stu 这种写法是错误的，不可能去取一个结构体名的首地址。有了结构体指针变量，就能更方便地访问结构体变量的各个成员。

用结构体指针访问结构体成员的一般形式为：
> **结构体类型指针变量 −＞成员名**

或为：
> **（＊结构体指针变量）．成员名**

例如：
> (*pstu).num

或者：
> pstu −＞ num

【注意】(*pstu)两侧的括号不可少，因为成员符"."的优先级高于"＊"。如去掉括号写作 *pstu.num 则等效于 *(pstu.num)，这样，意义就完全不对了。

下面通过例子来说明结构指针变量的具体说明和使用方法。

【例9.5】 结构体指针变量的使用。

程序如下：

```
/* e9-5.c */
#include "stdio.h"
struct stu
{   int num;
    char name[20];
    int score;
}stud = {101,"Liu gang",76}, *pstu;
void main()
{   pstu = &stud;
    printf("Num = %4d Name = %s Score = %d \n",stud.num,stud.name,stud.score);
```

```
            printf("Num = %4d Name = %s Score = %d \n",( *pstu).num,( *pstu).name,( *pstu).score);
            printf("Num = %4d Name = %s Score = %d \n", pstu -> num, pstu -> name, pstu -> score);
        }
```

运行结果：

```
    Num =  101 Name = Liu gang Score = 76
    Num =  101 Name = Liu gang Score = 76
    Num =  101 Name = Liu gang Score = 76
```

【说明】该程序定义了一个结构体类型 stu 和该结构体类型的结构变量 stud，并对变量 stu 作了初始化赋值，同时定义了一个指向该结构体类型的指针变量 pstu。在 main 函数中，pstu 被赋予 stud 的地址，因此 pstu 指向 stud。然后在 printf 语句内用三种形式输出 stud 的各个成员值。

因此，我们对结构体成员的引用方法可以有以下 3 种：

  结构体变量.成员名

  (*结构体指针变量).成员名

  结构体指针变量 -> 成员名

这三种用于表示结构成员的形式是完全等效的。

例如：

```
    struct stu
    {   int num;
        char name[20];
        float score;
    }stud, *p;
        p = &stud;
```

则引用结构体成员 num 有以下 3 种方法：

①stud.num ②(*p).num ③p -> num

其中"."和" -> "的运算符优先级最高，是一级。

【注意】以下操作的区别：

++p -> num：将 p 所指向结构体变量的成员 num 加 1 后再使用；

(++p) -> num：先使 p 自增 1(也就是指向下一个单元)，然后再使用成员 num 的值。

这两种操作方法有本质的区别，前者使 p 所指向的单元中成员 num 的值发生了变化，但指针变量所指向的单元没有变化；后者已指向了下一个单元，它常用在结构体数组操作中。

9.5.2 结构体数组与指针

指针变量可以指向一个结构体数组，这时结构体指针变量的值是整个结构体数组的首地址。结构体指针变量也可指向结构体数组的一个元素，这时结构体指针变量的值是该结构体数组元素的首地址。

设 p 为指向结构体数组的指针变量，则 p 也指向该结构体数组的第 0 号元素，p + 1 指向数组第 1 号元素，p + i 则指向数组 i 号元素。这与指针变量指向普通数组的情况是一致的。

【例 9.6】 用指针变量输出结构体数组。

程序如下:

```c
/* e9-6.c */
#include "stdio.h"
struct stu
   { int num;
     char name[20];
     char sex;
     int score;
}stud[5]={{101,"Li bing",'M',80}, {102,"Huang gang",'M',90},
      {103,"Li li",'F',69}, {104,"Chang hong",'F',45}, {105,"Wang ming",'M',85}};
void main()
{  struct stu *p;
   printf("Num Name Sex Score: \n");
   for(p=stud;p<stud+5;p++)
      printf("%4d %10s %c %4d \n",p->num,p->name,p->sex,p->score);
}
```

运行结果:

Num Name Sex Score:
101 Li bing M 80
102 Huang gang M 90
103 Li li F 69
104 Chang hong F 45
105 Wang ming M 85

【说明】在程序中,定义了 stu 结构体类型的全局数组 stud 并作了初始化赋值。在 main 函数内定义 p 为指向 stu 类型的指针。在循环语句 for 的表达式 1 中,p 被赋予 stud 的首地址,然后循环 5 次,输出 stud 数组中各成员值。

【注意】一个结构体指针变量虽然可以用来访问结构体变量或结构体数组元素的成员,但是,不能使它指向一个成员,也就是说不允许取一个成员的地址来赋予它。因此,下面的赋值是错误的。

　　p=&stud[0].sex;

而只能是:

　　p=stud;　　/*赋予数组首地址*/

或者是:

　　p=&stud[1];/*赋予数组 1 号元素首地址*/

9.5.3 结构体指针变量作函数参数

在 ANSI C 标准中允许用结构体变量作函数参数进行整体传送。但是这种传送要将全部成员逐个传送,特别是成员为数组时将会使传送的时间和空间开销很大,严重地降低了程序的效率。因此最好的办法就是使用指针,即用指针变量作函数参数进行传送。这时由实参传向形参的只是地址,从而减少了时间和空间的开销。

【例 9.7】 用结构体指针作函数参数完成例 9.4,对 5 个学生的成绩进行降序排序,并输出。

程序如下:

```
/* e9-7.c */
#include"stdio.h"
#define N 5
struct stu
  { int num;
    char name[20];
    int score;
  }stud[5];
void main()
{ void sort(struct stu *p,int n);
  int i;
  for(i=0;i<N;i++)
  {
    scanf("%d",&stud[i].num);
    gets(stud[i].name);
    scanf("%d",&stud[i].score);
  }
  sort(stud,N);
  for(i=0;i<N;i++)
    { printf("Num = %4d Name = %s Score = %d",stud[i].num,stud[i].name,stud[i].score);
      printf(" \n");
    }
}
void sort(struct stu *p,int n)
  { int i,j;
    struct stu t;
    for(i=0;i<n-1;i++)
      for(j=i+1;j<n;j++)
        if(p[i].score<p[j].score)
          {t=p[i];
           p[i]=p[j];
           p[j]=t;
          }
  }
```

【说明】 该程序中定义了一个全局结构体数组变量 stud,共 5 个元素。在 main 函数中调用 sort 函数完成对学生成绩进行降序排序,由于实参为 stud 结构体数组首地址,因此形参用指向同类型的结构体指针变量 p 接收,用 p 代替 stud 数组进行排序。

【注意】 在排序过程中若出现变量交换时,中间变量 t 的类型必须是 struct stu 结构体类型。

【例 9.8】 学生成绩管理系统 3.0 版。

【分析】 主要功能包括：姓名和成绩的录入、求每个学生的总成绩、成绩查询、成绩排序等。用一个结构体数组存储学生信息。

程序如下：

```c
/* e9 - 8.c */
#include "stdio.h"
#include "string.h"
#define N 30
#define M 3
struct student
{   char name[30];
    int score[M + 1];
} stu[N];
void print();
void in() /* 输入姓名和成绩 */
{   int i,j;
    for(i = 0;i < N;i++)
      {  gets(stu[i].name);
         for(j = 0;j < M;j++)
           scanf("%d",&stu[i].score[j]);
         getchar();
      }
    printf("shujushurujieshu \n");
    print();
}
void query(char nam[]) /* 根据姓名查找成绩 */
{   int i,j;
    for(i = 0;i < N;i++)
      if(strcmp(nam,stu[i].name) == 0)
        {  puts(stu[i].name);
           for(j = 0;j < M;j++)
             printf("%5d",stu[i].score[j]);
           printf(" \n");
           break;
        }
    if(i == N) printf("查无此人 \n");
}
void sort(int n) /* 按第 n 科成绩排序 */
{   int i,j;
    struct student t;
    for (i = 0;i < N - 1;i++)
      for (j = 0;j < N - 1 - i;j++)
```

```c
            if (stu[j].score[n] < stu[j+1].score[n])
            { t = stu[j];
              stu[j] = stu[j+1];
              stu[j+1] = t;
            }
     print();
}
void calc()/* 按不同的选择进行排序 */
{  int i,choos;
   printf("---------------选择排序内容--------------------\n");
   printf("---------------------------------------------\n");
   printf(" 1：单科排序                                  \n");
   printf(" 2：按总分排序                                \n");
   printf(" 0：退出                                      \n");
   printf(" 请选择 0-2                                   \n");
   printf("---------------------------------------------\n");
   scanf("%d",&choos);
   switch(choos)
   {case 1: printf("输入按第几科排序的数字"); scanf("%d",&i); sort(i); break;
    case 2: sort(M); break;/* M 表示按总分排序 */
    case 0: exit(0);
   }
}
void print()/* 输出全部成绩 */
{  int i,j;
   for(i=0;i<N;i++)
     {printf("%s",stu[i].name);
      for (j=0;j<M+1;j++)
        printf("%4d",stu[i].score[j]);
      printf(" \n");
     }
}
void edt()/* 求每个学生的总分 */
{  int i,j;
   for(i=0;i<N;i++)
     for(j=0;j<M;j++)
        stu[i].score[M] += stu[i].score[j];
   print();
}
void main()
{  int sel;
   char s[30];
   do
```

```
    }
    printf("------------学生成绩管理系统--------------  \n");
    printf("-----------------------------------------  \n");
    printf(" 1: 成绩录入  \n");
    printf(" 2: 成绩查询  \n");
    printf(" 3: 成绩排序  \n");
    printf(" 4: 成绩管理(求每个学生的总分) \n");
    printf(" 5: 成绩输出  \n");
    printf(" 0: 退出  \n");
    printf(" 请选择 0 - 5 \n");
    printf("-----------------------------------------  \n");
    scanf("%d", &sel); getchar();
    switch(sel)
      {case 1: in(); break;
       case 2: printf("shuruxingming \n"); gets(s); query(s); break;
       case 3: calc(); break;
       case 4: edt( ); break;
       case 5: print( ); break;
       case 0: exit(0);
      }
    }while(1);
}
```

9.6 结构体与链表

9.6.1 链表的概念

我们知道,若要把 100 个整数存储起来,应该用数组来完成,只要定义一个长度是 100 的整型数组,就能方便地解决数据存储问题。但是,若要求存储一大批整数,而并不知道它的确切个数,再使用数组存储就不那么方便了,因为很难为数组说明一个合适的长度,使得既不浪费存储空间,又能够把数据存储起来。显然,数组这样固定长度的数据结构,并不适合对大量未知个数的数据的存储,它必然会因定义数组长度过大,造成存储空间的大量浪费,要么说明数组长度不够,使得预先分配的空间不足,也就是说,很难达到正好。显然,这个时候就需要动态分配存储空间,有一个数据分配一个相应的存储空间,既避免了空间的浪费,又避免了空间的不足。链表就是解决这个问题的有效方法。

链表是一种非固定长度的数据结构,是动态存储技术,它能够根据数据的结构特点和数量使用内存,尤其适合数据个数可变的数据存储。

使用链表存储数据的原理与数组不同,它不需要事先说明要存储的数据数量,系统也不会提前为它准备大的存储空间,而是当需要存储数据时,通过动态内存分配函数向系统获取一定数量的内存,用于数据存储。需要多少,就申请多少,系统就分配多少,不用时,就将占用的内存释放。

若要用链表存储表 9.1 的数据,即存储学生数据信息,可以用如下的描述完成。

(1)申请一段内存 M,并把它分成两部分:一部分为数据区,用于存储数据;另一部分为地址区,用于存储下一次申请到的内存段的首地址。

(2)将一个学生的数据存储在 M 的数据区中。

(3)若当前是第一个数据,则将 M 的首地址保存在指针变量 head 中;否则将 M 的首地址保存在上一个数据内存段的地址区。

(4)重复(1)、(2)、(3)的过程,直到所有数据都存储完成后,在最后一段内存的地址区位置存储一个结束标志。产生的链表如图 9.2 所示。

图 9.2 链表示意图

构成链表的每一个独立的内存段称为链表的节点,节点中存储数据的部分称为节点数据域,存储下一个节点地址的部分称为节点指针域,指向第一个节点的指针称为链表的头指针。在单向链表中要找到一个节点,必须首先要找到它的上一个节点。然后,根据它提供的下一个节点地址,才能找到下一个节点。如果链表不提供头指针,那么链表的任何一个节点都将无法访问。

链表解决了用数组存储不确定数据的问题,同时,链表还有它另外的优点,例如,当需要在存储数据中插入一个数据时,仅需要在链表的适当位置插入一个节点即可;当需要删除一个数据时,只需要把对应的节点从链表中删除即可。而用数组存储时,不管插入还是删除数据,都需要进行大量的元素移动。但链表也有自己的缺点,对访问元素上,没有数组方便。链表的各个节点是不连续的,必须通过链表的头节点才能访问元素,它往往包含一个沿着指针链查找节点的过程。而访问数组元素则十分方便,只需要通过元素下标就能立即访问指定的元素。

9.6.2 动态分配内存

C 语言提供了一些内存管理函数,这些内存管理函数可以按需要动态地分配内存空间,也可把不再使用的空间回收待用,为有效地利用内存资源提供了手段。

常用的内存管理函数有以下三个:

1. 分配内存空间函数 malloc

调用形式:

  (类型标识符 *)malloc(size)

功能:在内存的动态存储区中分配一块长度为 size 字节的连续区域。函数的返回值为该区域的首地址。

◆ "类型标识符"表示把该区域用于何种数据类型。

◆ "(类型标识符 *)"表示把返回值强制转换为该类型指针。

◆ size 是一个无符号数。

例如:

  pc = (char *)malloc(100);

表示分配 100 个字节的内存空间,并强制转换为字符指针类型,函数的返回值为指向该空间首地址的指针,把该指针赋予指针变量 pc。

2. 分配内存空间函数 calloc

调用形式:

  (类型标识符 *)calloc(n,size)

功能:在内存动态存储区中分配 n 块长度为 size 字节的连续区域。函数的返回值为该区域的首地址。

◆ "类型标识符"表示把该区域用于何种数据类型。
◆ "(类型标识符 *)"表示把返回值强制转换为该类型指针。
◆ size 是一个无符号数。

calloc 函数与 malloc 函数的区别仅在于一次可以分配 n 块区域。

例如:

  ps = (struct stu *)calloc(2,sizeof(struct stu));

其中的 sizeof(struct stu)是求 stu 的结构长度。因此该语句的意思是:分配 2 个 stu 的长度的空间连续区域,强制转换为 stu 类型,并把其首地址赋予指针变量 ps。

3. 释放内存空间函数 free

调用形式:

  free(ptr);

功能:释放 ptr 所指向的一块内存空间,ptr 是一个任意类型的指针变量,它指向被释放区域的首地址。被释放区应是由 malloc 或 calloc 函数所分配的区域。

例如:free(ps);

释放 ps 指向的内存区域,该函数无返回值。

【例 9.9】 分配一块区域,输入一个学生数据。

程序如下:

```
/* e9-9.c */
# include "stdio.h"
void main()
{   struct stu
    {   int num;
        char * name;
        char sex;
        float score;
    } *ps;
    ps = (struct stu * )malloc(sizeof(struct stu));
    ps -> num = 102;
    ps -> name = "Huang bin";
    ps -> sex = 'M';
    ps -> score = 62.5;
    printf("Number = %d \nName = %s \n",ps -> num,ps -> name);
    printf("Sex = %c \nScore = %f \n",ps -> sex,ps -> score);
```

```
            free(ps);
        }
```

运行结果：

```
Number = 102
Name = Huang bin
Sex = M
Score = 62.500000
```

【说明】该例中，定义了结构体类型 stu，定义了 stu 类型指针变量 ps。然后分配一块 stu 内存区，并把首地址赋予 ps，使 ps 指向该区域。再以 ps 为指向结构体的指针变量对各成员赋值，并用 printf 输出各成员值。最后用 free 函数释放 ps 指向的内存空间。整个程序包含了申请内存空间、使用内存空间、释放内存空间三个步骤，实现存储空间的动态分配。

9.6.3 用结构体实现链表

链表的节点是一个结构体类型，它至少拥有一个指针类型的成员，该成员用于指向链表中的其他节点，它的指针类型就是链表中节点的数据类型。因此要定义一个链表节点的结构，需要包括两方面的信息：一方面定义数据存储所对应的各个成员；另一方面定义指向其他节点的指针成员。

例如，一个存放学生学号和成绩的节点应为以下结构：

```
struct stu
{   int num;
    int score;
    struct stu * next;
};
```

前两个成员项为数据域，后一个成员项 next 为指针域，它是一个指向 stu 类型结构体的指针变量，通过 next 指针，使节点一个个被连接起来，形成链表。

下面是在 C 语言中生成一个链表节点的一般过程。

(1)向系统申请一个内存段，其大小由节点的数据类型决定。对于 struct stu 类型的节点，大小为 sizeof(struct stu)。可以用 malloc() 和 calloc() 实现申请动态内存的操作，这两个函数返回值是获得内存段的首地址。

(2)指定内存段的数据类型。由于动态内存分配函数只负责为程序分配指定大小的内存空间，并不规定这段内存存储数据的类型，因此在使用时要为这个内存空间指定数据类型，并使用一个与节点类型一致的指针变量指向它。

如：p=(节点数据类型 *)malloc(sizeof(节点数据类型));

(3)为申请的节点添加数据。这个过程就是为结构体变量的各个成员赋值，对指针域成员赋值的目的是，使一个独立的节点连接到链表上。

9.6.4 链表的操作

链表的操作有很多种，最基本的操作是建立链表，在链表中插入节点、删除节点、查找节点等，我们这里主要介绍单向链表，用来对学生信息进行操作。

链表节点的结构体类型如下：

```
# define STUDENT struct student
STUDENT
{   long int num;
    float score;
    STUDENT  * next;
};
# define LEN sizeof(STUDENT)
# define NULL 0
int n = 0;
```

1. 链表的建立

建立链表的过程就是把一个个节点插入链表的过程。其操作的主要部分为，申请一个节点的存储空间并输入数据，将该节点接到原链表的尾部，该过程重复进行，直到输入学号为 0 时为止。

【例 9.10】 写出建立链表的函数。

```
STUDENT  * creat()
{   STUDENT  * head,  * end, *p1;
    long inum;
    float fscore;
    printf("input date format(ld ~ f): \n");
    scanf("%ld%f",&inum,&fscore);
    head = NULL;
    while(inum! = 0)
    {   n = n + 1;
        p1 = (STUDENT  * )malloc(LEN); /* 申请结构体类型的存储空间 */
        p1 -> num = inum; p1 -> score = fscore; p1 -> next = NULL;
        if(n == 1) {head = p1;end = p1;} /* 如果是第一个节点就是头节点 */
        else {end -> next = p1; end = p1;} /* 将新节点接到原链表的后面 */
        scanf("%ld%f",&inum,&fscore); /* 输入下一个节点的数据 */
    }
    return(head);
}
```

【说明】 creat 函数用于建立一个学生信息的链表，它是一个指针函数，它返回的指针指向 STUDENT 结构体。在 creat 函数内定义了三个 STUDENT 结构的指针变量。head 为头指针，p1 为指向新分配节点的指针变量。end 为两相邻节点的后一节点的指针变量。在 while 语句内，用 malloc 函数建立长度与 STUDENT 长度相等的空间作为一节点，首地址赋予 p1。然后输入节点数据。如果当前节点为第一节点(n == 1)，则把 p1 值（该节点指针）赋予 head 和 end。如非第一节点，则把 p1 值赋予 end 所指节点的指针域成员 next。再把 p1 值赋予 end 以作下一次循环准备。当输入的学号为 0 时，链表建立结束。

2. 链表的输出

链表的输出比较简单，只要将链表中各节点的数据依次输出即可，在输出链表时，必须知道链表头的地址,直到输出链表尾结束。

【例 9.11】 写出输出链表的函数 print。

函数如下:

```
void print(STUDENT * head)
{ STUDENT *p;
  printf(" \nNow These %d records are: \n",n); /*输出 n 为建立的节点数目*/
  p = head;
  while(p! = NULL)
     {printf("%8ld %5.1f \n",p -> num,p -> score);
      p = p -> next; /*指向下一个节点*/
     }
}
```

3.链表的插入

对于链表的插入操作是以节点某一成员为参照,本例中是以学号由小到大为原则,插入分为以下几种情况:

(1)如果链表为空,则插入的节点作为第一个节点;
(2)如果学号比链表内所有节点的学号都小,则该节点作为头节点;
(3)如果学号比链表内所有节点的学号都大,则该节点作为尾节点;
(4)如果插入的节点小于某一节点而大于另一节点,则该节点应插入中间。

链表插入过程如图 9.3 所示。

图 9.3 链表插入示意图

【例 9.12】 写出插入链表节点的函数 insert。

函数如下:

```
STUDENT * insert(STUDENT * head,STUDENT * stud)
{ STUDENT *p0, *p1, *p2;
  p1 = head;
  p0 = (STUDENT * )malloc(LEN);
  p0 -> num = stud -> num;
  p0 -> score = stud -> score;
  if(head == NULL) {head = p0; p0 -> next = NULL;}
```

```
            else
              {while((p0 -> num > p1 -> num)&&(p1 -> next! = NULL))
                 { p2 = p1;
                   p1 = p1 -> next;
                 }
                 if(p0 -> num <= p1 -> num)
                 if(p1 == head) {p0 -> next = p1;head = p0;}
                 else {p2 -> next = p0; p0 -> next = p1;}
                 else {p1 -> next = p0;p0 -> next = NULL;}
              }
           n = n + 1;
           return(head);
        }
```

【说明】本函数有两个形参均为指针变量，head 指向链表，stud 指向被插节点。函数中首先判断链表是否为空，为空则使 head 指向被插节点。表若不空，则用 while 语句循环查找插入位置。找到之后再判断是否在第一节点之前插入，若是则使 head 指向被插节点，被插节点指针域指向原第一节点；否则在其他位置插入，若插入的节点大于表中所有节点，则在表末插入。本函数返回一个指针，是链表的头指针。当插入的位置在第一个节点之前时，插入的新节点成为链表的第一个节点，因此 head 的值也有了改变，故需要把这个指针返回主调函数。

4.链表节点的删除

删除节点的情况有以下几种：
(1)没有发现要删除的对象。
(2)删除的节点是头节点。
(3)删除的节点是中间节点。
(4)删除的节点是尾节点。

【例 9.13】 写一个函数 del,删除链表中的指定节点。
函数如下：

```
        STUDENT * del(STUDENT * head, long num)
        {  STUDENT *p1, *p2;
           if(head == NULL) {printf("list null \n");return(head);}
           p1 = head;
           while(p1 -> num! = num && p1 -> next! = NULL)
              {p2 = p1; p1 = p1 -> next;}
           if(num == p1 -> num)
              {if(p1 == head) head = p1 -> next;
               else p2 -> next = p1 -> next;
               printf("delete:%ld \n",num);
               free(p1);
               n = n - 1;
              }
           else printf("%ld not been found!  \n",num);
```

```
            return(head);
    }
```

【说明】函数有两个形参,head 为指向链表第一节点的指针变量,num 为被删节点的学号。首先判断链表是否为空,为空则不可能有被删节点。若不为空,则使 p1 指针指向链表的第一个节点。进入 while 语句后逐个查找被删节点。找到被删节点之后再看是否为第一节点,若是则使 head 指向第二节点(即把第一节点从链中删去);否则使被删节点的前一节点(p2 所指)指向被删节点的后一节点(被删节点的指针域所指)。如若循环结束未找到要删的节点,则输出"not been found!"的提示信息。最后返回 head 值,过程如图 9.4 所示。

图 9.4 删除链表节点示意图

【例 9.14】 将以上建立链表、输出链表、删除链表节点、插入链表节点的函数组织在一起,然后用 main 函数调用它们,完成对链表的基本操作。

程序如下:

```
/* e9-14.c */
# define NULL 0
int n=0; /* n 表示链表建立的节点数目 */
# define STUDENT struct student
# define LEN sizeof(STUDENT)
# include "stdio.h"
STUDENT
{   long int num;
    float score;
    STUDENT * next;
};
STUDENT * creat()
{   STUDENT * head, * end, *p1;
    long inum;
    float fscore;
    printf("input date format(ld~f): \n");
    scanf("%ld%f",&inum,&fscore);
    head = NULL;
    while(inum! =0)
       {  n = n+1;
          p1 = (STUDENT * )malloc(LEN);
          p1 -> num = inum; p1 -> score = fscore; p1 -> next = NULL;
```

```c
        if(n==1) {head=p1;end=p1;}
        else {end->next=p1; end=p1;}
        scanf("%ld%f",&inum,&fscore);
        }
        return(head);
}
void print(STUDENT * head)
{   STUDENT *p;
    printf(" \nNow These %d records are: \n",n);/*输出n为建立的节点数目*/
    p=head;
    while(p!=NULL)
        {printf("%8ld %5.1f \n",p->num,p->score);
        p=p->next;
        }
}
STUDENT * insert(STUDENT * head, STUDENT * stud)
{   STUDENT *p0, *p1, *p2;
    p1=head;
    p0=(STUDENT * )malloc(LEN);
    p0->num=stud->num;
    p0->score=stud->score;
        if(head==NULL) {head=p0;p0->next=NULL;}
        else
            {while((p0->num>p1->num)&&(p1->next!=NULL))
                {p2=p1;
                p1=p1->next;
                }
            if(p0->num<=p1->num)
                if(p1==head) {p0->next=p1;head=p0;}
                else {p2->next=p0; p0->next=p1;}
            else {p1->next=p0;p0->next=NULL;}
            }
    n=n+1;
    return(head);
}
STUDENT * del(STUDENT * head, long num)
{   STUDENT *p1, *p2;
    if(head==NULL) {printf("list null \n");return(head);}
    p1=head;
    while(p1->num!=num && p1->next!=NULL)
        {p2=p1; p1=p1->next;}
    if(num==p1->num)
        {if(p1==head) head=p1->next;
```

```
                else p2 -> next = p1 -> next;
                printf("delete:%ld \n",num);
                free(p1);
                n = n - 1; }
         else printf("%ld not been found! \n",num);
         return(head);
}
void main()
{   STUDENT * head,stu, *pnum;
    long int num;
    printf("input number of node: ");
    head = creat();
    print(head);
    printf("Input the inserted number and age: ");
    pnum = ( STUDENT * )malloc(LEN);
    scanf("%ld%f",&stu.num,&stu.score); stu.next = NULL;
    head = insert(head,&stu);
    print(head);
    printf("Input the deleted number: ");
    scanf("%ld",&num);
    head = del(head,num);
    print(head);
}
```

9.7 共用体

9.7.1 共用体概述

共用体是 C 语言中一种特殊的数据类型,它是多个成员的组合体,但与结构体不同,共用体的成员被分配在同一段内存空间中,它们的开始地址相同,使得同一段内存由不同的变量共享。共享使用这段内存的变量既可以具有相同的数据类型,也可以具有不同的数据类型。例如,可以使整型变量 i、字符型变量 c、浮点型变量 f 共同使用从某一地址开始的同一段内存单元,如图 9.5 所示。i、c 和 f 三个变量都使用起始地址是 1000 的一段内存,i 使用 1000、1001 两个内存单元;c 使用 1000 一个内存单元;f 使用 1000~1003 四个内存单元。

图 9.5 多个变量共用内存

将这种多个变量共用同一段内存的结构称为"共用体"类型的结构。共用体类型属于构造类型,它需要用 union 关键字按照一定的格式进行定义,然后才能作为数据类型在程序中使用。

9.7.2　共用体类型的定义

共用体类型定义的一般形式如下:
  union 共用体名
  {
    成员表
  };
其中,union 为关键字,成员表中含有若干成员,成员的一般形式为:
  类型标识符　成员名
成员名的命名应符合标识符的规定。例如:
```
union data
{   int i;
    char c;
    float f;
};
```

定义了一个名为 data 的共用体类型,它含有三个成员:一个为整型,成员名为 i;一个为字符型,成员名为 c;另一个为 float 型,成员名为 f。共用体类型定义之后,即可用来定义共用体变量。

9.7.3　共用体变量的声明

共用体变量的定义也有和结构体变量的定义方式类似的三种形式。

1. 先定义共用体类型,再定义共用体变量

例如:
```
union data
{   int i;
    char c;
    float f;
};
union data d1,d2;
```
该方式定义了共用体类型 union data,并使用 union data 类型定义了 d1、d2 变量。

2. 共用体类型与共用体变量同时定义

该方式在定义共用体类型的同时定义共用体类型的变量。

3. 直接定义共用体变量

该方式在定义共用体类型的同时定义共用体类型的变量,省略共用体类型名。

共用体类型和共用体变量的定义在形式上与结构体的定义十分相似,但在本质上却有很大的区别,请读者注意结构体与共用体的区别。

(1) 结构体说明的是一个组合型的数据,多个不同的数据项可以作为一个数据整体对待;而共用体说明的是内存的一种共享机制,多个不同的变量可以使用同一段内存空间。

(2) 结构体中各个成员有不同的地址,所占内存长度等于全部成员所占内存长度之和;而共用体各成员有相同的地址,所占内存长度等于最长成员所占内存的长度。

由于共用体中的各个成员使用共同的存储区域,所以共用体中的空间在某时刻只能保持某一成员的数据,即向其中一个成员赋值时,共用体中其他成员的值也会随着发生改变。

9.7.4 共用体的使用

共用体是对多个变量共享同一段内存,因此单独使用共用体变量时,没有任何意义,只能通过引用共用体的成员来使用共用体变量。

共用体变量的成员引用方式如下:

    共用体变量名.成员名

例如,d1 被说明为 data 类型的变量之后,可使用 d1.i、d1.c 和 d1.f 成员,不允许只用共用体变量名作赋值或其他操作。也不允许对共用体变量作初始化赋值,赋值只能在程序中进行。还要再强调说明的是,一个共用体变量,每次只能赋予一个成员值。换句话说,一个共用体变量的值就是共用体变量的某一个成员值。

【例 9.15】 分析以下程序的执行结果。

```
/* e9-15.c */
#include "stdio.h"
union date
{   int i;
    char c;
    char s[2];
}d;
void main()
{   d.i = 0x4130;
    printf("d.i = %x \n",d.i);
    printf("d.c = %x \n",d.c);
    printf("d.s[0] = %x \n",d.s[0]);
    printf("d.s[1] = %x \n",d.s[1]);
}
```

运行结果:
  d.i = 4130
  d.c = 30
  d.s[0] = 30
  d.s[1] = 41

【分析】

在共用体变量 d 中,成员 i、c 和 s[2] 共享同一段内存。如图 9.6 所示,变量 d 的长度为 2。执行赋值语句 d.i = 0x4130;后的内存使用情况。

图 9.6 共用体变量 d 占用内存情况

9.8 枚举类型数据

9.8.1 枚举类型的定义

在实际问题中,有些变量的取值被限定在一个有限的范围内。例如,一个星期内只有七天,一年只有十二个月,一个班每周有六门课程等等。如果把这些量说明为整型、字符型或其他类型显然是不妥当的,为此,C 语言提供了一种称为"枚举"的类型。在"枚举"类型的定义中列举出所有可能的取值。应该说明的是,枚举类型是一种基本数据类型,而不是一种构造类型,因为它不能再分解为任何基本类型。

枚举类型定义的一般形式如下:

enum 枚举名 {枚举值表};

enum 为定义枚举类型关键字,在枚举值表中应列出所有可用值,这些值也称为枚举元素。

例如:

    enum weekday{ sun,mon,tue,wed,thu,fri,sat };

该枚举名为 weekday,枚举值共有 7 个,即一周中的七天。凡被说明为 weekday 类型变量的取值只能是七天中的某一天。

9.8.2 枚举类型变量的声明

如同结构体和共用体一样,枚举变量也可用不同的方式说明,即先定义后说明,同时定义说明或直接说明。

设有变量 a、b、c 被说明为上述的 weekday 变量,可采用下述任一种方式:

  enum weekday{ sun,mou,tue,wed,thu,fri,sat };
  enum weekday a,b,c;

或者为:

  enum weekday{ sun,mou,tue,wed,thu,fri,sat }a,b,c;

或者为:

  enum { sun,mou,tue,wed,thu,fri,sat }a,b,c;

9.8.3 枚举类型变量的使用

枚举类型变量在使用中有以下规定:

(1)枚举值是常量,不是变量。不能在程序中用赋值语句再对它赋值。

例如对枚举 weekday 的元素再作以下赋值：

    sun = 5;

    mon = 2;

    sun = mon;

都是错误的。

(2)枚举元素本身由系统定义了一个表示序号的数值,从第一个枚举元素开始顺序定义为 0,1,2…。如在 weekday 中,sun 值为 0,mon 值为 1,……,sat 值为 6。

【例 9.16】 读程序,分析运行结果。

程序如下：

```
/* e9-16.c */
#include "stdio.h"
void main()
{   enum weekday { sun,mon,tue,wed,thu,fri,sat } a,b,c;
    a = sun;
    b = mon;
    c = tue;
    printf("%d,%d,%d",a,b,c);
}
```

运行结果：

    0,1,2

(3)只能把枚举值赋予枚举变量,不能把元素的数值直接赋予枚举变量。如：

    a = sum; b = mon;   （正确）

    a = 0;b = 1;   （错误）

如一定要把数值赋予枚举变量,则必须用强制类型转换。如：

    a = (enum weekday)2;

其意义是将顺序号为 2 的枚举元素赋予枚举变量 a,相当于：

    a = tue;

还应该说明的是枚举元素不是字符常量,也不是字符串常量,使用时不要加单、双引号。

9.9 类型定义符 typedef

C 语言不仅提供了丰富的数据类型,而且还允许由用户自己定义类型说明符来代替已有的类型名,也就是说允许由用户为数据类型取"别名"。类型定义符 typedef 即可用来完成此功能。例如,有整型量 a 和 b,其说明如下：

    int a,b;

其中 int 是整型变量的类型说明符。int 的完整写法为 integer,为了增加程序的可读性,可把整型说明符用 typedef 定义为：

    typedef int INTEGER

这以后就可用 INTEGER 来代替 int 作整型变量的类型说明了。

例如：

    INTEGER a,b;

它等效于：

    int a,b;

用 typedef 定义数组、指针、结构等类型将带来很大的方便，不仅使程序书写简单而且使意义更为明确，因而增强了可读性。

例如：

    typedef char NAME[20]；表示 NAME 是字符数组类型，数组长度为 20。然后可用 NAME 说明变量，如：

    NAME a1,a2,s1,s2;

完全等效于：

    char a1[20],a2[20],s1[20],s2[20];

又如：

```
typedef struct stu
{   char name[20];
    int age;
}STU;
```

定义 STU 表示 stu 的结构类型，然后可用 STU 来说明结构变量：

    STU body1,body2;

typedef 定义的一般形式为：

    typedef 原类型名 新类型名

其中原类型名中含有定义部分，新类型名一般用大写表示，以便于区别。

有时也可用宏定义来代替 typedef 的功能，但是宏定义是由预处理完成的，而 typedef 则是在编译时完成的，后者更为灵活方便。

9.10 位运算

C 语言由于具有位运算功能而可以方便地解决一些与硬件相关的问题，再加上其丰富的指针运算，使其在计算机检测和控制领域得到了广泛应用。

9.10.1 位运算符

所谓位运算是指直接对内存中的二进制位进行运算，其操作数只能是整型或者字符型，不能是实型。C 语言提供了 6 种位运算符，可以实现按位取反、移位等位操作，表 9.2 列出了 C 语言的位运算符。位运算符优先级的顺序为 ~，<<（>>），&,^,|。位运算符与赋值运算符结合，即构成了扩展的赋值运算符(位自反赋值运算符)。

表 9.2 位运算符的含义

运算符	含义	运算符	含义
~	取反	&	按位与
<<	左移	^	按位异或
>>	右移	|	按位或

1. "按位与"运算符(&)

按位与(&)是双目运算符,按二进制位进行"与"运算,如果两个相应的二进制位都为1,则按位与的结果值为1;否则为0。即 0&0、0&1 及 1&0 的值都为 0,1&1 的值为 1。

【例9.17】 计算 2&5。

```
    0000 0000 0000 0010   （2 的补码）
 &  0000 0000 0000 0101   （5 的补码）
    0000 0000 0000 0000
```

因此,2&5 的值为 0。位运算都是直接对内存中的二进制位进行运算,而数据在内存中都是以补码形式存储的,如果参加位运算的是负数(如 -2&-5),则直接以内存中存储的补码形式进行"按位与"运算。

```
    1111 1111 1111 1110   （-2 的补码）
 &  1111 1111 1111 1011   （-5 的补码）
    1111 1111 1111 1010   （-6 的补码）
```

所以,-2&-5 的值为 -6。

【说明】本例中按2个字节存放一个整数举例,以下的例子以8位机器数为例。

"按位与"有如下一些特殊用途:

(1)清零:用零去和需要清零的位进行按位与运算。

【例9.18】 原数与一个数按位与后,结果为0。

```
    0010 0111
 &  1101 1000
    0000 0000
```

(2)取一个数中的某些指定位。

【例9.19】 取一个整数的高字节。

```
    0010 1001 0111 1000
 &  1111 1111 0000 0000
    0010 1001 0000 0000
```

2. "按位或"运算符(|)

按位或(|)也是双目运算符,按二进制位进行"或"运算,只要两个相应位中有一个为1,则结果为1;只有当两个相应位的值均为零时,结果才为0。即 010 的值为 0,而 011、110 及 111 的值都为 1。

【例9.20】 计算 3|5。

```
    0000 0011   （3）
 |  0000 0101   （5）
    0000 0111
```

即315的结果为7。

"按位或"运算的特殊用途是对一个数据的某些特殊位设为1,而其余位不发生变化。

【例9.21】 将一个数的高4位置1,低4位不变。

```
   0110 1011
|  1111 0000
   1111 1011
```

3. "按位异或"运算符(^)

异或运算符(^)也是双目运算符,又称 XOR 运算符。若参加运算的两个二进制位相同,则结果值为0;不同则结果为1。即0^0和1^1的值为0,0^1和1^0的值为1。

【例9.22】 求3^5的值。

```
   0000 0011  (3)
^  0000 0101  (5)
   0000 0110
```

即3^5的值为6。

4. "按位取反"运算符(~)

"~"是一个单目运算符,只有一个操作数。按二进制位进行"取反"运算,即0变1,1变0。

【例9.23】 若 x = 0x76,则 ~ x 的结果为 −119。

```
~ 01110110
  10001001  ( −119的补码)
```

【注意】 "~"运算符为单目运算符,优先级高于算术运算符、关系运算符、逻辑运算符和其他位运算符。

5. "左移"运算符(<<)

左移运算符<<是双目运算符,运算符左边的操作符按运算符右边的操作符给定的数值向左移若干位,从左边移出去的高位部分被丢弃,右边空出的低位部分补0。

【例9.24】 若 x = 0x36,则将 x 左移3位的表达式为 x<<3,结果如下:

```
  00110110
  00110110        左移3位
  10110000        右边空出的低位部分补0
```

表达式为 x << 3 的值为0xB0。

左移运算符的特殊用途是可以实现乘法运算。

【例9.25】 若 x = 0x36(十进制的54),则:

```
x << 1 得 x = 0x6C = 108
x << 2 得 x = 0xD8 = 216
```

可见,x = 0x36 左移1位相当于乘以2,左移2位相当于乘以4。

6. "右移"运算符(>>)

右移运算符>>是双目运算符,运算符左边的操作符按运算符右边的操作符给定的数值向右移若干位,从右边移出去的低位部分被丢弃,对无符号数,左边空出的高位部分补"0",对有符号数,若符号位为"0"(正数),则左边空出的高位部分补"0",若符号位为"1"(负数),空出的高位部分的补法与所使用的计算机系统有关,系统补"0",称为逻辑右移,系统补

"1",称为算术右移。

【例9.26】 若 x = 0x38(十进制 56),则:

$$x >> 1 \text{ 得 } x = 0x1C = 28$$
$$x >> 2 \text{ 得 } x = 0x0E = 14$$

可见,x = 0x38 右移 1 位相当于除以 2,右移 2 位相当于除以 4,右移运算符可以实现除法运算。

9.10.2 位段

如果采用以位为操作单位的方法对数据和校验位进行操作,算法将比较繁琐。如何简洁有效地进行处理呢?这就要采用 C 语言提供的位段操作。

1. 位段

所谓位段,是以位为单位定义结构体类型中成员的长度。例如:

```
Struct packed _ data
{
    unsigned s1 : 5;
    unsigned j1 : 3;
    unsigned s2 : 5;
    unsigned j2 : 3;
}data;
```

定义了位段结构类型 Struct packed _ data,它共包含 4 个成员,每个成员的数据类型都是 unsigned int。每个位段所占用的二进制位数由冒号后面的数字指定,至于这些位段存放的方式和具体位置,则由编译系统来分配,程序设计人员不必考虑。

2. 位段在定义和引用中应注意以下几点

(1) 位段成员必须指定为 unsigned 或 int 类型。
(2) 位段的长度不能大于存储单元的长度,也不能定义位段数组。
(3) 一个位段不能跨两个存储单元存放。
(4) 位段在数值表达式中引用,自动转换为整型数。

9.10.3 举例

【例9.27】 不引入第 3 个变量,交换变量 a 和 b 的值。

【分析】分析下列 3 条语句:

$$a = a\char`^b; b = b\char`^a; a = a\char`^b;$$

执行结果:$b = b\char`^a = b\char`^(a\char`^b) = a\char`^b\char`^b = a\char`^0 = a$

$$a = (a\char`^b)\char`^b\char`^(a\char`^b) = a\char`^b\char`^b\char`^a\char`^b = a\char`^a\char`^b\char`^b\char`^b = 0\char`^0\char`^b = b$$

程序如下:

```
# include "stdio.h"
void main()
{   int a,b;
    scanf("%d,%d",&a,&b);
```

```
        a = a^b;
        b = b^a;
        a = a^b;
        printf("a = %d,b = %d);
}
```

运行结果:

  16,38↵
  a = 38,b = 16

【例9.28】 将十六进制数循环左移4个二进制位,如0x1234循环左移4个二进制位之后变为0x2341。

【分析】取 a 的最高4个二进制位放到 b 中:b = a >> (16 – 4)&oxf

  将 a 左移4个二进制位:a = a << 4 & 0xffff

  将取出的最高4个二进制位放入低4位的二进制位中:a = a|b

程序如下:

```
#include "stdio.h"
void main()
{   int a,b;
    scanf("%x",&a);
    b = a >> (16 – 4)&0xf;
    a = (a << 4)&0xffff;
    a = a|b;
    printf("a = %x \n",a);
}
```

运行结果:

  1234↵
  2341

小　结

1.结构体是一种新型的数据类型,它与前面使用的数据类型的主要区别有如下两点:

(1)结构体类型不是系统固有的,它需要由用户自定义,在一个程序中可以有多个各不相同的结构体类型。

(2)一个结构体数据类型是多个不同成员的集合,这些成员可以具有不同的类型。结构体变量的长度是所有结构体成员的长度之和。

2.struct 是结构体数据类型的关键字,定义和使用结构体类型时都必须使用该关键字。

3.引用结构体成员的方法主要有两种:使用结构体变量名引用结构体成员;通过指向结构体变量的指针引用结构体成员。

4.链表是一种动态的数据存储结构,它的每一个节点都是结构体类型的数据,同一个链表的所有节点具有相同的数据类型。一个链表节点包含数据域和指针域两部分,数据域存储需要处理的数据,指针域存储下一个节点的地址。链表节点在物理位置上没有相邻性,节点之间的联系通过指针实现。对链表可以进行的基本操作有建立和输出链表节点、插入节点、删除节点、查找节点等操作。

5. 共用体是一种特殊的数据类型,它是多个成员的一个组合体,其本质是使多个变量共享同一段内存,共用体变量中的值是最后一次存储的成员的值,共用体变量不能进行初始化,共用体变量的长度是成员中最大的长度值。

6. 枚举是一种基本数据类型。枚举变量的取值是有限的,枚举与元素是常量,不是变量,枚举变量通常由赋值语句赋值,枚举元素虽可由系统或用户定义一个顺序值,但枚举元素和整数并不相同,它们属于不同的数据类型。

7. 位运算是 C 语言的一大特点,使用位运算可以对硬件直接操作。

习　　题

1. 选择题

(1) 当说明一个结构体变量时,系统分配给它的内存是_____。

A. 各成员所需内存量的总和　　　B. 结构中第一个成员所需内存量

C. 成员中占内存量最大者所需的容量　　D. 结构中最后一个成员所需内存量

(2) 设有以下说明语句

```
struct stu
{ int a;
  float b;
}stutype;
```

则下面的叙述不正确的是_____。

A. struct 是结构体类型的关键字　　　B. struct stu 是用户定义的结构体类型

C. stutype 是用户定义的结构体类型名　　D. a 和 b 都是结构体成员名

(3) 若有如下定义:

```
struct data
{ int i; char ch; double f;}b;
```

则结构体变量 b 占用内存的字节数是_____。

A. 1　　　　　B. 2　　　　　C. 8　　　　　D. 11

(4) 整数 n 左移一位相当于_____。

A. n 乘以 2　　B. n 除以 2　　C. n 乘以 16　　D. n 除以 16

2. 读程序,写出运行结果。

(1)
```
# include "stdio.h"
void main()
{ struct EXAMPLE
   { union
     {int x;int y;}in;
     int a;
     int b;
```

```
    }e;
    e.a=1;e.b=2; e.in.x=e.a*e.b; e.in.y=e.a+e.b;
    printf("%d,%d \n",e.in.x,e.in.y);
}
```

(2)
```
    #include "stdio.h"
    typedef int INT;
    void main()
    {   INT a,b; a=5;b=6; printf("a=%d \tb=%d \n",a,b);
        {   float INT; INT=3.0; printf("2*INT=%.2f \n",2*INT);
        }
    }
```

(3)
```
    void main()
    {   char b=7;
     Printf("%d,%d \n", ~b,! b);
    }
```

3. 定义一个结构体变量,其中包括:职工号、职工名、性别、年龄、工资、地址。

4. 对上述定义的变量,从键盘输入所需的具体数据,然后用 printf 函数打印出来。

5. 有 n 个学生,每个学生的数据包括学号(num)、姓名(name[20])、性别(sex)、年龄(age)、三门课的成绩(score[3])。要求在 main 函数中输入这 n 个学生的数据,然后调用一个函数 count,在该函数中计算出每个学生的总分和平均分,然后打印出所有各项数据(包括原有的和新求出的)。

6. 填空题。

(1) a∧=b+c 等价的语句为_____。

(2) 5+3<<2 的值为_____。

7. 不用计算,求出一个长整型中的二进制数。

第10章 文件

本章重点
(1) 文件和文件指针的概念。
(2) 文件的打开与关闭,相关函数为 fopen 和 fclose。
(3) 文件的读写,相关函数为 fgetc、fputc、fgets、fputs、fscanf、fprintf 等。

10.1 文件概述

作为初学者,我们在学习过程中编写的程序比较简单,程序运行时需要的数据,一般是从键盘输入,运行的结果一般是显示在显示器上,但是在实际应用中,所需的数据来源,有时是按照一定格式存放在外部存储介质上的数据文件,而且数据量很大,在运行程序时,要求从文件中读取数据,运行结果有时又需按照一定的格式存储在外部文件中,因此,掌握对文件的操作在程序设计语言中就显得很必要。

文件分为存储介质文件和外部设备文件。存储介质文件指存储在外部存储介质上数据的集合,如磁盘文件、光盘文件等;外部设备文件指的是与主机相连的各种外部设备,如键盘、显示器等。通常把键盘看作标准输入文件,把显示器看作标准输出文件。前面我们常用的 scanf 和 printf 函数就属于标准输入输出函数。本章只介绍存储介质文件,简称文件。

操作系统具有文件管理的功能,它是以文件为单位对数据进行管理的,若要找到存在外部介质上的数据,必须先按文件名找到所指定的文件,然后再从该文件中读取数据。若要向外部介质上存储数据也必须先建立一个文件,才能向它输出数据。

10.1.1 文件类型

C语言把文件中的数据看作是一连串的二进制数据流。按照文件中数据的组织形式不同,可分为二进制文件和文本文件。二进制文件是按照数据在内存中存储的形式原封不动地输出到外部介质上存放。而在文本文件中,存储的是字符的 ASCII 码值,每一个字节代表一个字符。例如:1024 这个整数,若按二进制文件存储则被看作是一个整体,在内存中共占两个字节;若按文本文件存储,1024 中的每一位数字都被看作是一个字符,共占 4 个字节,具体存储形式如图 10.1 所示。

无论是二进制文件还是文本文件,C语言都以字节为单位存取文件中的内容。输入输出的二进制数据流的开始和结束仅受程序控制。

图 10.1　ASCII 码文件与二进制文件存储示例图

10.1.2　缓冲文件系统和非缓冲文件系统

C 语言使用的文件系统分为缓冲文件系统(标准 I/O)和非缓冲文件系统(系统 I/O)两种。缓冲文件系统的特点是：在内存开辟一个"缓冲区"，为程序中的每一个文件使用，当执行读文件的操作时，从磁盘文件中将数据先读入内存"缓冲区"，装满后再从内存"缓冲区"依次接收到变量。执行写文件的操作时，先将数据写入内存"缓冲区"，待内存"缓冲区"装满后再写入文件。内存"缓冲区"的大小，影响着实际操作外存的次数，内存"缓冲区"越大，则操作外存的次数就越少，执行速度就越快、效率越高。非缓冲文件系统不自动开辟确定大小的"缓冲区"，而是依赖于操作系统，通过操作系统的功能对文件进行读写，是系统级的输入输出，它不设文件结构体指针，只能读写二进制文件，但效率高、速度快。由于新的 ANSI C 标准不再包括非缓冲文件系统，因此，后续内容主要围绕缓冲文件系统展开。

10.1.3　文件指针

每一个被使用的文件，操作系统都会在内存中为其开辟一块区域，用来存放文件的有关信息如文件的名字、文件缓冲区的大小、文件当前的读写位置等信息。这些信息保存在一个类型为 FILE 的结构体类型变量中。该结构体类型是由系统定义的，包含在头文件 stdio.h 中，其具体定义形式如下：

```
typedef struct
{   short           level;      /* fill/empty level of buffer */
    unsigned        flags;      /* File status flags */
    char            fd;         /* File descriptor */
    unsigned char   hold;       /* Ungetc char if no buffer */
    short           bsize;      /* Buffer size */
    unsigned char   *buffer;    /* Data transfer buffer */
    unsigned char   *curp;      /* Current active pointer */
    unsigned        istemp;     /* Temporary file indicator */
    short           token;      /* Used for validity checking */
} FILE;                         /* This is the FILE object */
```

如果要访问某个文件，必须先定义 FILE 类型的文件指针变量，让其指向待访问的文件，以后对该文件的操作都通过文件指针变量实现。定义文件指针变量的方法如下：

　　FILE *fp1, *fp2;

表示定义了两个 FILE 类型的指针变量(简称文件指针)fp1 和 fp2，在具体使用时，需给 fp1 和 fp2 赋值，让它们指向待操作的文件。这样，通过 fp1 和 fp2 就可以访问待操作的文件了。

10.2 打开/关闭文件

10.2.1 打开文件函数 fopen( )

对文件进行操作时,一般按照先打开,然后操作(读/写),最后关闭的步骤进行。C语言中打开文件的方法是使用 fopen 函数,其调用形式如下:

  fopen("文件名","文件操作方式");

若要操作的文件是当前路径下的文件,文件名一项中是该文件的名称,否则要把文件所在的路径一起给出。

例如:fopen("test.txt","r");

表示以只读的方式打开 test.txt 文件。

再如:fopen("d:\\lap\\test.txt","r");

表示以只读的方式打开 d 盘根目录下 lap 文件夹下的 test.txt 文件。需要注意的是 C 语言中'\\'是一个转义字符表示一个反斜杠'\'。

文件操作方式有只读、只写、追加等等,但文本文件和二进制文件的操作方式有所不同,详见表 10.1。其中在 r、r+、rb、rb+、a 和 ab 操作方式下,要求打开的文件一定要存在,否则出错;在 w、w+、wb 和 wb+ 操作方式下,若要打开的文件不存在,则新建一个文件,若要打开的文件存在,则将原文件删除,然后新建一个同名文件;在 a+ 和 ab+ 操作方式中,若要打开的文件不存在,则新建一个文件,若要打开的文件存在,原来的文件不被删去,位置指针指向文件末尾,可以读,也可以追加。

表 10.1 文件的操作方式及含义

文件操作方式	含 义
r	只读,为输入打开一个文本文件
w	只写,为输出打开一个文本文件
a	追加,从文本文件结尾处添加数据
rb	只读,为输入打开一个二进制文件
wb	只写,为输出打开一个二进制文件
ab	追加,从二进制文件结尾处添加数据
r+	读写,为读写打开一个文本文件
w+	读写,为读写新建一个文本文件
a+	读写,为读写打开一个文本文件
rb+	读写,为读写打开一个二进制文件
wb+	读写,为读写新建一个二进制文件
ab+	读写,为读写打开一个二进制文件

fopen 函数有返回值,若打开成功,返回指向该文件信息区的指针,否则返回空指针(NULL)。对文件的操作,都是通过操作指向该文件的指针来实现的。因此我们常用如下方式

打开一个文件：
```
fp = fopen("test.txt","r");
if(fp == NULL)
    { printf("cann't open test.txt! \n");
      exit(0);
    }
```
或者将上述两条语句合并成一条语句：
```
if((fp = fopen("test.txt","r")) == NULL)
    { printf("cann't open test.txt! \n");
      exit(0);
    }
```
exit 是一个库函数，包含在 stdlib.h 头文件中，它有一个整型参数(0 或非 0 值均可)，功能是关闭所有已打开的文件，终止正在运行的程序，返回操作系统。前面的程序段表明，若要打开的文件存在，则使 fp 指向该文件的文件指针(存放该文件的有关信息)，否则输出 cann't open test.txt!，并关闭所有已打开的文件，终止正在运行的程序，返回操作系统。

10.2.2 关闭文件函数 fclose( )

对文件操作结束之后，要关闭所操作过的文件，防止后续程序的误操作和数据丢失。关闭文件的函数名为 fclose，其调用形式如下：

fclose(文件指针)

例如：fclose(fp);将会使文件指针变量 fp 和所打开的文件 test.txt 脱离联系。fp 不再指向 test.txt 文件的信息区，以后若要再操作该文件，需要重新定义文件指针变量，通过使用 fopen 函数使定义过的文件指针变量和 test.txt 文件建立联系，然后再对该文件进行操作。

【例 10.1】 以只读的方式打开文件 data1.txt,若成功打开输出 successed! 并关闭该文件，否则输出 failed! 并结束程序。

程序如下：
```
/* e10-1.c */
# include "stdio.h"
# include "stdlib.h"
void main()
{   FILE * fp;                    /* 定义文件指针变量 fp */
    char ch;
    fp = fopen("data1.txt","r");  /* 以只读的方式打开文件 data1.txt,若该文件存在,打开后 fp
                                     指向它,若该文件不存在,fp 值为空(NULL) */
    if(fp == NULL)                /* 若 fp 是一个空指针,表明文件 data1.txt 不存在 */
      { printf("Failed! \n");     /* 输出 Failed! */
        exit(0);                  /* 终止正在运行的程序,返回操作系统 */
      }else
      { printf("Successed! \n");  /* 若能正确打开,输出 Successed! */
        fclose(fp);               /* 关闭所打开的文件,让 fp 与文件 data1.txt 脱离联系 */
      }
```

}

运行结果：
    Successed!

【说明】
(1)对文件操作前必须先定义文件指针。
(2)用 r 方式打开文件时,要求待打开的文件必须存在,否则出错。本题默认文件 data1.txt 存在,否则运行结果将会是:Failed!
(3)文件的打开和关闭必须成对出现。在编写程序时,倘若打开了某个文件,则必须在程序结束时(或其他合适的位置)关闭它。

10.3 顺序读写文件

打开文件之后,就可以对文件进行读(输入)、写(输出)操作了,C 语言中对文件操作的函数有多种,下面主要介绍在文件中输入/输出字符函数、输入/输出字符串函数、格式化输入/输出函数和以块的方式读写文件的函数。

10.3.1 输入/输出字符

输入、输出字符指的是从指定文件一次输入/输出一个字符的操作。该类函数包括 fputc 和 fgetc。

1. fputc 函数

fputc 函数的功能是将一个字符输出到指定文件中。其调用形式如下：
　　fputc(待输出字符,文件指针);
例如：fputc(ch,fp);
其中 ch 可以是一个字符常量、字符变量或者是一个字符的 ASCII 码值;fp 是文件指针变量,语句的功能是将 ch 所表示的字符写到 fp 所指向的文件中去。

2. fgetc 函数

fgetc 函数的功能是从所访问的文件中输入一个字符。其调用形式如下：
　　fgetc(文件指针);
例如：fgetc(fp);
其中 fp 是要访问的文件的 FILE 型指针变量。若文件尚未结束的话,该函数将返回所读取的字符,若遇文件结束,将返回符号常量 EOF(EOF 是文件的结束标志,其值为 -1,在 stdio.h 头文件中有定义)。

通常将 fgetc 函数调用的结果赋值给一个字符变量,或作为函数的参数使用。例如：
　　ch = fgetc(fp);
表示从 fp 指向的文件中读取一个字符赋值给字符变量 ch。例如：
　　fputc(fgetc(fp1),fp2);
表示从 fp1 指向的文件中读取一个字符,然后再将该字符输出到 fp2 指向的文件中。

【例 10.2】 从键盘依次输入一些字符,并将他们逐个存储到磁盘文件 data1.txt 中去,直到输入的字符为'$'为止。

程序如下:

```c
/* e10-2.c */
# include "stdio.h"
# include "stdlib.h"
void main()
{   FILE * fp;                          /*定义文件指针变量 fp*/
    char ch;
    if((fp = fopen("data1.txt","w")) == NULL) /* 以只写的方式打开文件 data1.txt */
      { printf("cann't open data1.txt \n");
        exit(0);
      }
    ch = getchar();                     /* 从键盘读取一个字符,保存在字符变量 ch 中 */
    while(ch! = '$')                    /* 若 ch 中的字符不是'$',继续 while 循环,否则终止
                                           while 循环 */
      { fputc(ch,fp);                   /* 将 ch 中的字符输出到 fp 所指向的文件中保存 */
        ch = getchar();                 /* 从键盘读取下一个字符,保存在字符变量 ch 中 */
      }
    fclose(fp);
}
```

运行时从键盘输入:

  Welcome to Beijing! $↵

程序运行结束后,输入的内容存储到了文件 data1.txt 中,可用以下方法查看该文件 data1.txt 的内容。

(1)由于 data1.txt 是纯文本文件,因此可以在"我的电脑"或"资源管理器"中找到该文件,打开后查看内容。

(2)使用 DOS 命令 type 查看:

  D:\ tc \ type data1.txt↵

以上两种方法看到的文件内容相同,如下所示:

  Welocome to Beijing!

【说明】

(1)该文件的操作方式,必须是允许写的方式。

(2)在 while 循环体中必须有继续读取下一个字符的语句,否则出错。

(3)运行该程序时,从键盘输入字符时必须有'$',以保证程序可以终止。

【例 10.3】 统计 data2.txt 中小写字母的个数,并显示其内容。

假设文件 data2.txt 内容为:

  Hello,This is a C file.

程序如下:

```c
/* e10-3.c */
# include "stdio.h"
```

```
    # include "stdlib.h"
    void main()
    {   FILE *fp;
        char ch;
        int n = 0;              /*用变量n保存小写字母的个数,初值为0*/
        if((fp = fopen("data2.txt","r")) == NULL) /*打开文件 data2.txt*/
        {   printf("cann't open data2.txt \n");
            exit(0);
        }
        while((ch = fgetc(fp))! = EOF) /*从fp所指向的文件中读取一个字符,并将其赋给ch,若ch不
                                    是文件结束标志(EOF),则继续while循环,否则终止while循环
                                    */
        {   putchar(ch);        /*将字符变量ch的内容输出到显示器上显示*/
            if(ch >= 'a'&&ch <= 'z')
                n++;            /*若ch为小写字母,则保存小写字母个数的变量n自加1*/
        };
        fclose(fp);
        printf(" \nThe number is:%4d \n",n);
    }
```

运行结果:

  Hello,This is a C file.

  The number is: 14

【说明】

(1)该文件的操作方式,必须是允许读的方式。

(2)在 while 循环体中必须判断所操作的文件是否已到结束位置,若是须终止循环。

(3)统计小写字符个数的变量 n 必须有初值,且其初值必须为0。

10.3.2 输入/输出字符串

输入、输出字符串指的是从指定文件一次输入/输出一个字符串的操作。该类函数包括 fputs 和 fgets。

1. fgets 函数

fgets 函数的功能是从指定文件中输入一个字符串,并在输入的字符串后自动加上字符串结束标志'\0'。其调用形式如下:

  fgets(存放字符串的起始地址,读出的字符数,文件指针);

例如:fgets(str,n,fp);

其中 str 一般为字符数组名或字符指针,用来存放从文件读出的字符串。n 表示从文件中读出 n - 1 个字符,最后系统自动加上的字符串结束标志'\0'共 n 个字符,fp 指向要访问的文件。

2. fputs 函数

fputs 函数的功能是向指定文件输出一个字符串。其调用形式如下:

  fputs(待输出字符串的起始地址,文件指针);

例如：fputs(str, fp);

其中 str 为字符数组名、字符串常量或字符指针，fp 是指向文件的指针变量。作用是向 fp 所指向的文件中写入 str 所代表的字符串。

【例 10.4】 从 file1.txt 文件中一次读取 5 个字符，并将之与字符数组 cmpstr 的内容比较，若两者不同，则将读取的字符存储到 file2.txt 的结尾处，直到 file1.txt 结束。

假设文件 file1.txt 内容为：

abcdex1y2zabcdewinxpabcde12345dqpic

程序如下：

```
/* e10-4.c */
# include "stdio.h"
# include "stdlib.h"
# include "string.h"
void main()
{   FILE * fp1, * fp2;
    char filestr[6], cmpstr[6];
    if((fp1 = fopen("file1.txt","r")) == NULL)    /* 打开文件 file1.txt */
      { printf("cann't open file1.txt! \n");
        exit(0);
      }
    if((fp2 = fopen("file2.txt","a")) == NULL)    /* 打开文件 file2.txt */
      { printf("cann't open file2.txt! \n");
        exit(0);
      }
    gets(cmpstr);                /* 输入一个字符串,并将其存储在字符数组 cmpstr 中 */
    fgets(filestr,6,fp1);        /* 从 fp1 所指向的文件 file1.txt 中读取一个包含 5 个有效
                                    字符的字符串,存储在数组 filestr 中 */
    while(! feof(fp1))           /* 若 file1.txt 没有结束,则继续 while 循环,否则终止 while
                                    循环 */
      {if(strcmp(filestr,cmpstr)! = 0)    /* 若数组 filestr 和 cmpstr 中的内容不相同 */
        fputs(filestr,fp2);      /* 将数组 filestr 中的内容存储到 fp2 所指向的文件 file2.txt
                                    中 */
        fgets(filestr,6,fp1);    /* 读取下一个字符串 */
      }
    fclose(fp1);                 /* 关闭文件 file1.txt */
    fclose(fp2);                 /* 关闭文件 file2.txt */
}
```

运行时从键盘输入：

  abcde↵

程序运行结束后，用例 10.2 的方法查看到该文件 file2.txt 的内容如下：

  x1y2zwinxp12345dqpic

【说明】

(1) 文件 file2.txt 的操作方式,必须是为追加方式。

(2) 调用 fgets 函数时,要注意该函数的第二个参数的值需比实际读取的字符个数大 1。

(3) 本程序使用了字符串比较函数 strcmp,因此需在主函数前添加头文件"string.h"。

(4) feof 函数的功能是判断一个文件是否结束,若遇文件结束返回"非 0"值,否则返回"0"值。

(5) 常用的判断文件结束的方法有两种,一种是用 EOF 标志如例 10.3;另一种使用 feof 函数,如例 10.4。前者只可用于文本文件,不能用于二进制文件,因为文本文件中每个字节被看作是一个字符的 ASCII 码值,而字符的 ASCII 码值中没有 -1,遇到 -1 时可以肯定是文件已结束,但是二进制文件中某个字节数据有可能是 -1,这样就难以判断文件是否真的结束,从而导致错误。后者既可用于二进制文件,又可以用于文本文件。

10.3.3 格式化输入/输出

格式化输入、输出指的是从指定文件中按照一定格式输入/输出数据的操作。该类函数包括 fscanf 和 fprintf。这两个函数的功能类似于 scanf 和 printf 函数,只是 scanf 和 printf 函数是针对标准输入输出设备而言的。

1. fscanf 函数

fscanf 函数的功能是按照一定格式从指定文件中输入一个或多个数据。其调用形式如下:

  fscanf(文件指针,格式控制,地址表列);

其中文件指针指向所要访问的文件,格式控制与地址表列同 scanf 函数。

例如:FILE *fp;

  int n;

  char str[10];

  float var;

  ⋮

  fscanf(fp,"%d %s %f",&n,str,&var);

表示从 fp 所指的文件中一次输入一个整数给变量 n,一个字符串给字符数组 str,一个浮点型数据给变量 var。

2. fprintf 函数

fprintf 函数的功能是按照一定格式向指定文件中输出一个或多个数据。其调用形式如下:

  fprintf(文件指针,格式控制,输出表列);

其中文件指针指向所要访问的文件,格式控制与输出表列同 printf 函数。

例如:FILE *fp;

  int n;

  char ch;

  ⋮

  fprintf(fp,"%d %c",n,ch);

表示将 n 以十进制整数的格式,ch 以字符格式输出到 fp 所指的文件中。

【例 10.5】 将文件 file1.txt 中的内容复制到文件 file2.txt 中去。

假设文件 file1.txt 的内容如下:第一列代表井号,第二列代表工具名称,第三列代表井深,第四列代表序号。

```
B1 - D6 - P124    分离器    943.79    103
B1 - D6 - P124    保护器    945.51    104
B1 - D6 - P124    电机      953.83    105
```

程序如下：

```c
/* e10-5.c */
#include "stdio.h"
#include "stdlib.h"
void main()
{ FILE *fp1,*fp2;
  char jh[15];
  char gjmc[10];
  float js;
  int xh;
  if((fp1=fopen("file1.txt","r"))==NULL)
    {printf("cann't open file1.dat! \n");
     exit(0);
    }
  if((fp2=fopen("file2.txt","w"))==NULL)
    { printf("cann't open file2.dat! \n");
     exit(0);
    }
  fscanf(fp1,"%s%s%f%d",jh,gjmc,&js,&xh);     /*按格式要求从file1.txt中读取数据*/
  while(!feof(fp1))  /*若file1.txt没有结束,则继续while循环,否则终止while循环*/
  {fprintf(fp2,"%s %-10s %7.2f %d",jh,gjmc,js,xh); /*按格式要求向file2.txt中存储数据*/
    fprintf(fp2,"\n");                         /*写入回车换行符*/
    fscanf(fp1,"%s%s%f%d",jh,gjmc,&js,&xh);    /*读取下一行数据*/
  }
  fclose(fp1);  /*关闭文件file1.txt*/
  fclose(fp2);  /*关闭文件file2.txt*/
}
```

程序运行结束后，用例10.2的方法查看到该文件file2.txt的内容如下：

```
B1 - D6 - P124    分离器    943.79    103
B1 - D6 - P124    保护器    945.51    104
B1 - D6 - P124    电机      953.83    105
```

【说明】使用 fscanf 函数读取字符串时，字符串中不能含有空格字符，空格字符被认为是字符串的结束。而用 fscanf 函数读取整型或浮点型数据时，数据之间可以用空格、回车键作为间隔。

10.3.4 输入/输出数据块

C语言提供了对数据块输入/输出操作的函数 fread 和 fwrite。可用来读写一组数据,如读写一个结构体变量的值,读写一组实数等。常用这两个函数读写二进制文件。

1. fread 函数

fread 函数的功能是从指定文件中输入一组数据。其调用形式如下:

  fread(待读出数据的存放地址,单个数据项的字节数,共读出数据项个数,文件指针);

其中文件指针指向所要访问的文件。例如:

```
FILE * fp;
    float arr[10];
    fread(arr,4,10,fp);
```

表示从 fp 所指向的文件中一次读取出 10 个浮点型数据(一个浮点型数据占 4 个字节),存放在数组 arr 中。

2. fwrite 函数

fwrite 函数的功能是向指定文件中输出一组数据。其调用形式如下:

  fwrite(待写入数据的存放地址,单个数据项的字节数,共写入数据项个数,文件指针);

其中文件指针指向所要访问的文件。例如:

```
FILE * fp;
    float arr[2];
    ┆
    fwrite(arr,4,2,fp);
```

表示向 fp 所指向的文件中一次写入 2 个浮点型数据(一个浮点型数据占 4 个字节)。

【例 10.6】 从键盘输入 5 个学生的数据信息存储到文件 studata.rec 中,然后再将该文件的内容输出到显示器上显示。设学生的数据信息包括姓名、学号和总分。

程序如下:

```
/* e10-6.c */
# include "stdio.h"
# include "stdlib.h"
void main()
{ struct student           /*定义 student 结构类型*/
    { char name[10];          /*姓名*/
      long num;               /*学号*/
      int totalscr;           /*总分*/
    }stu[5], temp[5], *p, * q;  /*定义结构体数组 stu、temp 及结构体指针变量 p 和 q */
  FILE * fp;                /*定义文件指针变量 fp*/
  int i;
  p = stu; q = temp;        /*使指针变量 p 指向结构体数组 stu,q 指向结构体数组 temp */
  if((fp = fopen("studata.rec","wb+")) == NULL)  /* 打开文件 studata.rec */
    { printf("Cannot open studata.rec!");
      exit(0);
```

```
    }
    for(i=0;i<5;i++,p++)              /*给结构体数组 stu 元素赋值*/
        scanf("%s%ld%d",p->name,&p->num,&p->totalscr);
    p=stu;                             /*使 p 指向结构体数组 stu 的起始位置*/
    fwrite(p,sizeof(struct student),5,fp);  /*将 p 处存放的 5 组数据写入 fp 所指向的文件中*/
    rewind(fp);                        /*使文件的位置指针指向文件的起始位置*/
    fread(q,sizeof(struct student),5,fp);  /从 fp 所指向的文件中读取 5 组数据存放到 q 处*/
    for(i=0;i<5;i++,q++)               /*输出结构体数组 temp 的元素的值*/
        printf("%-15s%5ld%5d \n",q->name,q->num,q->totalscr);
    fclose(fp);                        /*关闭文件 studata.rec*/
}
```

运行结果：

```
Liuming    1001   12↵
Zhanglin   1002   537↵
Wanghua    1003   528↵
Zhaogang   1004   497↵
Liping     1005   500↵
Limming    1001   512
Zhanglin   1002   537
Wanghua    1003   528
Zhaogang   1004   497
Liping     1005   500
```

【说明】在本例中当把 5 个学生的数据信息写入文件 studata.rec 后，文件的位置指针指向文件的结尾，要想从头显示文件 studata.rec 的内容，需要将文件的位置指针重新指向文件的起始位置，语句 rewind(fp);实现了该功能。

10.4 定位读写文件

每个文件都有一个和该文件相关的位置指针，指向当前的读写位置。通常，我们对文件的操作都是顺序的，读写完一个字符/数据(文本文件为字符，二进制文件为数据)后文件的位置指针会自动顺序下移，指向下一个待读写字符/数据的起始位置。但在实际应用中，有时需要对文件中某个特定的位置进行读写操作，强制使文件位置指针指向所需的位置。为了完成这种定位读写文件的操作，需调用相关函数，下面逐一介绍。

10.4.1 fseek 函数

该函数实现对文件的随机读写，强制使文件的位置指针指向指定的目标位置。其调用形式如下：

fseek(文件指针,偏移量,起始位置);

其中，文件指针指向所要访问的文件；偏移量指的是目标位置距离起始位置的字节数，是一个长整型数据,若目标位置在起始位置的后面偏移量符号为正,若在起始位置的前面符号为负;起始位置有三个值分别为 0、1、2,0 代表起始位置是文件的开始,1 代表起始位置是文件位置指针当前所指向的位置,2 代表起始位置是文件的结尾。

例如:fseek(fp,20L,1);表示使文件的位置指针从当前位置向后移 20 个字节。

再如:fseek(fp,-60L,2);表示使文件的位置指针从文件结尾向前移 60 个字节。

10.4.2 rewind 函数

该函数的功能是不管文件位置指针当前的位置,强制使其指向文件的开始。其调用形式如下:

  rewind(文件指针);

例如:rewind(fp)。

10.4.3 ftell 函数

该函数的功能是返回文件位置指针的当前值,用当前文件位置指针距离文件起始位置的偏移量来表示。其调用形式如下:

  ftell(文件指针);
  long var;
  var = ftell(fp);

若 fp 所指向的文件不存在时,该函数返回 -1L,因此常用下面的方法来判断是否出错。

  if(var == -1L) printf("Error! \n");

以上,分别介绍了 rewind、fseek 和 ftell 函数,下面,通过举例对这三个函数的用法进一步说明。

【例 10.7】 先显示 file1.txt 中的内容,然后在该文件中查找是否存在字符' # ',若找到输出当前文件指针的位置,否则输出"Not Found! "。

假设文件 file1.txt 的内容如下:

  B1 - D6 - P124943.79 # 103

程序如下:

```
/* e10-7.c */
#include "stdio.h"
#include "stdlib.h"
void main()
{   FILE * fp;                          /*定义文件指针变量*/
    char ch;
    long position;
    int found = 0;
    if((fp = fopen("file1.txt","r")) == NULL)  /*打开文件 file1.txt*/
    {   printf("can't open file1.txt! \n");
        exit(0);
    }
    ch = fgetc(fp);
    while(! feof(fp))                   /*显示文件 file1.txt 的内容*/
```

```
        {   putchar(ch);
                ch = fgetc(fp);
        }
        rewind(fp);              /*使文件位置指针移动到文件的开始*/
        ch = fgetc(fp);
        while(! feof(fp))
            {   if(ch == '#')
                    {position = ftell(fp); /*将文件位置指针的值赋给变量position*/
                    found = 1;
                    printf(" \nposition = %ld \n", position);
                    break;
                    }
                ch = fgetc(fp);
            }
        if(found == 0) printf("Not Found! ");
        fclose(fp);              /*关闭文件file1.txt*/
    }
```

运行结果：
```
B1 – D6 – P124943.79 # 103
position = 17
```

【说明】ftell 函数返回文件位置指针的当前值,保存其结果的变量必须定义成长整型。

10.5 文件应用举例

【例 10.8】 学生成绩管理系统 4.0 版。

【分析】主要功能包括:姓名和成绩的录入、求每个学生的总成绩、成绩查询、成绩排序等。用文件存储学生信息。以下是对程序中用到的文件名及其存储信息的说明。

```
        stu_inf.dat 保存录入的学生信息
        stu_score.dat 保存求出总成绩后的学生信息
        stu_qur.dat 保存按单科或总分排序后的学生信息
        /* e10-8.c */
        # include "stdio.h"
        # include "string.h"
        # define N 30
        # define M 3
        struct student
        {   char name[30];
            int score[M + 1];
        }stu[N];
        void print(char * fn);
        void in()          /*输入姓名和成绩*/
        {   FILE * fp;
            char filename[20] = "stu_inf.dat";
```

```c
            int i,j;
            for(i = 0;i < N;i++)
              { gets(stu[i].name);
                for(j = 0;j < M;j++)
                scanf("%d",&stu[i].score[j]);
                getchar();
              }
            if((fp = fopen("stu_inf.dat","wb+")) == NULL)
              {printf("cann't open stu_inf.dat");
               exit(0);
              }
            fwrite(stu,sizeof(struct student),N,fp);
            fclose(fp);
            printf("shujushurujieshu \n");
            print(filename);
          }
      void query(char nam[])      /*根据姓名查找成绩*/
        { FILE *fp;
          int i,j;
          if((fp = fopen("stu_inf.dat","rb")) == NULL)
            {printf("cann't open stu_inf.dat");
             exit(0);
            }
fread(stu,sizeof(struct student),N,fp);
  fclose(fp);
  for(i = 0;i < N;i++)
    if(strcmp(nam,stu[i].name) == 0)
    { puts(stu[i].name);
      for(j = 0;j < M;j++)
      printf("%5d",stu[i].score[j]);
      printf(" \n");
      break;
    }
   if(i == N) printf("查无此人 \n");
}
void sort(int n)            /*按第n科成绩排序*/
 { FILE *fp;
   char filename[20] = "stu_qur.dat";
   int i,j;
   struct student t;
   if((fp = fopen("stu_inf.dat","rb")) == NULL)
     { printf("cann't open stu_inf.dat");
       exit(0);
     }
   fread(stu,sizeof(struct student),N,fp);
```

```c
        fclose(fp);
        for (i = 0; i < N - 1; i++)
           for (j = 0; j < N - 1 - i; j++)
            if (stu[j].score[n] < stu[j+1].score[n])
               { t = stu[j];
                 stu[j] = stu[j+1];
                 stu[j+1] = t;
               }
        if((fp = fopen(filename,"wb")) == NULL)
           {printf("cann't open stu_qur.dat");
            exit(0);
           }
        fwrite(stu,sizeof(struct student),N,fp);
        fclose(fp);
        print(filename);
}
   void calc()                        /**按不同的选择进行排序*/
        {  int i;
           int choos;
           printf("--------------选择排序内容--------------\n");
           printf("--------------------------------------\n");
           printf(" 1:        单科排序                    \n");
           printf(" 2:        按总分排序                  \n");
           printf(" 0:        退出                        \n");
           printf("           请选择 0-2                  \n");
           printf("--------------------------------------\n");
           scanf("%d",&choos);
           switch(choos)
              {  case 1: printf("输入按第几科排序的数字"); scanf("%d",&i); sort(i); break;
                 case 2: sort(M); break;    /* M 表示按总分排序*/
                 case 0: exit(0);
              }
        }
   void print(char * fn)              /*输出全部成绩*/
    {  FILE *fp;
       int i,j;
       if((fp = fopen(fn,"rb")) == NULL)
           {printf("cann't open the file");
            exit(0);
           }
       fread(stu,sizeof(struct student),N,fp);
       fclose(fp);
       for(i = 0; i < N; i++)
           {printf("%s",stu[i].name);
            for (j = 0; j < M + 1; j++)
```

```c
            printf("%4d",stu[i].score[j]);
        printf("\n");
        }
}
void edt()                /* 求每个学生的总分 */
{   FILE * fp;
    char filename[20] = "stu_score.dat";
    int i,j;
    if((fp = fopen("stu_inf.dat","rb")) == NULL)
        {printf("cann't pen stu_inf.dat");
        exit(0);
        }
    fread(stu,sizeof(struct student),N,fp);
    fclose(fp);
    for(i = 0;i < N;i ++ )
        for(j = 0;j < M;j ++ )
            stu[i].score[M] += stu[i].score[j];
    if((fp = fopen(filename,"wb")) == NULL)
    {printf("cann't open stu_score.dat");
    exit(0);
    }
    fwrite(stu,sizeof(struct student),N,fp);
    fclose(fp);
    print(filename);
}
void main()
{   int sel;
    char s[30],filename[] = "stu_inf.dat";
    do
    {   printf("--------------- 学生成绩管理系统 ------------------- \n");
        printf("-------------------------------------------------- \n");
        printf("             1:成绩录入                              \n");
        printf("             2:成绩查询                              \n");
        printf("             3:成绩排序                              \n");
        printf("             4:成绩管理(求每个学生的总分)              \n");
        printf("             5:成绩输出                              \n");
        printf("             0:退出                                 \n");
        printf("           请选择 0-5                                \n");
        printf("-------------------------------------------------- \n");
        scanf("%d",&sel);getchar();
    switch(sel)
            {   case 1: in();break;
                case 2: printf("shuruxingming \n");gets(s);query(s);break;
                case 3: calc();break;
                case 4: edt( );break;
```

```
            case 5: print(filename);break;
            case 0: exit(0);
        }
    }while(1);
}
```

小　　结

　　本章主要介绍了文件、文件指针的类型及对文件的操作。文件是指存储在外部存储介质上数据的集合,分为二进制文件和文本文件。C语言系统把文件当作一个二进制数据流来看待,以字节为单位进行存取。

　　C语言中,用文件指针标识文件,当一个文件被打开时,可取得该文件的文件指针。对文件进行操作时,一般按照先打开,然后操作(读/写),最后关闭的步骤进行。可以字节、字符串、数据块为单位对文件进行操作,也可按指定的格式对文件进行操作。文件的操作方式有只读、只写、读写、追加四种。二进制文件或文本文件都可以用二进制方式或文本方式进行操作。

　　要注意文件指针和文件位置指针的区别:文件指针是指向整个文件的,需在程序中定义并赋值,经赋值后,文件指针的值不会改变,除非重新给它赋值。文件位置指针不需在程序中定义,它是系统自动设置的,用以指示文件内部的当前读写位置。当读写完一个字节后,文件位置指针自动移到下一个字节的位置。移动文件位置指针可以实现对文件的随机读写。

习　　题

1.选择题。

(1)＿＿＿＿＿＿是系统的标准输出文件。

　　A.打印机　　　　B.键盘　　　　C.显示器　　　　D.硬盘

(2)若要用fopen函数打开一个二进制文件,要求能读写该文件,则文件打开时的操作方式应为＿＿＿＿＿＿。

　　A."rb"　　　　B."w"　　　　C."rb+"　　　　D."ab"

(3)函数调用语句:fseek(fp,-20L,2);的含义是＿＿＿＿＿＿。

　　A.将文件位置指针移到距离文件头20个字节处

　　B.将文件位置指针从当前位置向后移动20个字节

　　C.将文件位置指针从文件末尾处后退20个字节

　　D.将文件位置指针移到离当前位置20个字节处

(4)完成将文件指针fp重新指向文件的开头位置的函数是＿＿＿＿＿＿。

　　A.fseek(fp)　　B.ftell(fp)　　C.rewind(fp)　　D.feof(fp)

2.读程序,并说明下列程序完成的功能。

(1)
```
# include "stdio.h"
struct student
{char name[10]; long num;char sex; int age;
}stud[10];
```

```
        void main()
        { int i;
          FILE *fp;
          f((fp=fopen("stud.dat","rb"))==NULL;
            {printf("cann't open stud.dat! \n"); exit(0);}
          for(i=0;i<10;i+=2)
            { fseek(fp,i*sizeof(struct student),0);
              fread(&s[i],sizeof(struct student),1,fp);
              printf("%-15s%10ld%-5c%6d \n",s[i].name, s[i].num, s[i].age, s[i].sex);
            }
          fclose(fp);
        }
```

(2)
```
        #include "stdio.h"
        void main()
        { struct student
            {int num;
             float score;
            }stu;
          FILE *fp;
          if((fp=fopen("file1.dat","w"))==NULL)
            {printf("cann't open file1.dat!"); exit(0);}
          scanf("%d%f",&stu.num,&stu.score);
          while(stu.num!=0)
            {fprintf(fp,"%5d%6.1f \n",stu.num,stu.score);
             scanf("%d%f",&stu.num,&stu.score);
            }
          fclose(fp);
        }
```

3. 输出文件 file1.dat 的长度。

4. 将 10 个整数写入数据文件 file1.dat 中,再读出 file1.dat 中的数据并求其和。

5. 一个以 %5d 格式存放 20 个整数的文件 file2.dat,顺序号定为 0~19。输入某一顺序号之后,读出相应的数据并显示在屏幕上。

6. 将 10 名职工的数据从键盘输入,然后送入磁盘文件 worker1.rec 中保存。设职工数据包括:职工号、职工名、性别、年龄、工资,再从磁盘调入这些数据,依次打印出来(用 fread 和 fwrite 函数实现)。

7. 在文件 1 中有 10 个学生的数据信息(包括姓名、学号、年龄、数学成绩、英语成绩和物理成绩),输出总分最高的学生的数据信息。

8. 将文件 file1.txt 和文件 file2.txt 中的内容合并后,逆序存储在文件 3 中。

9. 从键盘输入多行字符串,然后把它们输出到磁盘文件 file.dat 中,用 stop 作终止标记,但终止标记不保存在文件中。

第二部分

实验篇

第二編

總論

实验部分

C语言上机实验说明

C程序设计是一门实践性非常强的课程。要学好C程序设计,上机实践是十分重要的环节,只有通过大量的上机实验,才能真正掌握C程序设计。

一、上机实验的基本要求

1. 上机前的准备工作

要使实验达到应有的效果,在上机实验之前,必须根据老师布置的实验任务,做好充分准备工作。

(1) 复习与本次实验有关的教学内容。

(2) 根据实验的内容,分析问题,了解已知条件和需要解决的问题,确定编程思路。

(3) 设计所需的变量,确定相应的数据类型,选择适合的输入输出方式。

(4) 根据应用程序需完成的主要功能,选择适当的算法,编写好相关的事件代码。

2. 上机实验的过程

(1) 启动TC或VC集成开发环境。

(2) 根据程序功能和事先的准备,在集成开发环境中编辑程序,在调试运行之前,首先应将程序保存,以防调试过程出现死机,而需从头开始。

(3) 调试程序,如果出现编译错误,根据程序提示,分析错误原因进行修改。如果无语法错误,使用多组数据进行测试,分析其输出结果是否与预期的结果相符,如果不符,应检查程序有无写错,算法是否合理,将发现的错误逐个修正,并做记录。

(4) 在程序调试和测试无误后,再次保存程序。如果条件允许将程序和运行结果打印在纸上,以备检查。

(5) 按照实验步骤中的要求,对程序做必要的改动,或者扩展一些功能等。例如改变程序中某些语句的写法或采用不同的算法等,然后观察运行结果,从而进一步理解C的语法和常用算法。同一个问题尝试用多种方法解决,对提高自己对知识的理解和解决问题的能力会有很大的提高。

二、实验报告的编写

上机实验结束后,编写实验报告是软件工程的要求,也是培养科学作风的重要途径,实验报告的主要内容包括以下几个方面。

1. 实验目的

实验作为教学的一个重要环节,其目的在于更深入地理解和掌握课程教学中的有关基本概念,应用基本技术解决实际问题,从而进一步提高分析问题和解决问题的能力。在写实验报告时,要进一步确认是否达到了预期的目的。

2. 实验项目

在实验报告中,实验项目是指本次实验中实际完成的内容。在每一个实验题目中,一般都提出一些具体要求,其中有些具体要求是为了达到实验目的而提出的,不仅有具体的实验题目,还应包括具体要求。

3. 实验内容(源程序)

程序设计的产品是程序,它应与算法或流程图相一致。程序要具有易读性,符合结构化程序设计原则。

4. 实验结果(包括对不同测试数据的运行结果)

程序运行结果一般是输出语句所输出的结果。对于不同的输入,其输出的结果是不同的。因此,在输出结果之前一般还应注明输入的数据,以便对输出结果进行分析和比较。在程序的运行中,还必须用各种不同情况的数据进行测试,以检查程序能否正常运行。因为,有时程序对某些情况是可以正常运行的,而对某些特殊情况的数据可能会出现运行出错或死机,通过各种数据的调试,尽量做到程序不会出问题。

5. 分析和体会

分析实验中碰到的问题及解决方法,这是实验报告中最重要的一项,也是最容易忽视的一项。实验过程中大量的工作是程序调试,在调试过程中会遇到各种各样的问题,每解决一个问题就能积累一点经验,提高自己的编程能力。因此,对实验的总结,最主要的是程序调试经验的总结。体会主要是指通过本次实验是否达到了实验目的,有哪些基本概念得到了澄清,碰到了哪些以前没有见到的问题,最后采用什么方法得到解决等。

三、培养良好的程序设计风格

良好的程序设计风格是反映一个人的程序设计水平的问题,在上机输入源程序时,要有好的程序风格,应尽可能做到以下几点。

(1)程序书写采用右缩进格式排列。对于 if、for、do while 等语句中的语句,要有层次感,同一个层次的语句左对齐。

(2)函数与函数之间最好加空行,以清楚地分出几个函数。

(3)对数据的输入,运行时最好要出现输入提示,对于数据输出,也要有一定的提示和格式。

(4)对一些较难理解的、重要的语句及过程,加上适当的注释。

(5)变量名、函数名、数组名等标识符尽量能采用"见名知意"的原则,例如,在程序中常常使用 Total 或 Sum 来表示总数或求和的变量。

以上是培养良好程序设计风格的几点基本要求,另外在程序设计时需要考虑的是提高程序的"健壮"性。"健壮"性是程序设计的重要标准之一。计算机程序必须能正确地操作才有价值。但是,对一个程序来说,仅仅当提供正确的输入时才能产生正确的输出是不够的。一个设计得好的程序必须能在任何条件下,即在它运行过程中可能遇到的各种情况下都能正确地操作。应当把计算机程序设计得能够重复运行或连续运行;它必须很"耐用",能够经得起偶然的或故意的错误使用。对于初学者来说,所编写的程序不是实用系统,对"健壮"性的要求不是很高,但有必要把它作为一个基本标准,以便从一开始就养成良好的程序设计习惯。

实验一　C 程序的集成开发环境

一、实验目的

1. 熟悉 TC 集成开发环境,熟悉常用命令的使用,启动 TC 和退出 TC 的方法。
2. 掌握 C 程序录入、编辑、调试、运行及存盘的方法。
3. 掌握 C 程序的构成。

二、实验项目

【实验 1.1】编写一个 C 程序,输出以下信息:

&&&&&&&&&&&&&&&&
HOW　ARE　YOU
&&&&&&&&&&&&&&&&

【实验 1.2】上机运行下面的程序,分析得到的运行结果。

(1)
```
# include "stdio.h"
void main()
{   int x,y;
    scanf("%2d%*2d%ld",&x,&y);
    printf("%d \n",x+y);
}
```
执行时输入:1234567↵

(2)
```
# include "stdio.h"
void main()
{   int a,b; long c,d;
    unsigned x,y;
    a=32768; a=a+1; c=65537; b=c; x=32768; y=b;
    printf("a=%d,b=%d,c=%ld,x=%d,y=%d \n",a,b,c,x,y);
}
```

(3)
```
/* 本程序考查整型数据相除的效果 */
# include "stdio.h"
void main()
{   int sum;
    sum=1+1/2+1/3;
    printf("sum=%d \n",sum);
}
```

(4)
```
/*本程序考查用实型数据处理的效果*/
#include "stdio.h"
void main()
{   float sum;
    sum = 1.0 + 1.0/2 + 1.0/3;
    printf("sum = %f \n", sum);
}
```

三、思考题

1. C语言源程序文件的扩展名是什么？
2. 怎样打开已经保存过的C程序文件？
3. 当光标在信息区提示错误或警告时，如何回到编辑状态？
4. 在正确的程序中设置一些错误，例如去掉语句后的分号、去掉变量定义或将 printf 改为 print，观察出错信息，记住改正方法。

实验二 顺序结构程序设计

一、实验目的

1. 掌握赋值语句的应用。
2. 理解不同数据类型的应用方法。
3. 掌握各种表达式的应用。
4. 掌握一些常用数学函数的应用。
5. 理解整型数据和字符型数据的混合应用。

二、实验项目

【实验2.1】将华氏温度 f 转换为摄氏温度 c 和绝对温度 k 的公式分别为：

$$c = \frac{5}{9}(f - 32) \text{（摄氏温度）}$$

$$k = 273.16 + c \text{（绝对温度）}$$

请编程序：当给出 f 时，求其相应摄氏温度和绝对温度。测试数据：① $f = 34$ ② $f = 100$

【提示】

(1) C语言中两个整型数据的运算结果还是整型，所以 5/9 = 0，请考虑正确的写法。

(2) 数学式子写成C表达式时，有时需添加乘号或括号等，才能得到符合C语法的式子。

【实验2.2】已知实型变量 $x = 1.5, y = 2.8$，请编程计算并输出下面表达式的值。

$$\sqrt{x + 2y} - e^{2x} + |y - x|$$

【提示】上式将用到 sqrt、exp、fabs 三个数学函数，使用数学函数的时候，一定要在程序 main 的前面用下面的语句包含数学函数的头文件：

```
#include "math.h"
```

【实验2.3】有一个四边形见图 sy2.1,求其面积。
【提示】
(1)求三角形的面积的公式为:
$\sqrt{s(s-a)(s-b)(s-c)}$,其中 $s=(a+b+c)/2$。求四边形的面积可分为两个三角形的面积和。
(2)注意数据类型的选择。

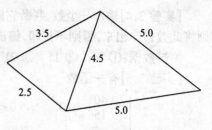

图 sy2.1 四边形

三、思考题

1.数学表达式如何转换成 C 表达式?
2.使用数学函数如果不加头文件:# include <math.h> 会有什么结果?

实验三 选择结构程序设计(一)

一、实验目的

1.掌握选择结构程序设计的方法、思路和常用算法。
2.掌握关系运算符和逻辑运算符。
3.掌握 if 语句及其嵌套形式。

二、实验项目

【实验3.1】下面的程序是用来计算一个分段函数的,请写出该分段函数的数学形式。

```
# include "stdio.h"
# include "math.h"
main()
{float x,y,z;
scanf("%f",&x);
scanf("%f",&y);
if(x<0 && y<0) z=exp(x+y);
if(x>=0 && x<1 && y>=0)   z=exp(2*x-y);
if(x>=1) z=log(x);
printf("z=%5.2f \n",z);
}
```

【实验3.2】输入三角形的三边长,根据判断结果给出相应信息:若三边能构成等边三角形请输出3,能构成等腰三角形请输出2,能构成一般三角形请输出1,不能构成三角形请输出0。如果能构成三角形,请计算三角形的面积。

【实验3.3】输入一个年份,判断其是否为闰年,若是闰年输出"is a leap year"的信息,否则输出"is not a leap year"的信息。

【提示】年份满足下列条件之一的为闰年:
  (1)能被4整除,但不能被100整除;
  (2)能被400整除。

【实验3.4】输入一个数,判断它能否被 3 或者 5 整除,如至少能被这两个数中的一个整除则将此数打印出来,否则不打印,编出程序。

测试数据:① 14　② 15　③ 21　④ 25

【实验3.5】有一函数

$$y = \begin{cases} \dfrac{40}{15}x + 10 & (0 \leqslant x < 15) \\ 50 & (15 \leqslant x < 30) \\ 50 - \dfrac{10}{15}(x - 30) & (30 \leqslant x < 45) \\ 40 + \dfrac{20}{30}(x - 45) & (45 \leqslant x < 75) \\ 60 + \dfrac{10}{15}(x - 75) & (75 \leqslant x < 90) \\ 无意义 & (其他) \end{cases}$$

请编程序计算 y 的值(x 的值由键盘输入)。

测试数据:① 0 ② 10 ③ 15 ④ 20 ⑤ 30 ⑥ 35 ⑦ 45 ⑧ 60 ⑨ 75 ⑩ 80 ⑪ 100

三、思考题

1. 实现多分支的程序可以选择使用几种 if 语句的形式?
2. 嵌套的 if 语句中,if 和 else 的配对关系如何确定?

实验四　选择结构程序设计(二)

一、实验目的

1. 掌握 if 语句的嵌套。
2. 理解 switch 语句。
3. 掌握常用的数学库函数。

二、实验项目

【实验4.1】下面的程序用来实现下面的分段函数,请填上适当的内容使程序正确完整。

```
# include "stdio.h"
void main( )
{float x,y;
scanf("%f",&x);
if (x>0) y = x;
else if(【 1 】) y = 1 - x;
else if(【 2 】) y = 2 - x;
else y = 0;
printf("x = %f,y = %f \n",x,y);
}
```

$$y = \begin{cases} x & (x > 0) \\ 1-x & (-10 < x \leq 0) \\ 2-x & (-20 \leq x \leq -10) \\ 0 & (其他) \end{cases}$$

【实验 4.2】编程求下面分段函数的值。

$$y = \begin{cases} \dfrac{5}{27}(x^2+4x-6) & (x>6) \\ \log_3 16 + x & (6 \geq x > 0) \\ \dfrac{23}{7}|x^3+4| & (x \leq 0) \end{cases}$$

【实验 4.3】输入某个学生的成绩 g(假设 0≤g≤100)。如果 g≥90 分,打印"very good";80≤g<90,打印"good";60≤g<80,打印"pass";g<60,打印"fail"。
测试数据:① 98 ② 86 ③ 75 ④ 45 ⑤ 80 ⑥ 70。(可以用 if 语句或 switch 结构完成)

【实验 4.4】输入 1~7 中的任意数字,输出对应的星期几的英文名称。

三、思考题

1. 嵌套的 if 语句是怎样执行的?
2. switch 语句如何处理多分支问题,适合何种情况?

实验五 循环结构程序设计(一)

一、实验目的

1. 掌握 while 和 do-while 两种结构的语法规则和执行步骤。
2. 掌握 while 和 do-while 两种循环的控制条件。
3. 掌握初值、循环条件和循环体顺序三者的制约关系。
4. 掌握这两种结构的异同之处。

二、实验项目

【实验 5.1】输出任意一个 9 位以下的整数的各位数字,并求这个整数的位数。
【提示】
(1) 注意数据类型的选择及相应的输入格式控制符。
(2) 数字分离的算法可以采用 while 或 do-while 循环,在不知位数的时候从个位求起。
【实验 5.2】计算 n!,求出小于 32000 的最大的值,并求出此时 n 的值。
【实验 5.3】通过下面的表达式计算 π 的值,误差不大于 10^{-5}。

$$\frac{\pi}{2} \approx 1 + \frac{1}{3} + \frac{1}{3} \cdot \frac{2}{5} + \frac{1}{3} \cdot \frac{2}{5} \cdot \frac{3}{7} + \cdots + \frac{1}{3} \cdot \frac{2}{5} \cdot \frac{3}{7} \cdots \frac{i}{2i+1} + \cdots$$

【提示】
(1) 误差可以由最后加的一项来控制。

(2)求和的每一项用 t 表示,可以通过前一项乘以 $1.0*i/(2*i+1)$ 求出后一项。

【实验 5.4】用牛顿迭代法求方程 $x - \sin x = \frac{1}{2}$ 在 $x = 1$ 附近的实根,迭代精度为 10^{-5}。

牛顿迭代法的公式为:$x_{k+1} = x_k - \dfrac{f(x_k)}{f'(x_k)}$

【提示】误差由前后两次的计算结果的差的绝对值控制,即当前后两次计算结果的差的绝对值小于给定的误差要求时,取最后一次的计算结果作为近似值。

三、思考题

1. 表示误差时为什么用绝对值?
2. 如何选取数据的初值?对循环条件和循环体有什么影响?

实验六 循环结构程序设计(二)

一、实验目的

1. 掌握 for 语句的语法结构和执行顺序。
2. 掌握 for 语句执行次数的计算方法。
3. 掌握 break 语句和 continue 语句的用法。
4. 掌握适合用 for 语句编程的循环问题。

二、实验项目

【实验 6.1】编一个程序,把一批非零整数中的偶数、奇数的平均值分别计算出来,用零作为终止标记。

【提示】考虑到所有数都是偶数或奇数的可能情况。

【实验 6.2】求 1~100 之间的奇数之和、偶数之积。

【实验 6.3】计算下面表达式前 20 项的和:

$$\frac{1}{1 \times 2} + \frac{1}{2 \times 3} + \frac{1}{3 \times 4} + \cdots + \frac{1}{n \times (n+1)}$$

【实验 6.4】下面的程序求 Fibonacci 数列的前 40 项,按每行 4 个数据输出,请填空。

```
# include "stdio.h"
void main()
{long f1,f2,f3;
 int i;
 f1 = 1;f2 = 1;
 printf("%12ld%12ld",f1,f2);
 for(i = 3;i <= 40;i ++ )
   {
    【1】;
    f1 = f2;
    f2 = f3;
```

```
        printf("%12ld",f3);
        if【 2 】printf(" \n");
    }
}
```

三、思考题

1. break 语句能够使用在什么情况?
2. continue 语句和 break 语句分别用在 for 语句中时如何执行循环?

实验七　三种基本结构的综合应用

一、实验目的

1. 掌握多重循环的设计方法。
2. 掌握多重循环的设计技巧。
3. 掌握多重循环的执行过程。
4. 掌握顺序、选择、循环三种程序结构的综合应用。

```
         *
        ***
       *****
      *******
       *****
        ***
         *
```

二、实验项目

【实验 7.1】编程求 [10000,20000] 之间全部素数的和。
【实验 7.2】找规律,编程输出图 sy7.1 的图形。　　　　　　　图 sy7.1
【实验 7.3】给定一个整数 $m(m>200)$,找出小于 m 的最大的 10 个素数。
【实验 7.4】一个数如果恰好等于它的因子(除自身外)之和,这个数就称为"完数"。例如,6 的因子是 1、2、3,而 6 = 1 + 2 + 3,因此 6 是完数。编程找出 1000 内的所有完数。

三、思考题

1. 输出中如何控制"＊"输出的个数?
2. 判断素数时共有多少种编程方法?

实验八　一维数组

一、实验目的

1. 掌握一维数组的定义、初始化和元素引用的方法。
2. 掌握一维数组的输入、输出方法。
3. 掌握一维数组存储和移动的方法。
4. 掌握一维数组的常用算法。

二、实验项目

【实验8.1】随机产生一组20个数,求其中的最大值和次最大值。

【提示】求出最大值之后,想办法将次最大值变成最大值,再用同样的求最大值的算法求次最大值。

【实验8.2】求一组数中的最大值、最小值和平均值,并求有多少个数超过平均值。

【提示】必须先将平均值求出,才能求有多少个数超过平均值。

【实验8.3】有 N 个数已按由小到大的顺序排好,要求输入一个数,把它插入到原有序列中,而且仍然保持有序。

【提示】

(1)有两种办法确定 N 的值,一是将 N 定义成符号常量,用其决定数组的大小;一是先定义一个很大的数组,在运行时输入 N,然后输入 N 个排好序的数组元素。

(2)插入过程分三步实现:

①先用一个循环确定插入的位置。

②再将插入位置之后的元素依次往后移动一个位置。

③最后将待插数据插入。

【实验8.4】有一行字符,统计其中的单词个数(单词之间以空格分隔),并将每一个单词的第一个字母改为大写。

【提示】确定一个单词的开始的条件是当前字符不是空格,而且前一个字符是空格,可以直接使用这个条件,也可以设一个标志变量,表示前一个字符是否为空格。

三、思考题

1.如何产生任意区间的随机整数?

2.使用随机函数应调用哪些头函数?如何使每次产生的随机数都不同?

3.顺序排序法和选择排序法有什么不同?

4.都有哪些方法可以求最大值和次最大值?

实验九 二维数组

一、实验目的

1.掌握二维数组的定义、初始化和元素表示方法。

2.掌握二维数组输入输出的方法。

3.掌握二维数组中行列的操作方法。

4.掌握以主副对角线分隔的各种三角矩阵的处理方法。

5.掌握与二维数组相关的常用算法。

二、实验项目

【实验9.1】求一个5行5列的二维数组的每行的最大值、最小值,并把每行按升序排好,数据任选。

【实验9.2】求一个4×4数组左下三角(包括主对角线)元素的和,数据任意输入。
【实验9.3】求一个3×4数组中大于等于平均值的所有数组元素的和,数据任选。
【实验9.4】生成并输出一个杨辉三角的前7行,按直角三角形的形式输出。
【实验9.5】找规律,编程序打印6×6的矩阵:

```
1   2   3   5   8   13
1   4   9   17  30  51
1   6   19  45  92  173
⋮   ⋮   ⋮
```

【提示】先将第一行和第一列赋值,再按规律计算出其他元素的值,最后输出。

三、思考题

1. $n×n$ 数组的主副对角线上元素的行列下标有什么关系?
2. 若杨辉三角形按等腰三角形输出如何编程?

实验十 字符数组

一、实验目的

1. 掌握字符数组和字符串之间的联系和区别。
2. 掌握字符数组和字符串的输入输出方法。
3. 掌握常用的字符处理函数。
4. 能熟练应用字符串结束标记处理字符数据。

二、实验项目

【实验10.1】程序填空,有三个字符串,请找出其中最大的字符串输出。

```
# include "stdio.h"
# include "string.h"
void main()
{char s[3][40],str[40];
int i;
for(i=0;i<3;i++)
    gets(【 1 】);
if(strcmp(【 2 】)>0)strcpy(str,s[0]);
else strcpy(【 3 】);
if(strcmp(【 4 】)>0)strcpy(str,s[2]);
printf("The largest string is: \n \ %s \n",str);
}
```

【实验10.2】删除一个字符串中下标为偶数的所有字符,将剩余字符组成一个新串输出。
【实验10.3】把一个字符串中的大写字母改成小写字母,其他字符不变。
【实验10.4】用二维字符数组生成并输出右面的图形。

【提示】考虑用5×9二维数组,在需要的位置赋值*,其他位置是空格。

三、思考题

1. 使用字符串函数时为什么要写头文件?
2. 字符串之间赋值可否用赋值语句?
3. 字符串数组能否直接比较?

实验十一 函数(一)

一、实验目的

1. 掌握函数的定义和说明的方法。
2. 掌握函数调用的方法。
3. 掌握函数参数传递的规律。
4. 掌握函数参数确定的原则。

二、实验项目

【实验 11.1】程序填空。
编写求两个数最大公约数的函数,调用该函数求两个数的最大公约数和最小公倍数。

```
# include "stdio.h"
int gcd(int m,int n)
{int r;
 do { = m%n; m = n; n = r; }while(【 1 】);
return【 2 】;
}
void main()
{int a,b,x,y;
printf("Input two numbers: \n");
scanf("%d%d",&a,&b);
x = gcd(a,b);
y =【 3 】;/* 求 a,b 的最小公倍数 */
printf("GCD = %d,LCM = %d \n",x,y);
}
```

【实验 11.2】编写函数求 Fibonacci 数列第 n 项的值,然后在主函数中调用该函数打印出该数列的前 20 项(不许使用数组)。

【实验 11.3】由三个素数构成的一组数有这样的关系:其第二个数比第一个数大2,第三个数比第二个数大4,例如:5,7,11 就是一组这样的数据。请打印 3~39 之间满足该条件的所有组数据,判断素数用函数实现。

【实验 11.4】计算下面表达式的值,其中,求阶乘用函数实现。

$$1! + 2! + 3! + \cdots + 20!$$

三、思考题

1. 用来存放阶乘和的变量应定义成什么类型？
2. 函数形参个数如何确定？函数间数据传递是双向还是单向？

实验十二　函数（二）

一、实验目的

1. 掌握数组作参数时函数的定义方法。
2. 掌握数组作参数时对应数组元素变化的特点。
3. 掌握数组作函数参数的常用算法。

二、实验项目

【实验 12.1】打印出 1～100 之间的全部素数，其中判断素数由函数实现。

【实验 12.2】完成求 1～20 的阶乘的和，其中求阶乘用函数完成。

【实验 12.3】编一个计算 n 个数之积的递归函数，在主程序中读入具有 5 个元素的整型数组，然后调用该函数，求出数组元素之积。

【实验 12.4】产生 20 个 1～4 之间的随机整数，统计每个数出现的次数，并输出出现次数最多的数。

【实验 12.5】程序改错，把一个字符串中的所有字母字符取出，生成一个新的字符串。

```
# include "stdio.h"
# include "string.h"
# include "conio.h"
void fun(char s[ ])
{   int i,j;
    for(i = 0,j = 0;s[i]! = '\0';i++)
    if(s[i] >= 'A' && s[i] <= 'Z' && s[i] >= 'a'&& s[i] <= 'z')s[j++] = s[i];
s[j] = "\0";
}
void main()
{   char item[80];
    clrscr();  /* 清屏函数,就是把以前运行在屏幕上的信息清除 */
    printf("\nEnter a string: ");
    gets(item);
    printf("\n\nThe string is:\ %s \n",item);
    fun(item);
    printf("\n\nThe string of changing is :\ %s \n",item);
}
```

三、思考题

1. 冒泡法排序与顺序法排序及选择法排序在算法上有什么不同？

2. 如何找到字符串结束标志在数组中的位置？
3. 数组元素作函数参数与数组名作函数参数有什么不同？

实验十三 函数(三)

一、实验目的

1. 掌握三种基本程序结构的综合应用。
2. 掌握常用算法及函数的定义和使用。
3. 掌握带有子函数的程序设计思路。
4. 理解与掌握综合程序设计的方法。

二、实验项目

【实验 13.1】完成以下各项内容。
1. 用随机函数生成 20 个[10,100]上的随机数。
2. 对生成的随机数按照从小到大的次序进行排序。
3. 求出其中的素数及素数的个数。
4. 求最大数及其下标(第一个最大数出现的位置)。
5. 求素数、排序、最大值分别用子函数实现。

【实验 13.2】结合自己熟悉的班级成绩情况，设计一个处理成绩的程序，综合应用目前所学的知识。

三、思考题

1. 如何确保实参和形参的匹配？
2. 形参为数组名时实参可以是什么类型？
3. 形参为变量名时实参可以是什么类型？
4. 如何确定用数组元素作参数还是用数组名作参数？

实验十四 指 针

一、实验目的

1. 掌握用指针变量处理一维数组的基本方法。
2. 掌握用指针变量作函数参数和数组名作函数参数的异同。
3. 掌握用指针变量处理字符串的方法。

二、实验项目

【实验 14.1】程序填空，请编写函数 fun，该函数的功能是：移动一维数组中的内容，若数组中有 n 个整数，要求把下标从 0~p($p \leq n-1$)的数组元素平移到数组的最后。

例如,一维数组的原始内容为 1,2,3,4,5,6,7,8,9,10,11,12,p 的值为 4,则移动后的内容为 5,6,7,8,9,10,11,12,1,2,3,4。

```
# include "stdio.h"
void fun(int * w,int p,int n)
   { int i,j,t;
     for(i = 0;i < p;i ++ )
       {t = w[0];
        for(j = 0;j < n - 1;j ++ )
          【 1 】;
            2 】;
       }
   }
void main()
   { int a[12] = {1,2,3,4,5,6,7,8,9,10,11,12},i,m;
     for(i = 0;i < 12;i ++ )
       printf("%3d",a[i]);
     printf(" \n");
     printf("Please input m( <= 12):");
     scanf("%d",&m);
     fun(a,m,12);
     for(i = 0;i < 12;i ++ )
       printf("%3d",a[i]);
     printf(" \n");
   }
```

【实验 14.2】将包括 10 个数的数组中的下标为奇数的元素按逆序重新存放。

【实验 14.3】编写一个函数 num,其功能是:找出[1,n]之内能被 7 或 11 整除的所有整数放在数组 a 中,通过 k 返回数据的个数。函数头如下:

  void num(int n, int * a, int * k)

在主函数中调用函数并输出结果。如果 n 的值是 40,则程序输出:

  7 11 14 21 22 28 33 35

【实验 14.4】编写一个函数用来比较两个字符串的长度,函数返回较长的字符串。如果两个字符串相等,则返回第一个字符串(函数中不许使用 strlen 库函数)。本程序中,用于比较的函数头用下面的形式: char * fun(char * s,char * t)。

【实验 14.5】编一程序,用函数实现将十进制正整数转换成十六进制数。

【实验 14.6】编写带参的主函数,实现将所带参数依次按行输出。

三、思考题

1. 变量作函数参数和数组名作函数参数有什么不同?
2. 把字符串定义为字符数组或字符指针一样吗?

实验十五 结构体、链表和文件

一、实验目的

1. 掌握结构体类型、变量和数组的定义和变量的初始化方法。
2. 了解结构体类型变量作函数参数。
3. 掌握文件和文件指针的概念。
4. 掌握文件打开和关闭的方法。
5. 掌握常用的读写文件的函数。

二、实验项目

【实验 15.1】程序填空。结构体类型数据的输入输出。

```
# include "stdio.h"
# include "string.h"
void main()
{ struct tudent
    {int num; char name[15]; float score; }stu[4];
    int i; float f;
    for(i = 0;i < 4;i ++)
      {scanf("%d",【 1 】);
      scanf("%s",【 2 】);
      scanf("%f",&f);
      stu[i].score =【 3 】;
      }
    for(i = 0;i < 4;i ++)
      {printf("%6d%10s%.1f \n",stu[i].num,stu[i].name,stu[i].score);
      printf(" \n");
      }
}
```

【实验 15.2】程序填空。把数据文件 19 – 1.txt 复制到另外一个数据文件中,并且把文件内容显示在屏幕上。

```
# include "stdio.h"
void main()
{ FILE * fp1, * fp2;
    char ch;
    if((fp1 = fopen("19 – 1.txt",【 1 】)) == NULL)
      {printf("Cannot open 19 – 1.txt \n");
      exit(0);
      }
```

【实验 15.3】有 n 个学生,每个学生的数据包括学号(num)、姓名(name[20])、性别(sex)、年龄(age)、三门课的成绩(score[3])。要求在 main 函数中输入这 n 个学生的数据，然后调用一个函数 count,在该函数中计算出每个学生的总分和平均分,然后打印出所有各项数据(包括原有的和新求出的)。

【实验 15.4】有四名学生,每个学生包括学号、姓名、成绩,要求找出成绩最高者的学号、姓名和成绩(用指针方法)。

【实验 15.5】建立一个链表,每个节点包括:学号、姓名、性别、年龄。输入一个年龄,如果链表中的节点所包含的年龄等于此年龄,则将此节点删去。

【实验 15.6】从键盘输入一个字符串,把它输出到磁盘文件 f1.dat 中(用字符 '#' 作为结束输入的标志),再将 f1.dat 的文件拷贝到一个名为 f2.dat 的文件中。

三、思考题

1. 给结构体类型的变量赋值时能否同时给各个成员赋值?
2. 结构体类型的变量有哪几种定义方法?
3. 如何编程实现打开一个文件?
4. 打开文件时,若文件不存在则程序如何执行?

附 录

附录 A 标准 ASCII 码表

ASCII 值	字 符	ASCII 值	字 符	ASCII 值	字 符	ASCII 值	字 符
0	NUL(空字符)	32	(space)	64	@	96	`
1	SOH(标题开始)	33	!	65	A	97	a
2	STX(正文开始)	34	"	66	B	98	b
3	ETX(正文结束)	35	#	67	C	99	c
4	EOT(传输结束)	36	$	68	D	100	d
5	ENQ(请求)	37	%	69	E	101	e
6	ACK(收到通知)	38	&	70	F	102	f
7	BEL(响铃)	39	'	71	G	103	g
8	BS(退格)	40	←	72	H	104	h
9	HT(水平制表符)	41	)	73	I	105	i
10	LF(换行)	42	*	74	J	106	j
11	VT(垂直制表符)	43	+	75	K	107	k
12	FF(换页)	44	,	76	L	108	l
13	CR(回车)	45	−	77	M	109	m
14	SO(不用切换)	46	.	78	N	110	n
15	SI(启用切换)	47	/	79	O	111	o
16	DLE(数据链路转义)	48	0	80	P	112	p
17	DC1(设备控制 1)	49	1	81	Q	113	q
18	DC2(设备控制 2)	50	2	82	R	114	r
19	DC3(设备控制 3)	51	3	83	S	115	s
20	DC4(设备控制 4)	52	4	84	T	116	t
21	NAK(拒绝接收)	53	5	85	U	117	u
22	SYN(同步空闲)	54	6	86	V	118	v
23	ETB(传输块结束)	55	7	87	W	119	w

续表

24	CAN(取消)	56	8	88	X	120	x
25	EM(介质中断)	57	9	89	Y	121	y
26	SUB(替补)	58	:	90	Z	122	z
27	ESC(溢出)	59	;	91	[	123	{
28	FS(文件分割符)	60	<	92	\	124		
29	GS(分组符)	61	=	93	]	125	}
30	RS(记录分离符)	62	>	94	^	126	~
31	US(单元分隔符)	63	?	95	_	127	DEL(删除)

附录 B C 语言常用关键字

B.1 数据声明关键字	基本类型	char double enum float int long short signed unsigned
	构造类型	struct union
	空类型	void
	类型定义	typedef
B.2 数据储存类别关键字	auto extern register static	
B.3 命令控制语句	分支控制	case default else if switch
	循环控制	do for while
	转向控制	break continue goto return
B.4 内部函数	sizeof	
B.5 常量修饰	const volatile	

附录 C 运算符优先级与结合性

优先级	运算符	含义	用法	结合方向	说明
1	()	圆括号	(表达式)/函数名(形参表)	自左至右	
	[]	数组下标	数组名[常量表达式]		
	->	成员选择(指针)	对象指针->成员名		
	.	成员选择(对象)	对象.成员名		
2	!	逻辑非	!表达式	自右至左	单目运算符
	~	按位取反	~表达式		
	+	正号	+表达式		
	-	负号	-表达式		
	(类型)	强制类型转换	(数据类型)表达式		
	++	自增	++变量名/变量名++		
	--	自减	--变量名/变量名--		
	*	取内容	*指针变量		
	&	取地址	&变量名		
	sizeof	求字节数	sizeof(表达式)		
3	*	乘	表达式*表达式	自左至右	双目运算符
	/	除	表达式/表达式		
	%	取余(求模)	整型表达式%整型表达式		
4	+	加	表达式+表达式	自左至右	双目运算符
	-	减	表达式-表达式		
5	<<	左移	变量<<表达式	自左至右	双目运算符
	>>	右移	变量>>表达式		
6	<	小于	表达式<表达式	自左至右	双目运算符
	<=	小于等于	表达式<=表达式		
	>	大于	表达式>表达式		
	>=	大于等于	表达式>=表达式		
7	==	等于	表达式==表达式	自左至右	双目运算符
	!=	不等于	表达式!=表达式		
8	&	按位与	表达式&表达式	自左至右	双目运算符
9	^	按位异或	表达式^表达式	自左至右	双目运算符
10	|	按位或	表达式|表达式	自左至右	双目运算符

续表

优先级	运算符	含义	用法	结合方向	说明
11	&&	逻辑与	表达式 && 表达式	自左至右	双目运算符
12	||	逻辑或	表达式 || 表达式	自左至右	双目运算符
13	?:	条件运算符	表达式1? 表达式2:表达式3	自右至左	三目运算符
14	=	赋值	变量 = 表达式	自右至左	双目运算符
14	+=	加后赋值	变量 += 表达式	自右至左	双目运算符
14	-=	减后赋值	变量 -= 表达式	自右至左	双目运算符
14	*=	乘后赋值	变量 *= 表达式	自右至左	双目运算符
14	/=	除后赋值	变量 /= 表达式	自右至左	双目运算符
14	%=	取模后赋值	变量 %= 表达式	自右至左	双目运算符
14	<<=	左移后赋值	变量 <<= 表达式	自右至左	双目运算符
14	>>=	右移后赋值	变量 >>= 表达式	自右至左	双目运算符
14	&=	按位与后赋值	变量 &= 表达式	自右至左	双目运算符
14	^=	按位异或后赋值	变量 ^= 表达式	自右至左	双目运算符
14	|=	按位或后赋值	变量 |= 表达式	自右至左	双目运算符
15	,	逗号运算符	表达式,表达式……	自左至右	

说明：
(1)同一优先级的运算符，运算次序由结合方向决定。
(2)运算符记忆顺口溜
　　小括中括指向点,("()","[ ]","->",".")
　　非反后来自加减；(! ～ ++ --)
　　负类指针有地址,(-，类型转换, *, &)
　　长度唯一右在前。(sizeof,单目运算,从右至左)
　　先乘除,再求余,(*, /, %)
　　加减后,左右移,(+, -, <<, >>)
　　关系运算左为先。(<, <=, >, >=)
　　等于还是不等于,(==, !=)
　　按位运算与异或；(&, ^, |)
　　逻辑与,逻辑或,(&&, ||)
　　条件运算右至左。(? :)
　　赋值运算虽然多,(=, +=, -=, *=, /=, %=, >>=, <<=, &=, ^=, |=)
　　从右至左不会错；(从右至左)
　　逗号不是停顿符,(,)
　　顺序求值得结果。(顺序求值运算符)

附录 D C语言库函数

D.1 数学函数

使用数学函数时,需在源程序文件中包含"math.h"头文件。

函数名	函数原形	功能及返回值	说明
abs	int abs(int x);	返回整型参数 x 的绝对值	
acos	double acos(double x);	返回 x 的反余弦 $\cos^{-1}(x)$ 值	x 在 $-1.0 \sim 1.0$ 之间
asin	double asin(double x);	返回 x 的反正弦 $\sin^{-1}(x)$ 值	x 在 $-1.0 \sim 1.0$ 之间
atan	double atan(double x);	返回 x 的反正切 $\tan^{-1}(x)$ 值	
atan2	double atan2(double y, double x);	返回 y/x 的反正切 $\tan^{-1}(x)$ 值	
cos	double cos(double x);	返回 x 的余弦 $\cos(x)$ 值	x 的值为弧度
cosh	double cosh(double x);	返回 x 的双曲余弦 $\cosh(x)$ 值	x 的值为弧度
exp	double exp(double x);	返回指数函数 e^x 的值	
exp2	double exp2(double x);	返回指数函数 2^x 的值	
fabs	double fabs(double x);	返回双精度参数 x 的绝对值	
floor	double floor(double x);	返回不大于 x 的最大整数	
fmod	double fmod(double x, double y);	返回 x/y 的余数	
frexp	double frexp(double val, int *eptr);	将双精度数 val 分解成尾数 f 和以 2 为底的指数 2^n(即 val = f * 2^n)。返回尾数部分,并把 n 存放在 eptr 指向的位置	
log	double log(double x);	返回 $\log_e x$(即 lnx)的值	
log10	double log10(double x);	返回 $\log_{10} x$ 即 lg x 的值	
modf	double modf(double x, double *nptr);	将双精度数 x 分解成整数部分 n 和小数部分 f(即 x = n + f)。返回小数部分 f,并把整数部分 n 存放在 nptr 指向的位置	
pow	double pow(double x, double y);	返回 x^y 的值	
sin	double sin(double x);	回 x 的正弦 $\sin(x)$ 值	x 的值为弧度
sinh	double sinh(double x);	返回 x 的双曲正弦 $\sinh(x)$ 值	x 的值为弧度
sqrt	double sqrt(double x);	返回 x 的平方根	x 应大于等于 0
tan	double tan(double x);	返回 x 的正切 $\tan(x)$ 值	x 的值为弧度
tanh	double tanh(double x);	返回 x 的双曲正切 $\tanh(x)$ 值	x 的值为弧度

D.2 字符函数和字符串函数

使用字符串函数时需在源程序文件中包含头文件"string.h",使用字符函数时需包含头文件"ctype.h"。

函数名	函数原形	功能及返回值	包含文件
isalnum	int isalnum(int c);	若 c 是字母('A'~'Z','a'~'z')或数字('0'~'9'),返回非 0 值,否则返回 0 值	ctype.h
isalpha	int isalpha(int c);	若 c 是字母('A'~'Z','a'~'z')返回非 0 值,否则返回 0 值	ctype.h
iscntrl	int iscntrl(int c);	若 c 是 ASCII 码值为 0~31 或 127 的字符,返回非 0 值,否则返回 0 值	ctype.h
isdigit	int isdigit(int c);	若 c 是数字('0'~'9')返回非 0 值,否则返回 0 值	ctype.h
isgraph	int isgraph(int c);	若 c 是可打印字符(不包含空格,其 ASCII 码值为 33~126)返回非 0 值,否则返回 0 值	ctype.h
islower	int islower(int c);	若 c 是小写字母('a'~'z')返回非 0 值,否则返回 0 值	ctype.h
isprint	int isprint(int c);	若 c 是可打印字符(含空格,其 ASCII 码值为 32~126)返回非 0 值,否则返回 0 值	ctype.h
ispunct	int ispunct(int c);	若 c 是标点字符(不包括空格),即除字母、数字和空格以外的所有可打印字符返回非 0 值,否则返回 0 值	ctype.h
isspace	int isspace(int c);	若 c 是空格(' ')、水平制表符(' \t')、回车符(' \r')、走纸换行符(' \f')、垂直制表符(' \v')、换行符(' \n'),返回非 0 值,否则返回 0 值	ctype.h
isupper	int isupper(int c);	若 c 是大写字母('A'~'Z')返回非 0 值,否则返回 0 值	ctype.h
isxdigit	int isxdigit(int c);	若 c 是 16 进制数数码('0'~'9','A'~'F','a'~'f')返回非 0 值,否则返回 0 值	ctype.h
strcat	char * strcat (char * dest,const char * src);	将字符串 src 添加到字符串 dest 末尾	string.h
strchr	char * strchr(const char * s,int c);	检索并返回字符 c 在字符串 s 中第一次出现的位置,如找不到,则返回空指针	string.h
strcmp	int strcmp(const char * s1,const char * s2);	比较字符串 s1 与 s2 的大小,若二者相等,返回 0 值;若 s1>s2 返回一个正数;若 s1<s2 返回一个负数	string.h
strcpy	char * strcpy (char * dest,const char * src);	将字符串 src 的内容复制到字符串 dest,覆盖 dest 中原有的内容	string.h
strlen	size_t strlen(const char * s);	返回字符串 s 的长度	string.h

续表

函数名	函数原形	功能及返回值	包含文件
strstr	char * strstr (const char * src, const char * sub);	扫描字符串 src,并返回第一次出现 sub 的位置	string.h
tolower	int tolower(int c);	若 c 是大写字母('A'~'Z')返回相应的小写字母('a'~'z')	ctype.h
toupper	int toupper(int c);	若 c 是小写字母('a'~'z')返回相应的大写字母('A'~'Z')	ctype.h

D.3 输入输出函数

使用输入输出函数时需在源程序文件中包含头文件"stdio.h"。

函数名	函数原形	功能及返回值	说 明
clearerr	void clearerr(FILE * stream);	使 stream 所指文件的错误标志和文件结束标志置 0	
close	int close(int handle);	关闭 handle 所表示的文件处理,成功返回 0,否则返回 -1	可用于 UNIX 系统
creat	int creat (char * filename, int permiss);	建立一个新文件 filename,并以 permiss 设定读写方式	permiss 为文件读写性,可以为以下值: S_IWRITE 允许写 S_IREAD 允许读 S_IREAD|S_IWRITE 允许读、写
eof	int eof(int * handle);	检查文件是否结束,结束返回 1,否则返回 0	
fclose	int fclose(FILE * stream);	关闭 stream 所指的文件,释放文件缓冲区	stream 可以是文件或设备(例如 LPT1)
feof	int feof(FILE * stream);	检测 stream 所指文件位置指针是否在结束位置	
fgetc	int fgetc(FILE * stream);	从 stream 所指文件中读一个字符,并返回这个字符	
fgets	char * fgets(char * string, int n, FILE * stream);	从 stream 所指文件中读 n 个字符存入 string 字符串中	
fopen	FILE * fopen(char * filename, char * type);	打开一个文件 filename,打开方式为 type,并返回这个文件指针	
fprintf	int fprintf(FILE * stream, char * format[, argument, ...]);	以格式化形式将一个字符串输出到指定的 stream 所指文件中	
fputc	int fputc(int ch, FILE * stream);	将字符 ch 写入 stream 所指文件中	
fputs	int fputs (char * string, FILE * stream);	将字符串 string 写入 stream 所指文件中	
fread	int fread (void * ptr, int size, int nitems, FILE * stream);	从 stream 所指文件中读入 nitems 个长度为 size 的字符串存入 ptr 中	
fscanf	int fscanf(FILE * stream, char * format[, argument, ...]);	以格式化形式从 stream 所指文件中读入一个字符串	

续表

函数名	函数原形	功能及返回值	说明
fseek	int fseek(FILE * stream, long offset, int wherefrom);	把文件指针移到 wherefrom 所指位置的向后 offset 个字节处	wherefrom 的值可以为：SEEK_SET 或 0(文件开头)、SEEK_CUR 或 1(当前位置)、SEEK_END 或 2(文件结尾)
ftell	long ftell(FILE * stream);	返回 stream 所指文件中的文件位置指针的当前位置,以字节表示	
fwrite	int fwrite(void * ptr, int size, int nitems, FILE * stream);	向 stream 所指文件中写入 nitems 个长度为 size 的字符串,字符串在 ptr 中	
getc	int getc(FILE * stream);	从 stream 所指文件中读取一个字符,并返回这个字符	
getchar	int getchar(void);	从标准输入设备读取一个字符	
getw	int getw(FILE * stream);	从 stream 所指文件中读取一个整数,若错误返回 EOF	
open	int open(char *pathname, int access [,int permiss]);	打开一个文件,按后按 access 来确定文件的操作方式	
printf	int printf(char * format[,argument,…]);	产生格式化的输出到标准输出设备	
putc	int putc(int ch,FILE * stream);	向 stream 所指文件中写入一个字符 ch	
putchar	int putchar(int ch);	向标准输出设备写入一个字符 ch	
puts	int puts(char * string);	把 string 所指字符串输出到标准输出设备	
putw	int putw(int w,FILE * stream);	向 stream 所指文件中写入一个整数	
read	int read(int handle, char * buf, int nbyte);	从文件号为 handle 的文件中读 nbyte 个字符存入 buf 中	
rename	int rename(char * oldname, char * newname);	将文件 oldname 的名称改为 newname	
rewind	int rewind(FILE * stream);	将 stream 所指文件的位置指针置于文件开头	
scanf	int scanf(char * format [, argument…]);	从标准输入设备按 format 格式输入数据	
write	int write(int handle, char * buf, int nbyte);	将 buf 中的 nbyte 个字符写入文件号为 handle 的文件中	

D.4 动态存储分配函数

使用动态分配函数时要求包含"malloc.h"头文件。

函数名	函数原形	功能及返回值
calloc	void * calloc (unsigned nelem, unsigned elsize);	分配 nelem 个长度为 elsize 的内存空间并返回所分配内存空间的起始地址
free	void free(void *ptr);	释放先前所分配的内存空间,ptr 指向所要释放的内存空间
malloc	void * malloc(unsigned size);	分配 size 个字节的内存空间,并返回所分配内存空间的起始地址
realloc	void * realloc(void *ptr, unsigned newsize);	改变已分配内存空间的大小,ptr 为已分配内存空间的指针,newsize 为新的长度。返回重新分配好的内存空间的起始地址

D.5 转换函数

使用转换函数时需在源程序文件中包含头文件"stdio.h"或"ctype.h"。

函数名	函数原形	功能及返回值	包含文件
atof	double atof(char * nptr);	将字符串 nptr 转换成双精度数,并返回这个数,错误返回 0	stdlib.h
atoi	int atoi(char * nptr);	将字符串 nptr 转换成整型数,并返回这个数,错误返回 0	stdlib.h
atol	long atol(char * nptr);	将字符串 nptr 转换成长整型数,并返回这个数,错误返回 0	stdlib.h
ecvt	char * ecvt(double value, int ndigit, int * decpt, int * sign);	将浮点数 value 转换成字符串,并返回该字符串	stdlib.h
fcvt	char * fcvt(double value, int ndigit, int * decpt, int * sign);	将浮点数 value 转换成字符串,并返回该字符串	stdlib.h
gcvt	char * gcvt(double value, int ndigit, char * buf);	将浮点数 value 转换成字符串并存于 buf 中,并返回 buf 的指针	stdlib.h
itoa	char * itoa(int value, char * string, int radix);	将整数 value 转换成字符串存入 string,radix 为转换时所用基数	stdlib.h
ltoa	char * ltoa (long value, char * string, int radix);	将长整型数 value 转换成字符串,并返回该字符串,radix 为转换时所用基数	stdlib.h
strtod	double strtod(char * str, char * * endptr);	将字符串 str 转换成双精度数,并返回这个数	stdlib.h
strtol	long strtol (char * str, char * * endptr, int base);	将字符串 str 转换成长整型数,并返回这个数	stdlib.h
toascii	int toascii(int c);	返回字符 c 相应的 ASCII 值,函数将字符 c 的高位清零,仅保留低七位	ctype.h
ultoa	char * ultoa(unsigned long value, char * string, int radix);	将无符号整型数 value 转换成字符串并返回该字符串,radix 为转换时所用基数	stdlib.h

D.6 图形图像函数

使用图形图像函数时须在源程序文件中包含头文件"graphics.h"。

函数名	函数原形	功能及返回值	说明
arc	void far arc(int x, int y, int stangle, int endangle, int radius);	以(x, y)为圆心，radius为半径，从stangle开始到endangle结束(用度表示)画一段圆弧线	x轴正向为0度，逆时针方向旋转一周，依次为90、180、270和360度
bar	void far bar(int x1, int y1, int x2, int y2);	确定一个以(x1, y1)为左上角，(x2, y2)为右下角的矩形窗口，再按规定图形和颜色填充	此函数不画出边框，所以填充色为边框
circle	void far circle(int x, int y, int radius);	以(x, y)为圆心，radius为半径，画一个圆	
cleardevice	void far cleardevice(void);	清除图形屏幕	
clearviewport	void far clearviewport(void);	清除当前图形窗口的内容	
drawpoly	void far drawpoly(int numpoints, int far * polypoints);	画一个顶点数为numpoints，各顶点坐标由polypoints给出的多边形	
ellipse	void far ellipse(int x, int y, int stangle, int endangle, int xradius, int yradius);	以(x, y)为中心，xradius、yradius为x轴和y轴半径，从角stangle开始到endangle结束画一段椭圆线，当stangle = 0、endangle = 360度时，画出一个完整的椭圆	
floodfill	void far floodfill(int x, int y, int border);	填充一个有界区域	其中x、y为封闭图形内的任意一点，border为边界的颜色，也就是封闭图形轮廓的颜色
getfillpattern	void far getfillpattern(char * upattern);	将用户定义的填充模式存入upattern指针指向的内存区域	
getfillsetings	void far getfillsetings(struct fillsettingtype far * fillinfo);	取得有关当前填充模式和填充颜色的信息，并将其存入结构指针变量fillinfo中	
getx	int far getx(void);	返回当前图形位置的x坐标	
gety	int far gety(void);	返回当前图形位置的y坐标	
initgraph	void far initgraph(int far * gdriver, int far * gmode, char *path);	初始化图形系统	其中gdriver和gmode分别表示图形驱动器和模式，path是指图形驱动程序所在的路径

续表

函数名	函数原形	功能及返回值	说明
lineto	void far lineto(int x, int y);	画一从当前图形位置到点(x, y)的直线	
moveto	void far moveto(int x, int y);	把图形位置移动到(x, y)点	
outtext	void far outtext (char far * textstring);	在当前图形位置输出字符串指针 textstring 所指的文本	
outtextxy	void far outtextxy(int x, int y, char far * textstring);	在(x, y)位置输出字符串指针 textstring 所指的文本	
pieslice	void far pieslice(int x, int y, int stangle, int endangle, int radius);	画一个以(x, y)为圆心, radius 为半径, stangle 为起始角度, endangle 为终止角度的扇形, 再按规定方式填充	当 stangle = 0 并且 endangle = 360 度时变成一个实心圆, 并在圆内从圆点沿 X 轴正向画一条半径
putpixel	void far putpixel(int x, int y, int color);	在(x, y)位置画一个像素点	
rectangle	void far rectangle(int x1, int y1, int x2, int y2);	以(x1, y1)为左上角, 以(x2, y2)为右下角画一个矩形框	
sector	void far sector(int x, int y, int stanle, int endangle, int xradius, int yradius);	画一个以(x, y)为圆心, 分别以 xradius、yradius 为 x 轴和 y 轴半径, stangle 为起始角, endangle 为终止角的椭圆扇形, 再按规定模式填充	
setbkcolor	void far setbkcolor(int color);	设置背景色	
setcolor	void far setcolor(int color);	设置前景色	
setfillpattern	void far setfillpattern (char * upattern, int color);	设置用户定义的填充模式	
setfillstyle	void far setfillstyle(int pattern, int color);	设置填充模式和颜色	
setlinestyle	void far setlinestyle (int linestyle, unsigned upattern, int thickness);	设置当前线条的宽度和类型	
setviewport	void far setviewport(int x1, int y1, int x2, int y2, int clipflag);	设定一个以(x1, y1)点为左上角, (x2, y2)为右下角的图形窗口	其中 x1、y1、x2、y2 是相对于整个屏幕的坐标。若 clipflag 为非 0, 则设定的图形以外部分不可接触, 若 clipflag 为 0, 则图形窗口以外可以接触

参考文献

[1] [美] KERNIGHAN B W,RLTCHIE D M. C语言程序设计[M].2版.徐宝文,李志,译.北京:机械工业出版社,2004.
[2] 谭浩强,张基温,唐永炎.C语言程序设计教程[M].2版.北京:高等教育出版社,2006.
[3] 裘宗燕.从问题到程序——程序设计与C语言引论[M].北京:机械工业出版社,2006.
[4] 谭浩强,张基温.C语言程序设计教程[M].3版.北京:高等教育出版社,2006.
[5] 张磊,冯伟昌.C语言程序设计教程[M].北京:中国铁道出版社,2007.
[6] 谭浩强.C程序设计[M].3版.北京:清华大学出版社,2005.
[7] 夏涛.C语言程序设计[M].北京:北京邮电大学出版社,2007.
[8] 杨路明.C语言程序设计[M].2版.北京:北京邮电大学出版社,2005.
[9] 朱鸣华,刘旭麟,杨微,等.C语言程序设计教程[M].北京:机械工业出版社,2007.